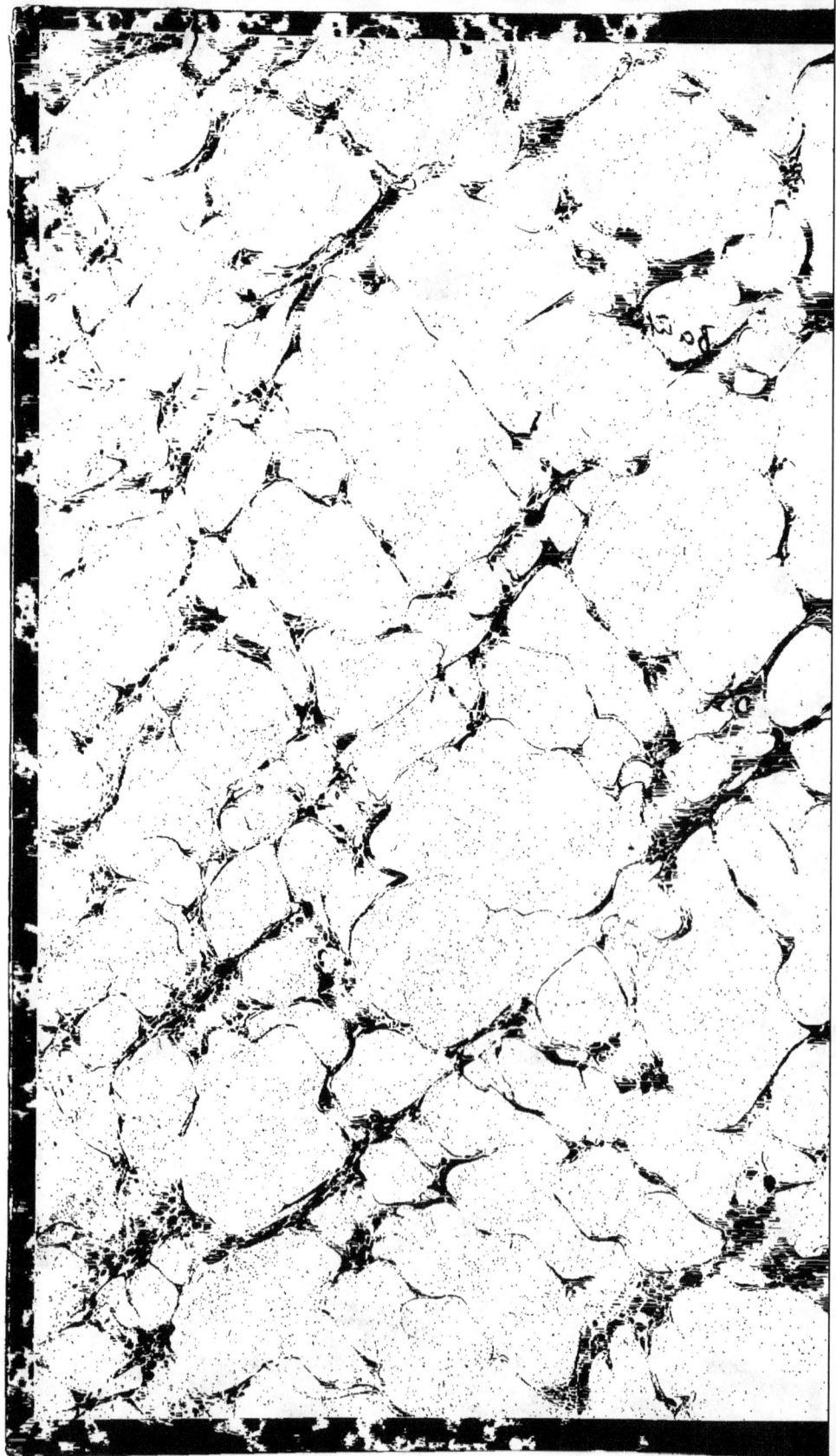

LE SÉPULCRE

PRÉCÉDÉ D'UNE ÉTUDE

SUR

LE MATÉRIALISME CONTE...

ET LES FUNÉRAILLES

... L'ANTIQUITÉ ET CHEZ...

PAR

LÉON ROUX

DOCTEUR EN DROIT

AVOCAT À LA COUR D'APPEL...

Non ... ...

LIBRAIRIE JACQUES ...

COFFRE FILS ET Cⁱᵉ

PARIS

RUE 30

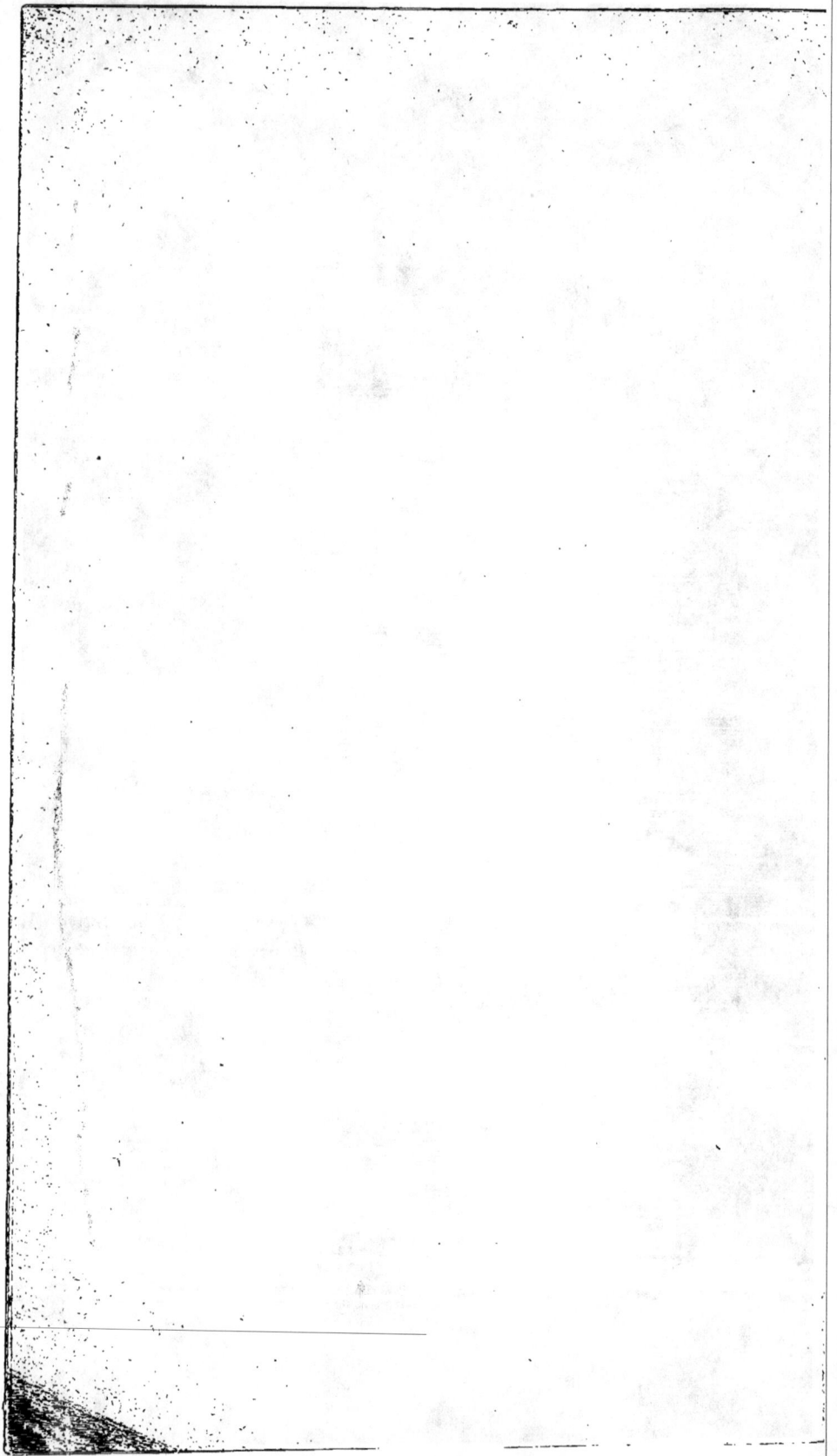

LE DROIT

EN MATIÈRE

DE SÉPULTURE

LYON. — IMPRIMERIE PITRAT AÎNÉ, RUE GENTIL, 4.

LE DROIT

EN MATIÈRE

DE SÉPULTURE

PRÉCÉDÉ D'UNE ÉTUDE

SUR

LE MATÉRIALISME CONTEMPORAIN

ET LES FUNÉRAILLES

DANS L'ANTIQUITÉ ET CHEZ LES PEUPLES MODERNES

PAR

LÉON ROUX

DOCTEUR EN DROIT

AVOCAT A LA COUR D'APPEL DE LYON

Non moriar, sed vivam..... Non, je
ne mourrai pas, je vivrai....
(Ps. CXVII.)

LIBRAIRIE JACQUES LECOFFRE

LECOFFRE FILS ET Cie, SUCCESSEURS

PARIS	LYON
RUE BONAPARTE, 90	RUE BELLECOUR, 2

1875

©

AVANT-PROPOS

L'objet principal de ce livre est de faire connaître les règles du droit en matière de sépulture. Mais l'enterrement civil, qui jette aujourd'hui tant de trouble dans les familles, n'est qu'un effet, une conséquence. Il a sa cause, son origine, et en même temps son explication, dans les doctrines insensées qui, niant Dieu, l'âme et nos destinées immortelles, essayent de réhabiliter au sein de notre France chrétienne un matérialisme abject qu'on pouvait croire à jamais disparu. C'est l'honneur de

1

l'esprit humain de combattre et de vaincre ces doctrines. Nous ne pouvions nous-même les passer sous silence, et leur réfutation, nécessairement resserrée dans d'étroites limites, s'imposait à nous comme la préface obligée de nos travaux.

Nous avons pensé aussi qu'il convenait d'éclairer la discussion par les enseignements de l'histoire. Un coup d'œil rapide jeté sur l'antiquité et sur le monde moderne, pour démontrer aux novateurs qu'ils ont contre eux le sentiment de tous les peuples, nous a paru être le complément indispensable de nos études juridiques. Puissent-elles, si imparfaites qu'elles soient, servir ce que nous avons ici-bas de plus cher, notre foi et nos croyances ! Puissent-elles n'être pas sans profit pour la liberté religieuse, la plus précieuse de nos libertés !

LE DROIT

EN MATIÈRE

DE SÉPULTURE

INTRODUCTION

LE MATÉRIALISME CONTEMPORAIN

I

APERÇU GÉNÉRAL DE LA LUTTE CONTRE LES CROYANCES RELIGIEUSES

La lutte contre les croyances religieuses est de tous les temps. Mais à certaines époques elle est si vive, si ardente, elle revêt un caractère si général, qu'elle fixe l'attention de tous et devient l'objet des préoccupations de quiconque a souci de l'avenir des siens et des destinées de son pays. Nous traversons une de ces époques difficiles. La religion est attaquée de toutes parts; la foi et la libre pensée

sont aux prises, et il est impossible de se désinté-
resser d'un combat où sont engagés nos intérêts les
plus chers.

Chose étrange ! c'est lorsque l'un de nous a cessé
de vivre, c'est autour de ses froides dépouilles, sur
le bord même de la tombe, à cette heure entre
toutes marquée pour la paix et la concorde, qu'écla-
tent les plus graves et les plus pénibles conflits. Le
défunt aura-t-il ou n'aura-t-il pas les honneurs de
la sépulture religieuse? voilà la question qui soulève
de nos jours tant d'irritation et de colère.

On a le droit de s'en étonner, car jusqu'à présent
on avait cru que la religion, qui reçoit l'homme à
son entrée dans la vie, qui préside à tous les actes
importants de son existence, devait surtout ne point
l'abandonner au moment redoutable de la mort. On
pensait qu'il appartenait à cette éternelle consola-
trice de l'humanité d'adoucir pour ceux qui restent
et pour ceux qui s'en vont l'amertume de la séparation suprême. On aimait à la voir assise au chevet
des mourants, les pressant sur son sein maternel, les
couvrant de son doux regard, leur parlant son divin
langage, et faisant descendre dans leur âme le calme,
la paix, la sérénité. Et quand tout était fini, quand
l'âme avait brisé les liens qui la retenaient captive,
quand elle avait quitté ce monde en n'y laissant que
son enveloppe périssable, la religion apparaissait en-

core, priant pour ses chers défunts, recueillant avec un soin pieux leurs restes mortels, et bénissant leur cercueil comme elle avait béni leur berceau.

Ainsi le voulaient nos pères ; ainsi se transmettaient d'âge en âge ces saintes prescriptions qu'impose la foi, que la raison justifie et qui répondent si bien aux besoins du cœur. Nous en avions reçu nous-mêmes le précieux héritage et nous pensions le transmettre intact à nos descendants. Nous nous trompions. Nous avions compté sans les théoriciens de la libre pensée et de la morale indépendante. A les entendre, nos vieilles croyances ne sónt que des préjugés ; la science en a fait justice. Il est temps que le peuple s'affranchisse des superstitions ridicules dans lesquelles on le tenait enchaîné. La religion n'est qu'un moyen d'asservir les masses. Plus de religion, plus de prêtres, plus de culte. Il faut rompre la chaîne des traditions séculaires et en finir avec le passé. L'indépendance, la liberté de l'homme l'exigent, et le progrès de l'humanité est à ce prix.

Tel est le langage des docteurs de la nouvelle école, et dans la foule, qu'on trompe si facilement par des mots sonores, il en est plus d'un qui les écoute et qui les suit. Ils ont dit : chassez Dieu de vos écoles ! et nous avons vu s'élever des écoles d'enseignement laïque et obligatoire, c'est-à-dire d'athéisme. Ils ont dit encore : chassez Dieu de la famille! et nous avons vu le mariage, qui en est la base, s'éloigner du regard de Dieu et descendre au rang d'un vulgaire contrat civil, en attendant qu'il soit permis de le dissoudre et au besoin de s'en passer. Ils ont dit encore : chassez Dieu de vos demeures que la mort va visiter! et nous avons vu arrêter sur le seuil de la maison du pauvre le ministre de la religion de paix et d'espérance. Ils ont dit enfin : chassez Dieu de vos cérémonies funèbres, *sécularisez la mort comme la naissance*[1]! et à leur voix on a fait les enterrements civils.

On se propose, dans ce livre, d'examiner cette dernière forme sous laquelle se manifestent l'athéisme et le matérialisme contemporains[2]. Mais avant de

---

[1] Paroles prononcées au congrès de Lausanne.

[2] L'enterrement civil, sauf quelques exceptions que je ne veux pas méconnaître, a incontestablement cette signification. Au milieu d'un grand nombre de faits qui le prouvent, je citerai ceux-ci :

« Hier a eu lieu au cimetière Montmartre l'enterrement civil de M. A... R... Tout ce qu'il y a de radicaux à Paris avait naturellement saisi cette occasion de faire une manifestation. M. S... a prononcé un discours sur le bord de la tombe. Le dernier mot, bien conforme à la doctrine matérialiste, a été celui-ci : «Adieu, R... *Nous « ne te reverrons jamais!* » (Extrait du journal *le Figaro* du 17 septembre 1873.)

« Mardi matin, 9 juin 1874, dit le *Journal de Bordeaux*, M. B... s'est fait sauter la cervelle. Un testament trouvé chez lui portait ces mots : « *Ne croyant et n'ayant jamais cru à rien, je demande à « être enterré civilement.* »

Je dois dès à présent faire une observation générale. Presque tous

discuter les nombreuses questions auxquelles l'enterrement civil donne lieu, il nous paraît utile d'insister sur les causes qui ont amené dans la société
un si grand désordre, de réfuter la thèse matérialiste dont il est l'expression, et enfin d'indiquer le
remède au mal. Tel est l'objet de cette introduction.

En étudiant le mouvement antireligieux des trois
derniers siècles, on est frappé de la rapidité avec
laquelle l'erreur a marché. Les apologistes de la
religion catholique l'ont justement remarqué : une
première déviation de la vérité a entraîné toutes les
autres. On a été ainsi de chute en chute, ne justi-
fiant que trop la parole de l'Écriture : « *Abyssus
abyssum invocat*, l'abîme appelle un autre abîme. »
Les réformateurs du seizième siècle n'ont voulu bat-
tre en brèche que l'Église et la papauté. Non-
seulement ils retenaient avec soin les vérités de
l'ordre naturel, telles que l'existence de Dieu et la
spiritualité de l'âme ; mais, convaincus de l'inspiration des livres saints, ils considéraient la révélation comme indiscutable et ils s'inclinaient devant
la divinité de Jésus-Christ. Au dix-huitième siècle,
et malgré le sillon lumineux tracé par le siècle

---

les faits que je citerai sont empruntés aux journaux. Il m'était impossible de les demander à une autre source. J'ajoute que, à ma
connaissance, aucun d'eux n'a été démenti.

précédent, nous constatons un pas de plus dans la voie de l'erreur. La philosophie rejette la révélation, et sape par sa base le christianisme en niant la divinité de son auteur. Toutefois la raison conserve encore ses droits, et Voltaire et Rousseau n'ont garde de toucher, ostensiblement du moins, à ces vérités éternelles sur Dieu, l'âme et le monde extérieur, qui sont en quelque sorte le patrimoine du genre humain. Mais que dire du dix-neuvième siècle ? De quelle chute profonde ne sommes-nous pas témoins ? Ce ne sont plus seulement les vérités de l'ordre surnaturel, les vérités révélées qui sont menacées ; c'est l'ordre naturel lui-même qui est en péril ; ce sont les notions les plus simples, acceptées et reconnues dans tous les temps, chez tous les peuples, les vérités rationnelles en un mot sur Dieu, l'âme, la Providence, le libre arbitre, la vie future, qui doivent à leur tour disparaître. Le terrain de la lutte a changé pour les apologistes. Il ne s'agit plus aujourd'hui de combattre le rationalisme, le système qui exclut la révélation, comme on a dû le faire au commencement du siècle ; il s'agit de venger la raison outragée et le sens commun méconnu, en livrant bataille à l'athéisme et au matérialisme. Et, chose remarquable, c'est l'Église qui vient ici au secours de la raison en péril. Dans son dernier concile, elle proclame la certitude de la raison niée par la philosophie contemporaine. « La sainte Église de Dieu, notre mère, dit le concile du Vatican, tient et enseigne que Dieu, principe et fin de toutes choses, peut, à l'aide des choses créées, être connu d'une manière certaine par la lumière naturelle de la raison humaine [1]. »

Contre les athées et les matérialistes de notre temps, nous avons donc le droit d'invoquer non-seulement l'autorité de la foi, mais encore les lumières de la raison. Eh bien, puisqu'on nous y force, puisqu'on ne craint pas de rouvrir le débat entre le spiritualisme et le matérialisme, démontrons qu'il est épuisé et que les savants du jour n'y apportent aucun élément nouveau. Prouvons, au risque de répéter ce que chacun sait, qu'on présente comme nouvelle une très-vieille question depuis longtemps résolue.

Quant à ceux qu'un tel sujet trouverait indifférents, je ne puis que les renvoyer au jugement de Pascal : « L'immortalité de l'âme, dit ce grand philosophe, est une chose qui nous importe si fort et qui nous touche si profondément, qu'il faut avoir

---

[1] Ch. ii, *De la Révélation*. Déjà la Congrégation de l'Index avait dit : « *Ratiocinatio Dei existentiam, animæ spiritualitatem, hominis libertatem cum certitudine probare potest ;* on peut prouver avec certitude par le raisonnement l'existence de Dieu, la spiritualité de l'âme, la liberté humaine. »

perdu tout sentiment pour être dans l'indifférence de savoir ce qui en est. Toutes nos actions et toutes nos pensées doivent prendre des routes si différentes, selon qu'il y aura des biens éternels à espérer ou non, qu'il est impossible de faire une démarche avec sens et jugement qu'en la réglant par la vue de ce point qui est notre dernier objet [1]. »

II

LE MATÉRIALISME DANS LA SCIENCE ET L'ÉCOLE POSITIVISTE

A entendre les philosophes de l'école positiviste et quelques savants naturalistes, qui remplissent aujourd'hui l'Angleterre et l'Allemagne du bruit de leurs prétendues découvertes, c'est de nos jours seulement qu'on aurait enfin résolu le problème de la nature de l'homme et de ses destinées. En supprimant Dieu, en identifiant l'homme et le monde extérieur, en faisant de la matière quelque chose d'éternel, les philosophes et les savants auraient en-

---

[1] *Pensées.*

fin trouvé la vérité, et ils l'apporteraient au monde dans les formules de la philosophie positiviste.

Et quelle est donc cette vérité qui vient de se révéler tout à coup aux savants du dix-neuvième siècle ? Jusqu'ici vous avez cru que l'homme est composé d'un corps et d'une âme, qu'il est un être intelligent, libre, responsable, créé à l'image et à la ressemblance de Dieu, comme dit admirablement la Bible. Détrompez-vous. Darwin[1] et ses disciples ont découvert que l'homme dérive de l'animal et que nous ne sommes que des animaux transformés. Le célèbre naturaliste anglais assimile la raison de l'homme, qui marche et se développe sans cesse et qui n'a d'autre horizon que l'infini, à l'instinct fatal, aveugle, irrésistible des animaux, demeurant toujours, comme l'a dit Pascal, dans un état égal et aussi parfait il y a trois mille ans qu'aujourd'hui[2]. Il soutient que l'animal a le sens moral, le sens du beau, le sens religieux même, tout aussi bien que l'homme, et qu'entre eux ce n'est qu'une question de plus ou de moins. Darwin n'aperçoit pas de différence bien sensible entre notre intelligence et celle de l'araignée, entre l'amour de cet insecte pour ses œufs et l'ineffable tendresse de nos mères, entre

---

[1] *De l'Origine des espèces. — De la Descendance de l'homme.*
[2] *Pensées*, art. 1.

l'instinct qui conduit la poule à apprécier le brillant plumage du coq, et le sentiment exquis qui nous fait admirer les peintures de Raphaël. Vous aimez la musique ; mais les oiseaux l'aiment aussi, et le chant de la fauvette ou du rossignol ne touche pas moins les habitants des bois que ne vous émeuvent les mélodies inspirées d'un Mozart ou d'un Beethoven. Il n'est pas jusqu'au poisson qui ne possède une grande énergie mentale et un vif sentiment du beau. La supériorité de l'homme, si tant est qu'elle existe, et c'est à peine si Darwin veut bien la reconnaître, n'est autre chose que la résultante, l'assimilation de toutes les supériorités qui se sont développées chez les animaux dans la longue suite des siècles. La *transformation* indéfinie, l'*évolution* perpétuelle, voilà les lois fatales qui s'imposent à nous, comme elles gouvernent le reste du monde.

Darwin enseigne encore que l'humanité obéit à la loi de *la lutte pour l'existence* et à la loi de la *sélection sexuelle*. Ce sont les forts qui doivent l'emporter sur les faibles. Leur triomphe, leur domination sont légitimes ; c'est la condition même du progrès. Et l'État, loin de contrarier cette tendance, a mission de la favoriser.

Qui ne voit les conséquences de cette théorie toute païenne ? Les établissements hospitaliers, les providences, les orphelinats, les asiles et tant d'autres

créations de la charité chrétienne sont inutiles, dangereux même. Il faut se hâter de les supprimer ; car
ils sont un obstacle à l'amélioration de l'espèce et
au véritable progrès.

Quant à la loi du rapprochement des sexes, suivant
Darwin elle explique tout chez les animaux, et
par conséquent elle explique tout chez l'homme.
Faire l'histoire du genre humain, c'est faire l'histoire de la sélection sexuelle. Mais ici notre auteur
se place sur un terrain où l'on comprend qu'il nous
répugne de le suivre.

Voilà cependant à quoi se réduit le darwinisme,
qui fait tant de bruit. En vérité, une doctrine qui
des hauteurs de nos destinées immortelles nous fait
descendre au rang de la brute, se réfute par son
abjection même, et je rougirais de m'y arrêter plus
longtemps[1].

---

[1] M. Charles Lévêque, de l'Institut, réfute Darwin ; mais il écrit :
« Les faits, qu'il connaît mieux que personne, semblent lui donner
raison... il faut se tenir sur ses gardes, et redoubler d'attention, si
l'on ne veut pas être fasciné par la doctrine enchanteresse. » *(Revue
des Deux Mondes*, du 1er septembre 1873, p. 44-48.) Non, les faits
ne donnent pas raison à Darwin, et les lois qu'il prétend découvrir
sont chimériques et imaginaires. On peut consulter, pour s'en convaincre, la dissertation que M. Blanchard, de l'Institut, vient de
publier dans la *Revue des Deux Mondes* (numéros des 15 juin,
1er août et 1er octobre 1874). Le savant professeur fait voir que
Darwin ne procède que par hypothèse, et que les *peut-être* et les
probablement, qui se trouvent à chaque instant sous sa plume,

Pendant que Darwin enseigne en Angleterre la théorie matérialiste de l'évolution, Haeckel la développe en Allemagne [1]. Le professeur de l'université d'Iéna remplace le Dieu créateur du monde, auteur du mouvement, de l'ordre et de l'harmonie qui règnent dans l'univers, par la matière éternelle. Et voici comment, suivant lui, les choses se sont passées. A l'origine, certains corps simples, l'oxygène, l'hydrogène, le carbone et l'azote se seraient spontanément combinés pour former ce qu'il appelle des *monères*, c'est-à-dire des organismes élémentaires, dépourvus de tout organe spécial, mais possédant un commencement de vie. Voilà le premier effort de la nature, le premier agissement de la matière. Elle sort spontanément de l'inertie et se met en mouvement toute seule. A partir de ce moment commence cette fameuse évolution qui est, comme chez Darwin, la base du système. Une série d'évolutions se produit pendant des millions de siècles. Elles aboutissent

---

sont exclusifs de toute rigueur scientifique. « Qu'importe à Darwin la réalité? dit M. Blanchard. Son idée fixe l'empêche de tenir compte des faits qui frappent tous les yeux. Son système n'est qu'un roman. »

Le darwinisme avait été déjà combattu par l'illustre Agassiz, qui établit que « les partisans du transformisme n'ont rien ajouté à notre connaissance de l'origine de l'homme et des animaux. » (Cité par M. Blanchard, *eod. loc.)* Voir aussi la réfutation du P. de Valroger dans son livre : *La Genèse des espèces.*

[1] Dans son *Histoire de la création des êtres organisés.*

d'abord à l'homme-singe, puis à l'homme tel que nous le voyons aujourd'hui[1].

Eh bien, cette étrange théorie du professeur allemand mérite-t-elle une réfutation sérieuse ? Que met-il donc à la place de Dieu, ou, comme il ose le dire, de l'hypothèse divine, sinon une hypothèse, et une hypothèse absurde ? Pour expliquer le mouvement, il est obligé de soutenir qu'un beau jour la matière s'est mue d'elle-même, que de l'inertie sont sorties spontanément l'activité et la vie. L'absurdité n'est-elle pas évidente ? la contradiction n'est-elle pas dans les termes ?

Impuissant à expliquer comment sa fameuse évolution a pu commencer, notre philosophe n'explique pas mieux comment elle a pu finir. Car depuis plus de deux mille ans l'humanité n'a pas connu de plus éminents philosophes que Socrate et Platon, de plus sages législateurs que Solon et Lycurgue, de plus grands artistes que Phidias et Praxitèle ; et ainsi cette prétendue loi de l'évolution est un outrage à la raison comme à la vérité historique.

En France, le matérialisme ne s'affirme pas avec moins d'audace. Les disciples d'Auguste Comte ne prennent même plus la peine de déguiser, comme

---

[1] Voir, sur les travaux de Darwin et d'Haeckel les études dé M. Valson, professeur à la Faculté des sciences de Grenoble (le Contemporain, 1874).

leur maître, une doctrine aussi honteuse sous le nom
élastique de positivisme. Le plus célèbre d'entre eux,
M. Littré, fait de vains efforts pour conserver cette
trompeuse étiquette. Mais, à l'École de médecine de
Paris, on appelle les choses par leur nom, et plus
d'un professeur célèbre que nous pourrions nommer
se déclare franchement matérialiste. Aussi lit-on
dans quelques thèses, soutenues devant la faculté
de Paris, les propositions que voici :

« La cause première est une chimère. — La matière est éternelle. — L'âme immortelle est une
entité chimérique. — L'homme n'a acquis le privi-
lège de sa supériorité hiérarchique qu'après avoir
passé par tous les degrés de la série animale. »

« L'homme ne doit pas se sentir humilié de son
humble origine ; car, comme le dit Ch. Vogt, il est
encore plus glorieux pour lui d'être un singe per-
fectionné qu'un Adam dégénéré [1]. »

M. Littré, qu'il faut bien citer, puisqu'il est
aujourd'hui chez nous un des chefs de l'école matérialiste, considère l'idée de Dieu comme *une hypothèse désormais inutile*. — « Le régime théolo-
gique, dit-il, la croyance en Dieu, qui fut le régime
initial de l'humanité, touche à sa fin. » — « L'huma-

---

[1] Textes cités par Mgr l'évêque d'Orléans dans sa note relative
à la candidature de M. Littré à l'Académie française.

nité devient sa providence à elle-même, après avoir longuement souffert pour avoir trop longtemps compté sur d'autres providences imaginaires. » On ne peut enseigner plus nettement l'athéisme.

Le matérialisme de ce philosophe n'est pas moins évident. Ouvrez son *Dictionnaire des sciences médicales*. L'âme, que le grand Leibnitz avait si bien définie : « Une force qui a conscience d'elle-même : *Vis sui conscia motrix*, » M. Littré l'appelle « l'ensemble des fonctions du cerveau et de la moelle épinière. » — La pensée, cette étincelle divine qui jaillit incessamment de notre âme, elle est « inhérente à la substance cérébrale. » — « La raison n'est pas l'apanage exclusif de l'homme. » — « L'homme est un animal mammifère de l'ordre des primates (classe de singes), famille des bimanes, caractérisé par une peau à duvet ou à poils ras [1], » etc.

Et ne croyez pas que ces idées monstrueuses restent immobiles dans la sphère de l'enseignement supérieur. Malheureusement elles descendent bien

---

[1] Mgr d'Orléans a éloquemment décrit les conséquences de ces doctrines. « En 1865, dit-il, le Congrès de Liége, où retentissaient les doctrines et le nom même de M. Littré, se termina par ces cris : « Guerre à Dieu ! Le progrès est là. — La Révolution, c'est le « triomphe de l'homme sur Dieu. — Il faut crever la voûte du Ciel, « comme un plafond de papier. » — Pures folies, disait-on alors. Six ans après, n'en voyait-on pas à Paris la sanglante application ? »

vite dans l'enseignement primaire. J'ai sous les yeux
la preuve que l'instituteur Eugène C., dans les
leçons d'histoire naturelle qu'il dicte aux enfants de
son école, confond *l'instinct* avec *l'intelligence.*
« L'homme, dit-il, ne vaut pas l'araignée; elle a
inventé le filage, le piquage, l'ourdissage, le tis-
sage..... Son fil est merveilleux! »

M. Charles C., dans son livre : *Les Parias de la
domesticité*, professe pour le chien un véritable culte.
« Pas de chiens, écrit-il, pas d'amitié..... C'est par
l'amour du chien que nous avons appris à aimer les
autres.... L'avenir du chien, c'est notre avenir. Le
monde ne subsiste que par l'intelligence du chien. Le
chien est un modèle de perfection morale que l'homme
doit essayer d'imiter. — La religion, la morale, la
philosophie, sont des instruments qui ont été décou-
verts, inventés, imaginés par l'homme. — Celui qui
aurait toutes les qualités de l'âne serait le plus ver-
tueux des hommes. — Sans le chien, nous n'aurions
pu concevoir l'idée d'une divinité [1]. »

Tout s'enchaîne dans l'erreur comme dans la vérité. Lorsqu'on a chassé Dieu de l'univers, lorsqu'on
a fait de l'homme une pure matière, que deviennent

---

[1] *Extrait du compte rendu de la Société protectrice des animaux*, p. 30 et suivantes. Lyon, 1873. Tout en protestant contre
les idées de M. C..., la Commission du concours a néanmoins jugé
son travail digne d'une médaille d'argent.

la liberté et la responsabilité humaines? Elles doivent à leur tour disparaître, et elles disparaissent en effet dans la philosophie des Comte et des Littré. Mais il faut aller jusqu'au bout, et la rigueur de la logique ne permet pas de s'arrêter en chemin. Si l'homme n'est pas libre, s'il n'est pas responsable de ses actes, de quel droit la société le punit-elle? Il n'y a plus ni bien ni mal, ni vice ni vertu, et MM. Buchner et Moleschott enseignent qu'on ferait bien de ne juger, de ne condamner personne. A leurs yeux, le juge est bien plus coupable que le voleur sur le sort duquel il prononce; car le voleur a peut-être l'excuse de la passion qui l'aveugle, tandis que le magistrat ne l'a pas. On le voit, c'est la justification du vol au point de vue psychologique, comme le fameux sophiste Proudhon l'a entreprise au point de vue économique [1].

Telles sont les belles théories qu'on ose nous présenter comme le *nec plus ultra* de la science. Je pourrais les réfuter plus longuement, mais je ne m'en sens pas le courage. J'estime au surplus que

---

[1] Ici encore je constate que ces doctrines insensées ne restent pas confinées dans les livres des savants. Les praticiens de nos conseils généraux s'en emparent. A la session du conseil général du Rhône, en 1873, M. D..., chargé de faire un rapport sur l'état des prisons du département, n'a pas hésité à soutenir l'irresponsabilité de l'homme en matière criminelle. Le journal *la Dépêche*, de Toulouse, a été supprimé pour avoir reproduit ce rapport.

ce serait bien inutile. Il me suffit d'avoir montré à
quels excès on arrive, quand on substitue au Dieu
créateur, à la divine Providence, je ne sais quelle
nécessité matérielle, aveugle, fatale, inférieure au
destin de l'antiquité païenne ; quand, au lieu de reconnaître que l'homme est une intelligence servie
par des organes, comme l'a si bien dit un philosophe
chrétien, et qu'il vient de Dieu, *qui fuit Dei*, suivant
le mot sublime des livres saints, on ne craint pas
d'affirmer qu'il vient de la matière et qu'il aboutit au
néant. N'est-ce pas, en vérité, un étrange et douloureux spectacle que celui de tant d'esprits, remarquables d'ailleurs à plus d'un titre, qui ne consacrent leurs efforts qu'à s'avilir et à se dégrader de
leurs propres mains ?

III

LE MATÉRIALISME JUGÉ PAR LA PHILOSOPHIE
ET LA POÉSIE ANTIQUES

Les adeptes du positivisme se trompent étrange-
ment, s'ils croient déployer sous nos yeux le drapeau d'une philosophie nouvelle. Il n'y a dans leur
doctrine de nouveau que le nom, et le positivisme

n'est autre chose que le sensualisme, cette vieille erreur mille fois produite et mille fois réfutée. Ce dogmatisme grossier qui fait dériver de la sensation toutes nos idées, toutes nos connaissances, qui n'admet d'autre moyen de connaître que les sens, est aussi ancien que le monde. Bien des siècles avant le christianisme, à l'école de Démocrite et d'Épicure, on enseignait que les atomes sont doués de mouvement, qu'ils entrent d'eux-mêmes en action et que par leurs combinaisons ils forment tous les corps. D'après ces philosophes, Dieu, c'est la nature, l'univers, le monde physique ; l'âme, c'est une collection d'atomes ronds suivant les uns, crochus suivant les autres, une chose matérielle et par conséquent mortelle, la mort n'étant que la séparation des atomes dont l'âme est composée. La théorie du transformisme, qui fait tant de bruit de nos jours en Angleterre et en Allemagne, et dont la découverte serait, dit-on, l'honneur de la science moderne, se trouve au moins en germe dans Héraclite. Déjà ce philosophe, qui vivait cinq cents ans environ avant Jésus-Christ, soutenait que tout ici-bas change, passe, se métamorphose sans cesse sous l'action de lois fatales et irrésistibles.

Nous retrouvons chez quelques disciples dégénérés d'Aristote les mêmes erreurs sur Dieu et sur l'âme qui semblent éclore pour la première fois sous la plume de nos philosophes. Ils soutenaient, dit Cicé -

ron, qu'il n'y a point d'âme, que l'âme est un mot ; que cette force, par laquelle nous agissons et nous sentons, n'est autre chose que la vie répandue également dans tous les corps ; qu'elle est une pure matière dont les différents éléments sont arrangés et tempérés entre eux, de manière à produire la vie et le sentiment[1].

Cicéron nous apprend encore que, suivant ces philosophes, ce qu'on appelle Dieu, intelligence et puissance divines, n'est autre chose que la puissance de la nature dépourvue de toute conscience d'elle-même. Il n'y a pas besoin de Dieu pour expliquer le monde. Tout s'opère et s'explique par l'enchaînement nécessaire des causes et des effets, par les poids et contre-poids de la nature. Le monde est un pur mécanisme[2].

Si rien n'est moins nouveau que l'athéisme et le matérialisme contemporains, rien n'est plus ancien, plus constant, plus universel que la protestation de l'humanité contre ces détestables doctrines. Long-temps avant que le christianisme ait dit le dernier mot sur le problème de notre destinée, la raison humaine, avec le secours des seules forces, des seules

---

[1] *Tusculanes*, t. I, p. 10. Voir le t. II du *Cours d'histoire de la philosophie*, de M. Cousin.

[2] Dans le traité *De natura Deorum*, cité également par M. Cousin.

lumières que Dieu lui a données, avait revendiqué
le privilége de notre céleste origine et de nos fins
immortelles. Écoutez, sophistes du jour, ce que pensent de vos théories les Socrate, les Platon, les
Aristote, les Cicéron, c'est-à-dire les plus grands
philosophes dont s'honore l'antiquité.

Interrogeons d'abord Platon, car il marche à la
tête de l'école spiritualiste. Le disciple de Socrate a
vu le premier qu'il n'y a pas seulement dans notre
esprit des idées variables, contingentes ; mais qu'il
y a aussi des idées immuables, absolues, nécessaires,
ce qu'il appelait ειδη αυτα κατ' αυτα, des idées, des
lumières en elles-mêmes et par elles-mêmes ; et
il en a conclu avec une logique rigoureuse qu'elles
sont la manifestation, la révélation d'une cause
immuable, absolue, nécessaire, c'est-à-dire de Dieu.
Suivant lui, ces idées qui éclairent la raison humaine
ne sont pas autre chose que des rayons de la raison
divine, du λογος θειος, comme il la nomme. Il a très-
bien vu qu'à côté de la beauté changeante, périssable, il y a le beau idéal, le beau absolu, ce qu'il
appelait αυτο το καλον, la beauté en elle-même, dont
toutes les autres ne sont que de pâles reflets ; et il
a résumé toute la morale dans un mot admirable :
ομοιωσις Θεω, la ressemblance à Dieu.

Sans doute les doctrines de Platon ne sont pas
sans mélange d'erreurs. Mais on ne peut nier qu'il

ait proclamé, il y a plus de vingt siècles, les vérités
fondamentales qu'on méconnaît aujourd'hui : l'existence de Dieu, la spiritualité et l'immortalité de
l'âme, les peines et les récompenses de l'autre vie.
Dans le *Phédon*, véritable dialogue sur l'immortalité
de l'âme, Platon fait tenir à son maître Socrate un
langage qu'il faut replacer sous les yeux de nos
matérialistes. « La mort, dit le grand philosophe,
c'est la séparation de l'âme d'avec le corps ; c'est le
commencement de la grande félicité. La perfection
de l'âme consiste surtout à s'affranchir le plus possible du commerce des sens et des soins du corps
pour contempler en Dieu la vérité. Le plus grand
obstacle à cet exercice de l'âme est dans les objets
terrestres et dans la séduction des sens... Si jamais
nous parvenons à la pure compréhension du vrai,
ce ne peut être qu'après la mort. Il n'y a de bonheur réel pour l'homme que dans la connaissance
de la vérité. Dieu en est le principe et la source, et
cette connaissance ne peut être parfaite qu'en lui.
N'avons-nous pas le droit d'espérer que celui qui a
fait de cette recherche la grande affaire de sa vie et
dont le cœur a été pur, pourra s'approcher, après sa
mort, de cette vie éternelle et céleste ? car assurément ce qui est impur ne peut approcher de ce qui
est pur. »

« Quoi ! dit encore Socrate, l'art des Égyptiens

conserve les corps pendant des siècles avec des pré-
parations aromatiques, et vous croiriez que la substance qui est par elle-même incorruptible, que l'âme,
en un mot, pourrait mourir, au moment où elle se
dégage de la contagion du corps pour s'élever jusqu'à la demeure de l'Être éternel, qui est le seul
bon et le seul sage ? »

Ne semble-t-il pas qu'on entende déjà la grande
voix du christianisme, et faut-il s'étonner qu'aux
yeux de plusieurs Pères de l'Église, Platon ait mérité d'en être appelé le précurseur ? Cicéron, qui s'y
connaissait, ne cache pas son enthousiasme pour le
noble spiritualisme de la philosophie grecque. « Lorsque, s'écrie-t-il, Socrate tenait déjà dans ses mains
le breuvage mortel, il parla de telle sorte qu'il ne
parut point marcher à la mort, mais monter au
ciel[1]. »

La doctrine athée et matérialiste a aussi un rude
adversaire dans Aristote, qui distingue avec soin les
vérités particulières venant de l'expérience sensible,
des vérités générales, bases de toute démonstration
et venant de la raison même. « L'expérience sensible, dit-il, donne ce qui est là, maintenant, de
telle ou telle manière ; mais il est impossible qu'elle

---

[1] « Cum pene in manu jam mortiferum illud teneret pocu-
lum, locutus ita est ut non ad mortem trudi, verum in cœlum
videretur ascendere. » (Tusculanes.)

donne ce qui est partout et toujours[1]. » Aristote
proclame qu'il y a une cause première de l'univers,
une cause première du mouvement. Est-ce une cause
physique? «Non, dit-il ; c'est une intelligence, une
intelligence bienheureuse, et bienheureuse par
elle-même[2]. » Bossuet et Fénelon ne diront pas
mieux.

Je tiens à ne citer que les maîtres de la philosophie ancienne, et c'est pourquoi j'arrive tout de suite
à Cicéron. Dans ses divers traités *des Devoirs*, *des
Lois*, *de la Nature des Dieux*, Cicéron reste toujours
fidèle aux principes de la philosophie spiritualiste.
Tantôt il réfute avec une dialectique puissante,
tantôt il raille avec une fine ironie les matérialistes
célèbres et même ceux dont les noms, sans lui, ne
nous seraient pas parvenus. On n'attend pas de moi
que je cite tant de pages éloquentes qui ont fait
l'admiration de la postérité. Écoutons-le un instant
seulement sur la question qui nous occupe.

« L'origine de notre âme, dit-il, ne saurait se
trouver dans rien de ce qui est matériel ; car la matière ne peut produire la pensée, la connaissance,
la mémoire, qui n'ont rien de commun avec elle. Il
n'y a rien dans l'eau, dans le feu, dans ce que les

[1] Analyt. *Poster.*, i, 31. Traduction de M. Cousin dans son
livre déjà cité.
[2] *Phys.*, ii, 5, viii, 5. — *Polit*, vii, 1.

éléments offrent de plus subtil et de plus délié, qui
ait un rapport quelconque avec la faculté que nous
avons de percevoir les idées du passé, du présent et
de l'avenir. Cette faculté ne peut donc venir que de
Dieu seul. Elle est essentiellement céleste et divine.
Ce qui pense en nous, ce qui sent, ce qui veut, ce
qui nous meut est donc nécessairement incorruptible
et immortel [1]. »

Et plus loin : « Que faisons-nous quand nous sé-
parons notre âme des objets terrestres, des soins du
corps et des plaisirs sensibles, pour la livrer à la
méditation ? Que faisons-nous autre chose qu'apprendre à mourir, puisque la mort n'est que la séparation de l'âme et du corps ? Appliquons-nous
donc à cette étude ; mettons-nous à part de notre
corps, et accoutumons-nous à mourir. Alors notre
vie sur la terre sera semblable à la vie du ciel ; et
quand nous serons au moment de rompre nos chaînes
corporelles, rien ne retardera l'essor de notre âme
vers les cieux [2]. »

Nous venons d'entendre les philosophes ; écoutons
maintenant les poëtes. Les croyances des peuples
sont aussi bien attestées par leurs poëtes que par
leurs historiens. On peut même dire qu'aux époques

---

[1] *Tusculanes.*
[2] *Id,*

primitives, où l'histoire ne saurait encore apparaître, c'est la poésie surtout qui en contient le précieux dépôt. Ici encore nous n'interrogerons à dessein que les plus grands génies qui ont précédé le christianisme. Un nom s'impose à nous tout d'abord, brillant de l'immortelle auréole dont les siècles l'ont entouré : c'est celui d'Homère. Ouvrons l'*Iliade* et l'*Odyssée*. L'épopée est un poëme qui a un caractère de généralité. C'est l'abrégé de la vie politique et sociale d'un peuple, le tableau de ses mœurs, le résumé de ses idées religieuses. Les croyances de l'antiquité païenne se révèlent à nous dans Homère et Virgile, comme la foi chrétienne parle dans le Tasse, Dante et Milton. Eh bien, qu'est-ce qui nous frappe surtout à la lecture des poëmes homériques ? Un de leurs traits saillants, n'est-ce pas précisément l'idée religieuse ? On n'y trouverait peut-être pas une page où il ne soit question de la divinité. Partout s'affirment la crainte et le respect des dieux.

La croyance en leur intervention est générale, et c'est à la protection de tel ou tel dieu que Grecs et Troyens attribuent tour à tour la victoire. A chaque instant les divinités de l'Olympe descendent sur le champ de bataille, animent les combattants, jettent le trouble et l'effroi au sein des armées. Lorsque Achille, par exemple, dit à Patrocle. « Garde-toi 'd'attaquer Hector, il a toujours près de lui un dieu qui le protége ; » lorsque Énée s'écrie : « Achille, je sais que tu es plus vaillant que moi ; mais si quelque dieu me protége, je pourrai te vaincre ; » ces héros attestent leur foi profonde dans la toute-puissance céleste.

Si d'Homère nous passons aux grands tragiques grecs, nous reconnaîtrons qu'il n'en est pas un qui n'ait écrit sous l'inspiration des croyances religieuses. A nos positivistes, qui ne reconnaissent dans le monde que l'évolution et la transformation indéfinies, Sophocle répond, comme Platon, qu'à côté du contingent il y a le nécessaire, à côté du variable l'immuable, à côté du perfectible le parfait absolu. Aussi, dans son *Œdipe-Roi*, le chef-d'œuvre de la tragédie antique, nous montre-t-il le Chœur suppliant les dieux de faire qu'il aime toujours « ces lois descendues du ciel, filles des dieux et non de l'homme, qui ne peuvent ni sommeiller ni vieillir. » C'est à dessein qu'il place ces paroles dans la bouche du Chœur, dont le rôle était de représenter la multitude. Il veut attester par là qu'il exprime des croyances générales. Nul doute, comme l'a dit un savant critique[1], que ces beaux vers n'étaient

---

[1] M. Patin. Ici, et dans les développements qui suivent, je me suis servi des belles études de M. Patin et de M. Saint-Marc Girardin sur la tragédie grecque.

tant applaudis que parce qu'ils étaient l'écho fidèle de la pensée des spectateurs.

Les tragédies de Sophocle sont pleines d'invocations à la divinité. Dès le début de l'*Œdipe-Roi*, le sentiment religieux éclate dans toute sa force. Le poëte nous peint la ville de Thèbes ravagée par la peste. Le peuple vient avec des rameaux d'olivier conjurer le roi de chercher avec lui les moyens de la délivrance. On entend les gémissements de la foule. Sur la scène s'élèvent les deux temples de Pallas et l'autel d'Apollon, qu'entourent bientôt les sacrificateurs, les prêtres de Jupiter. Ici ce sont les vieillards qui supplient Apollon, Diane et Minerve, les trois divinités protectrices de la cité ; là c'est le Chœur qui s'écrie : « Venez tous, ô dieux ; car je suis accablé de maux sans nombre, et je ne sais plus quel conseil donner, qui puisse guérir personne[1]. »

C'était bien la ville des dieux que la célèbre Athènes. On n'en peut douter à la peinture que nous a laissée Sophocle dans l'*Œdipe à Colone*. « Neptune l'avait enrichie de ses dons; Bacchus, avec les nymphes, se promenait en toutes saisons sous ses berceaux de vigne et de lierre. Sur ce sol chéri des Muses et de Vénus croissait l'olivier, sous la garde de Jupiter, sous les yeux de Minerve. Là s'épanouis-

---

[1] Traduction de M. Patin, *Études sur les Tragiques grecs*.

saient ces fleurs brillantes avec lesquelles on tres-
sait des couronnes à Cérès et à Proserpine[1]. » Les
Athéniens ne pouvaient donc faire un pas dans leur
cité, sans que l'image de la divinité apparût à leurs
regards. Aussi, quand la patrie était menacée, le
peuple se réfugiait au pied des autels, invoquait les
dieux, et cherchait à apaiser leur colère par des sacrifices. On croyait qu'une ville ne pouvait être prise
tant que les dieux l'habitaient ; et, pour les empêcher
de fuir, on les enchaînait au moment du danger. La
prière ouvrait les assemblées politiques ; elle précédait le combat et suivait la victoire. Partout, au fo-
rum comme au foyer domestique, la religion présidait à tous les actes du citoyen et l'enveloppait en
quelque sorte tout entier.

Le déisme des Grecs, je l'ai dit, contient de graves
erreurs. Ils n'ont pas la notion primitive de l'unité
de Dieu, qui depuis la chute s'est altérée chez tous
les peuples, excepté chez le peuple juif. Ils font peser sur la destinée de l'homme un fatalisme aveugle,
qui est la négation de la divine providence. Mais au
moins notre athéisme moderne leur est inconnu,
et nous les voyons s'incliner devant une volonté supérieure à la volonté humaine. « L'antiquité païenne,
comme on l'a justement remarqué, n'a même multi-

---

[1] Traduction de M. Patin, *Études sur les Tragiques grecs.*

plié les dieux à l'infini qu'à cause du besoin infini
que l'homme a de la divinité[1]. » Elle en a eu un
sentiment si vif, qu'elle a découvert presque tous ses
attributs ; et l'on peut affirmer, sans crainte de se
tromper, qu'à l'aide d'Homère, d'Eschyle, de Sophocle, d'Euripide, sous les réserves que nous venons
d'indiquer, on pourrait composer une exacte théodi-
cée. Est-ce que, par exemple, l'éternité, l'immutabilité divines ne sont pas proclamées dans ces paroles
d'Œdipe à Thésée ? « Cher fils d'Égée, aux dieux
seuls il est donné de ne connaître ni la vieillesse ni
la mort[2]. » Est-ce que la foi dans la science infinie
de Dieu ne jaillit pas de cette prière de Clytemnestre,
prosternée au pied de l'autel d'Apollon : « Tu me
comprends, car tu es dieu. Au fils de Jupiter rien
n'est caché[3]. » N'est-ce pas un hymne à la toute-
puissance, à la parfaite sagesse, à la souveraine justice de Dieu que ces vers admirables d'Eschyle :
« Les desseins de Jupiter ne peuvent être surpris.
Tout s'illumine, même dans la nuit ; seules restent
obscures les destinées des mortels. Elles ne chan-
cellent point, ne tombent point, les résolutions arrê-
tées dans la tête de Jupiter. Par des voies cachées,

---

[1] La Mennais, *Essai sur l'indifférence en matière de religion*,
t. I, p. 70.
[2] *Œdipe à Colone*, v. 596.
[3] *Électre*, v. 653-655.

invisibles, arrivent à leur terme toutes ses pensées. Des célestes remparts, d'où il veille, il frappe les méchants. Nul ne peut s'armer de violence, sans encourir le châtiment céleste. Tranquille en sa sainte et haute demeure, la suprême intelligence accomplit ses décrets[1]. »

Eschyle ne parle jamais de Jupiter, sans s'exprimer ainsi : « Le Dieu qui voit tout ; le Tout-Puissant qui guérit tous les maux. — Nul n'échappe à ses desseins profonds, infinis. — Pourquoi chercher à pénétrer la pensée de Jupiter, cet abîme dont l'œil n'aperçoit pas le fond[2] ? »

Les peines de l'autre vie sont nettement indiquées dans ces paroles du Chœur à Oreste : « ... Je t'entraînerai dans les enfers. Là tu subiras le châtiment des parricides ; là tu verras les mortels, comme toi coupables, tous ceux qui n'ont pas respecté les dieux, ou leurs hôtes, ou leurs proches, tu les verras punis, chacun d'une peine digne de son crime[3]. »

Lorsque, dans le *Prométhée* d'Eschyle, le Chœur et Prométhée échangent ces paroles :

« LE CHŒUR.

« Voilà donc ce que te reproche Jupiter, pourquoi

[1] *Les Suppliantes*, v. 85 à 100 ; traduction de M. Patin.
[2] *Ibid.*, passim.
[3] *Les Euménides*, II ; traduction de M. Pierron.

il te traite si durement! Et souffriras-tu sans relâche? N'y aura-t-il pas de terme à tes maux?

« PROMÉTHÉE.

« Nul avant qu'il le veuille[1] ! »

Le grand poëte ne dit-il pas qu'à côté de la souveraine justice il y a le pardon et l'infinie miséricorde?

Allons plus loin. L'idée de l'immolation volontaire, du sacrifice expiatoire, domine tellement dans
la tragédie d'Eschyle, que plusieurs Pères de l'Église
y ont vu une sorte de pressentiment du grand sacrifice qui sert de base à la religion chrétienne, et
comme un écho des traditions antiques sur la venue
du Libérateur[2].

La poésie latine nous offre le même enseignement
que la poésie grecque; elle est profondément religieuse. Parcourez les œuvres de Virgile; faites la
part des erreurs inévitables qu'elles contiennent :
vous y verrez un perpétuel hommage à la divinité.

Au début des *Géorgiques*, le poëte invoque Bacchus, Cérès, Neptune et Minerve, qu'il appelle les
brillants flambeaux de l'univers, *clarissima mundi
lumina*. Il engage les laboureurs à prier les dieux

---

[1] *Prométhée*, v. 263 et suivants.
[2] Voir M. A. Nicolas, *Études philosophiques sur le christianisme*, t. II, ch. IV.

pour qu'ils leur accordent un temps propice : *Orate,
agricolæ* [1]. On le suit avec intérêt dans les conseils
qu'il adresse aux cultivateurs, car ils ont encore aujourd'hui leur prix. Mais de tous ces conseils, il
en est un qui garde sa majestueuse grandeur après
tant de siècles écoulés : « *In primis venerare deos,*
avant tout, honorez les dieux [2]. »

Et ce n'est point d'un culte intérieur que se contente Virgile. « Chaque année, dit-il, au printemps,
tu devras offrir des sacrifices à Cérès ; et la jeunesse
des champs devra l'adorer :

Cuncta tibi Cererem pubes agrestis adoret [3].

Au second chant des *Géorgiques*, le poëte chante
Bacchus, le dieu de la vigne :

Nunc te, Bacche, canam [4].

Tout le monde connaît le vers célèbre dans lequel Virgile a peint le bonheur de l'homme des
champs :

*O fortunatos nimium, sua si bona norint,
Agricolas* [5]...!

[1] *Géorgiques*, liv. I, v. 100.
[2] Liv. I, v. 338.
[3] Liv. I, v. 343.
[4] Liv. II, v. 2.
[5] Liv. II, v. 457-58.

Mais on ne devait pas le séparer de celui-ci :

« *Fortunatus et ille deos qui novit agrestes* [1] ;

Heureux aussi celui qui connaît les dieux champêtres. »

Enfin le même sentiment religieux inspire le grand poëme de l'*Énéide*. Dès les premiers vers retentit le nom du dieu de la guerre. Le poëte nous annonce qu'il va chanter les horribles combats de Mars :

...At nunc horrentia Martis
Arma virumque cano [2]....

C'est de la puissance des dieux et de l'implacable vengeance de Junon qu'il va nous entretenir :

Vi Superum, sævæ memorem Junonis ob iram [3].

Sur la question de l'existence de l'âme et de son immortalité, qui rentre plus directement dans le cadre de notre étude, les poëtes anciens s'accordent aussi avec les philosophes. Je ne puis, il est vrai, qu'effleurer ce vaste sujet ; toutefois, l'épopée étant le genre de poëme qui porte la plus vive empreinte du génie, des mœurs et des croyances d'un peuple, il suffira, pour être bien fixé, d'interroger ici les

[1] *Géorgiques*, liv. II, v. 492.
[2] *Énéide*, liv. I, v. 1.
[3] Liv. I, v. 4.

deux plus grands poëtes de l'antiquité païenne, Homère et Virgile. Je m'empresse de reconnaître qu'en dehors des lumières de la Révélation, l'humanité n'a pu arriver à la vérité pleine et entière sur le problème de l'âme et de sa destinée. Vainement, par exemple, on chercherait chez les anciens cette idée, à la fois si noble et si consolante, de la réunion du corps à l'âme dans une autre vie, qui est un des dogmes du christianisme. D'autres lacunes, d'autres erreurs, sont manifestes dans leur psychologie. Mais ce qu'il faut bien faire remarquer aux matérialistes modernes, c'est que du milieu même des fictions les plus absurdes, des superstitions les plus grossières, se dégage et brille d'un inaltérable éclat la croyance à l'immortalité de l'âme.

Écoutons encore le vieil Homère. Au onzième chant de l'*Odyssée*, le poëte décrit la descente d'Ulysse dans le royaume des morts placé sous le sceptre du redoutable Pluton et de l'inflexible Proserpine. Le fils de Laërte invoque ces sombres divinités, et à sa prière les âmes s'échappent de l'Érèbe. Ce sont des jeunes gens, des vieillards, des épouses, de tendres vierges, qui apparaissent[1]. Sa mère elle-même vient à sa rencontre[2]. Il s'entretient suc-

---

[1] *Odyssée*, v. 35 à 40.
[2] V. 84.

cessivement avec Agamemnon, Achille, Ajax, Hercule[1]. Non-seulement la mort n'a rien pu sur toutes
ces âmes, non-seulement elles vivent, elles ont
pleine conscience d'elles-mêmes, mais elles s'intéressent à ceux qu'elles aimaient sur la terre[2]. C'est
ainsi que la mère d'Ulysse lui raconte tout ce qui
s'est passé à Ithaque depuis qu'il en est sorti. Même
spectacle au vingt-quatrième chant.

Enfin, lorsque Homère nous peint l'éternel supplice
de Tantale et de Sisyphe, il atteste en ce point,
comme en tous les autres, les antiques croyances
du genre humain.

Chose remarquable! sur tous ces graves problèmes qu'agite sans cesse l'humanité Virgile
parle comme Homère : il les résout comme lui. Le
même souffle religieux qui inspire le chantre d'Ilion,
anime le poëte de Mantoue. Sans doute Virgile paye
son tribut au polythéisme, au fatalisme, à la doctrine de la métempsycose. Mais, si on écarte un
instant de ses œuvres les nuages que l'erreur du
temps rendait inévitables, on y voit comme un vif
reflet des cieux chantés par le poëte.

Quiconque a lu le sixième livre de l'*Énéide* sait
qu'une idée principale le remplit : l'idée de la vie

---

[1] *Odyssée*, v. 397 et suivants.
[2] Telle était aussi la doctrine de Platon ; *Lois*, XI.

future. Après une offrande consacrée à la Nuit, mère des redoutables Euménides, Virgile transporte son héros sur les bords du Styx et le conduit dans le ténébreux Tartare. Les âmes se présentent en foule, et elles s'entretiennent avec Énée, qu'elles ont connu sur la terre. Les voiles qui couvrent l'autre vie disparaissent, et on entend comme un écho de l'éternelle justice qui y est rendue. A l'entrée des enfers siégent les remords vengeurs, *ultrices posuere cubilia Curœ* [1], les mauvaises joies du cœur, *mala mentis Gaudia* [2]; car la mort elle-même n'empêche pas les remords de nous suivre, *Curœ non ipsa in morte relinquunt* [3], ils nous accompagnent dans ce champ des pleurs, *lugentes campi*, au seuil duquel Minos scrute la vie des hommes et connaît de leurs crimes, *vitasque et crimina discit* [4].

La séparation des bons et des méchants est tout entière dans ce vers :

« *Nulli fas casto scele ratum insistere limen* [5];

« Nul mortel au cœur pur ne peut toucher le seuil du crime. »

[1] *Énéide*, l. VI, v. 274.
[2] Liv. VI, v. 278.
[3] Liv. VI, v. 444.
[4] Liv. VI, v. 433.
[5] Liv. VI, 563.

. Quelle peinture que celle des supplices qu'endu-
rent les réprouvés! Ils sont éternels :

> ...*Sedet, æternumque sedebit*
> *Infelix Theseus* [1]...

Le vautour dévore sans cesse les entraille de
Tityo :

> *Nec fibris requies datur ulla renatis* [2];

car l'enfer ne sait plus pardonner :

> *Ignoscenda quidem, scirent si ignoscere Manes* [3].

Rien ne manque dans Virgile, pas même la conclusion :

« Profitez, dit-il, de ces exemples; pratiquez la
justice; ne méprisez pas les dieux;

> « *Discite justitiam moniti et non temnere divos* [4].»

Aux Champs-Élysées, le contraste est saisissant.
C'est la demeure des justes, des bienfaiteurs de
l'humanité :

> *Quique sui memores alios fecere merendo* [5].

---

[1] *Énéide*, l. VI, v. 617.
[2] V. 600.
[3] *Géorgiques*, liv. IV, v. 488.
[4] *Én.*, l. VI, v. 620.
[5] Liv. VI, v. 664.

Ce sont maintenant des âmes heureuses : *felices
animæ*[1]. Partout la joie, partout le bonheur. Le
poëte ne cesse de le répéter :

> *Devenere locos lætos et amœna vireta*
> *Fortunatorum nemorum, sedesque beatas*[2].

Ainsi Virgile, comme Homère, proclame les principes fondamentaux de l'immortalité de l'âme et des
peines et des récompenses de la vie future. Nul
doute que ces doctrines ne fussent celles de la multitude. L'histoire raconte qu'un jour le grand poëte
assistait par hasard à un spectacle où on lisait ses
vers. Il fut aperçu : le peuple se leva, et, dans son
enthousiasme, lui adressa des hommages qu'on ne
décernait qu'à l'empereur Auguste.

[1] *Énéide*, liv. VI, v. 669.
[2] Liv. VI, v. 638.

IV

LE MATÉRIALISME DEVANT L'HISTOIRE

Nous venons d'établir qu'avant le christianisme l'humanité a protesté, par l'organe de ses plus grands poëtes, contre les doctrines matérialistes qu'on essaye de réhabiliter aujourd'hui. Dira-t-on que ce sont là des voix isolées ? Soutiendra-t-on qu'elles ne sont point l'écho des sentiments populaires? On a vu que cette objection est inadmissible. Non-seulement la critique littéraire la repousse, mais elle tombe devant l'histoire elle-même. L'histoire prouve en effet que les poëtes ne se sont pas trompés. Aussi loin qu'elle remonte, de quelque côté qu'elle étende ses regards, elle constate chez tous les peuples, à des degrés divers, ces nobles croyances que les novateurs n'ont jamais pu déraciner.

Interrogez les nations les plus anciennes, les Égyptiens, par exemple, auxquels la Grèce a tant emprunté, comme Rome plus tard emprunta tant à la Grèce. Assurément ils n'avaient point de Dieu une idée exacte, puisqu'ils étaient polythéistes. Sans doute encore ils comprenaient mal la vie future

puisqu'ils admettaient la métempsycose. Mais
l'athéisme ne s'était point montré parmi eux ; et ils
croyaient à la distinction de l'âme et du corps, aux
peines et aux récompenses de l'autre vie. Ils avaient
leur Élysée, sur le seuil duquel expiraient tous les
besoins, toutes les douleurs. Ils tenaient pour certain qu' « avant d'y avoir accès, l'homme doit se
présenter au tribunal sacré où Osiris, le juge suprême et le souverain des morts, prononce sur ses
mérites et fixe son sort d'après la conduite plus ou
moins vertueuse qu'il a menée durant sa vie terrestre[1]. » Ils pensaient qu' « aucune âme n'est sans
tache en quittant son enveloppe mortelle. Toutes
doivent se purifier des souillures qu'elles ont con-
tractées dans cette vie. Les plus vertueuses sont le
plus tôt affranchies[2]. »

Chez les Perses, même croyance à l'autre vie.
Voici ce qu'enseigne la religion de Zoroastre : « A
peine un homme est-il mort, que les *Dews* (les dé-
mons) cherchent à s'emparer de son âme, s'il a fait
le mal. Mais, s'il a été droit et pur, les *Izeds* (les
anges) sont là pour le défendre. Ensuite l'âme se
présente au grand pont *Tchinvad*, qui forme la bar-

---

[1] Voyez l'ouvrage de M. Creuzer traduit par M. Guignault, t. I,
p. 463. — On a retrouvé sur plusieurs peintures murales la balance avec laquelle Osiris pesait les actions des mortels.

[2] M. Creuzer, p. 466.

rière entre ce monde et l'autre. Là elle est jugée par *Ormuzd*, et, selon ses œuvres, ou elle est conduite au delà du pont par les saints *Izeds* dans une terre de bonheur, ou elle reste en deçà pour expier ses crimes [1]. »

Bien que la religion primitive de l'Inde se perde en quelque sorte dans la nuit des temps, on peut affirmer qu'elle reposait sur les mêmes croyances que celle des Égyptiens et des Perses. Les livres sacrés des Hindous, les *Vedas*, qui remontent au quatorzième siècle avant notre ère, enseignent le culte de Brâhma, l'Être suprême. Le *Rig-Veda*, ou livre des hymnes, qui est un des trois livres sacrés, lui rend ce magnifique hommage : « Celui qui est le premier auteur de cette création la soutient. Et quel autre que lui pourrait le faire ? Celui qui du haut du ciel a les yeux sur tout ce monde, le connaît seul. Quel autre aurait cette science ? » Voici la doctrine des *Vedas* sur la vie future : « A la mort, les âmes de ceux qui ont fait le bien retournent dans le sein du grand Être et se réunissent à lui pour toujours. Mais les âmes des méchants ou de ceux qui n'ont eu sur la terre d'autre but que l'intérêt ou le plaisir souffrent durant quelque temps dans les enfers le châtiment dû à leurs fautes, puis s'en vont

[1] M. Creuzer, p. 329.

animer successivement des corps nouveaux. Ce n'est qu'après s'être entièrement purifiées de leurs souillures qu'elles obtiennent de se réunir au grand Être et de participer à sa nature[1]. » Le célèbre Manou, dont les lois sont postérieures aux Vedas, professe aussi le système de la transmigration des âmes. Il décrit les lieux de ténèbres, de douleurs et de larmes, où doivent s'accomplir les peines de l'autre vie. Quant à la récompense des élus, elle va jusqu'à l'identification avec l'Être qui brille de son propre éclat. Le fameux réformateur Çakya-Mouni, qui apparaît dans l'Inde au sixième siècle avant notre ère, remplace le dieu Brâhma par le dieu Bouddha, et simplifie les divers degrés de la métempsycose ; mais il se garde bien d'ébranler les doctrines fondamentales dont nous venons de parler. Aujourd'hui encore les sectateurs du bouddhisme croient que « le Bouddah suprême est l'être nécessaire, le principe et la fin de toutes choses ; que tout ce qui existe a été créé par lui, et qu'il est éternel[2]. »

On trouve dans l'Inde, comme dans la Perse et dans l'Égypte, cette idée bizarre, mais significative, que les survivants doivent nourrir les âmes des défunts. Chez les Hindous, la théorie du *Sraddha* ou

---

[1] M. Creuzer, t. I, p. 275.
[2] M. Huc, *Souvenirs d'un voyage dans la Tartarie, le Thibet et la Chine*, t. II, p. 328 et suivantes.

repas funèbre remonte aux lois de Manou. De nos jours encore, ils offrent au mort le repas sacramentel. Quelle preuve plus manifeste ce peuple peut-il donner de sa croyance à l'immortalité de l'âme ?

Ainsi, le bouddhisme et le brâhmanisme des Hindous, comme la religion des Égyptiens et des Perses comme celles de tant d'autres peuples que nous pourrions citer, ne tombent dans la contradiction et l'erreur que lorsqu'il s'agit de préciser la nature de Dieu et le caractère de la vie future ; mais ces religions, si diverses qu'elles soient, sont unanimes à repousser l'athéisme et la négation de l'autre vie. C'est donc la foi de l'humanité qu'il y a un Dieu, une âme, une vie future. Quels que soient les nuages qui enveloppent ces grandes vérités, quelles que soient les erreurs qui les obscurcissent, l'œil de l'historien les découvre partout, à l'aurore comme au déclin des civilisations. Nous avons donc le droit de dire à nos adversaires qu'ils ont véritablement contre eux le genre humain.

A l'histoire enfin, s'il en était besoin, viendrait se joindre une science nouvelle dont les découvertes mettraient le sceau à notre démonstration. Nous voulons parler de l'archéologie. Par ses ingénieux et patients travaux l'archéologue a, pour ainsi dire, ressuscité le monde antique. Grâce à lui, des monuments et même des cités, qui dormaient ensevelis dans la poussière des siècles, apparaissent à nos yeux étonnés et nous révèlent les mœurs et les croyances des peuples. Il y a là comme une armée de témoins qui se grossit tous les jours, et qui est bien faite pour déconcerter l'incrédulité contemporaine. Que répondra-t-elle, en effet, à la vue de ces pierres, de ces marbres, de cet airain, qui, sortant tout à coup de leur antiquité vénérable, ne nous parlent que d'offrandes et de sacrifices, et font en quelque sorte revivre la religion de tant de nations depuis longtemps disparues ? Il semble que la main du temps n'a respecté cet héritage du passé que pour l'éternel enseignement de l'avenir ; car la foi des siècles est gravée sur ces vieux débris, comme elle l'est dans les œuvres des poëtes et des historiens.

De tous les monuments, ceux qui doivent le plus fixer notre attention, ce sont les tombeaux. Sous les formes les plus variées, avec les caractères propres au génie de chaque race, on les trouve chez tous les peuples. Or le tombeau est la manifestation la plus claire de la croyance à l'immortalité de l'âme. On peut même dire que sans cette croyance il n'aurait aucun sens. « Supprimez, dit un éminent architecte, toute idée de la durée de l'individu au delà de l'existence terrestre, et le tombeau n'a plus de raison d'être[1]. » Est-ce que le sauvage, dans son île déserte, où la lumière du christianisme n'a point encore pénétré, a la pensée de construire un tombeau, même pour le plus utile, le plus précieux de ses animaux ? Sa raison le lui interdit. Mais s'il vient à perdre l'un des siens, il recueille pieusement ses restes, et il les place dans un mausolée qui s'élève vers le ciel pour attester qu'après la mort tout n'est pas fini. L'universalité des tombeaux est un des grands faits de l'histoire. « Depuis les races supérieures, dit l'auteur que nous venons de citer, jusqu'aux noirs du sud de l'Afrique, on voit, en tout temps, les hommes ensevelir leurs morts avec l'idée plus ou moins nette d'une prolongation ou d'une transformation de l'existence. On pourrait faire l'histoire de l'humanité à l'aide des tombeaux[2]. » On n'attend pas de nous que nous fassions connaître les peuples chez lesquels la religion des tombeaux était en honneur. Il faudrait les citer tous, et ce serait à peine effleurer ce vaste sujet que d'évoquer ici l'Égypte et ses gigantesques pyramides, la Grèce et les blanches tombes de ses héros, Rome et ses longues voies funèbres. Il nous suffit d'avoir montré qu'on ne peut

[1] M. Viollet-Leduc, *Dictionnaire raisonné d'architecture*, t. IX, p. 21.

[2] *Ibid*.

faire un pas dans le monde antique et soulever la poussière qui le recouvre, sans toucher aux ruines d'un autel ou d'un tombeau; quelle preuve plus certaine de ses croyances pourrait-on donner?

V

LE MATÉRIALISME DEVANT LA RELIGION CHRÉTIENNE

Jusqu'ici nous n'avons opposé à la philosophie matérialiste que la voix des nations païennes. Écartant à dessein l'autorité trop décisive du peuple juif, qui devait à la révélation la connaissance et le culte du vrai Dieu, nous avons voulu démontrer qu'il avait suffi à l'humanité des simples lueurs de la raison pour repousser d'avilissantes doctrines. Mais il semble impossible de clore le débat sans parler du christianisme, qui l'a éclairé d'une si vive lumière. Je sais bien que nos adversaires, qui récusent l'autorité de la raison, s'inclinent encore moins devant la révélation chrétienne. Qu'importent leurs résistances obstinées? Il faut qu'ils en prennent leur parti. Le christianisme n'est pas seulement une grande doctrine: il est un grand fait, car il a changé le monde; et on peut dire de lui ce que l'apôtre

4

saint Paul disait du divin Maître : « *In eo vivimus, movemur et sumus ;* en lui nous vivons, nous nous mouvons, nous existons. » Or, par cela même que le christianisme nous a apporté la vérité absolue sur Dieu, l'âme et le monde extérieur, il s'est constitué l'ennemi de tout système athée et matérialiste. Mais il ne se contente pas de marquer la distinction profonde des deux natures qui sont en nous, l'âme et le corps ; il va plus loin. Ouvrez l'Évangile. A chaque page, c'est l'empire de l'âme, sa domination sur les sens ; c'est la guerre à tous les vils instincts, à toutes les mauvaises passions, que prêche Jésus-Christ. C'est la sainteté de l'âme et son incessante aspiration vers Dieu qu'il demande et glorifie. Jamais l'antagonisme qui existe entre nos deux natures n'avait été plus nettement marqué. Aussi l'apôtre saint Paul, interprète si autorisé de la pensée divine, s'écrie-t-il : « *Caro concupiscit adversus spiritum, spiritus autem adversus carnem : hœc enim sibi invicem adversantur ;* la chair conspire contre l'esprit, l'esprit contre la chair : car ils sont ennemis [1]. »

Le christianisme, c'est donc le spiritualisme même dans ce qu'il a de plus élevé et de plus pur. Au surplus, les adversaires de la doctrine chrétienne ne lui

---

[1] Ep. ad Galat., v, 17.

ont jamais contesté ce caractère fondamental. L'hérésie et la critique rationaliste ont porté leurs attaques sur tous les points, excepté sur celui-là. Loin de nier l'idéalisme de l'Évangile, on a été jusqu'à lui en faire un reproche ; et plus d'un, parmi ceux que l'ascétisme chrétien effarouche, l'a accusé de sacrifier le corps et de mutiler la nature humaine.

Mais ici encore l'humanité a pris contre les mécontents le parti de l'Évangile. Fidèle à la parole du Sauveur, elle a jugé le christianisme par ses fruits. Elle l'a vu inspirant les écrits des Augustin, des Fénelon, des Malebranche, comme la toile et le ciseau des Raphaël, des Vinci, des Michel-Ange. C'est son souffle qu'elle a reconnu dans la flèche élancée de nos vieilles cathédrales, dans cette suave ogive qui semble monter comme la prière vers le ciel. C'est sa voix qu'elle a entendue dans les vers mélodieux d'un Racine, dans les discours éloquents d'un Bossuet. N'est-ce pas à lui qu'elle a dû la suppression de l'esclavage, les conquêtes légitimes du droit moderne, les progrès véritables de la civilisation ? Elle a tressailli d'admiration en voyant passer au milieu d'elle le long cortège de ses martyrs, de ses vierges et de ses saints. Surtout elle l'a béni dans ses œuvres innombrables d'apostolat, de dévouement, de charité, dont le perpétuel épanouissement est un prodige. Enfin, éclairée par les leçons

de l'histoire, elle a compris que l'amélioration des
mœurs, des institutions et des lois dépend du développement du christianisme, et qu'en dehors de lui
il n'y a pour les individus, comme pour les peuples,
qu'une prompte et irrémédiable décadence [1].

Et, maintenant, n'avons-nous pas le droit de nous
demander comment il se peut qu'après la profession
de foi de tous les peuples, après dix-neuf siècles de
christianisme, les athées et les matérialistes élèvent
encore la voix parmi nous? Platon, qui déjà s'étonnait de les entendre, résoud très-bien la question :
« C'est, dit-il dans son traité *des Lois*, que les impies
trouvent dans l'athéisme le moyen commode de satisfaire leurs passions et leurs vices. » Cette explication est toujours vraie. Il y a autant de certitude
de la vie future que de la vie présente, car le raisonnement pour affirmer l'une est tout aussi rigoureux que pour affirmer l'autre. Les axiomes des
mathématiques ne sont ni plus certains ni plus évi-
dents que les axiomes de la morale. D'où vient qu'on
conteste ceux-ci, tandis que ceux-là obtiennent l'assentiment universel? C'est que les uns ne nous demandent aucun effort, tandis que les autres exigent

---

[1] « C'est dans le triomphe et la propagation du christianisme que
je place toutes mes espérances pour l'avenir de l'humanité. » (Extrait
de la lettre du 30 avril 1856 de M. Cousin à S. S. Pie IX, insérée
dans *le Correspondant* du 25 juin 1872.)

de nous la vertu. Le mal est donc plus encore dans la volonté que dans l'intelligence; et la question est encore plus pratique que théorique. Vous voulez discuter avec les doctrinaires du matérialisme? Si décisive que soit votre argumentation, ils trouveront moyen de vous échapper, et vous perdrez votre temps à essayer de les convaincre. Obtenez d'eux qu'ils pratiquent seulement pendant huit jours les préceptes de la religion chrétienne, et je les défie de résister à son éclatante lumière.

Nous ne saurions trop le répéter. Le phénomène si étrange de la science athée et matérialiste n'a pas d'autre explication. En effet, le mouvement et l'ordre qui règnent dans l'univers révèlent Dieu au plus simple d'entre nous, comme la marche régulière d'un vaisseau nous atteste l'existence du pilote, que la distance ne nous permet pas d'apercevoir. Comment Dieu pourrait-il donc rester caché aux yeux de ce savant qui voit l'admirable gradation des règnes de la nature, l'harmonieuse gravitation des astres et l'immensité de tous les mondes étincelant à la voûte des cieux ? La véritable science et l'athéisme impliquent contradiction.

Le savant qui mérite véritablement ce titre ne saurait pas plus méconnaître l'existence de l'âme que l'existence de Dieu. Comment nierait-il l'âme sans se nier lui-même ? Quoi ! ce noble ouvrier de

l'intelligence, ce penseur infatigable, douterait de
l'intelligence et de la pensée ? Mais cela ne se peut.
A lui plus qu'à tout autre s'impose le fameux axiome
de Descartes, le *Cogito, ergo sum* [1], qui contient
en deux mots toute la doctrine de la spiritualité de
l'âme.

En contradiction avec lui-même quand il nie
Dieu et l'âme, le matérialiste ne l'est pas moins
quand il proteste contre nos destinées immortelles.
Au moment où ce savant attaque si bruyamment
l'immortalité de l'âme, il y croit. Il la confesse par
tous ses actes. Que d'efforts ne fait-il pas pour
vivre dans le souvenir de ses contemporains, pour
transmettre son nom à la postérité ! Lorsqu'il consacre tant de veilles à écrire ces pages impies qui
vont étonner le monde, savez-vous quel est le sentiment qui l'anime ? Ah ! n'en doutez pas, c'est celui
du poëte : «*Non omnis moriar ;* non, je ne mourrai
pas tout entier. »

Heureusement, dans cette nombreuse armée qui
marche à la conquête de la science, le spiritualisme a aussi ses dignes, ses nobles représentants.
Combien nous pourrions en citer dont les œuvres
impérissables attestent que la science et la foi, loin
d'être ennemies, sont en réalité deux sœurs qui doi-

----

[1] « Je pense, donc je suis. »

vent se donner la main ! Et qui l'a prouvé avec plus
d'éclat que vous, ô savants de tous les siècles, auxquels l'humanité doit les plus belles découvertes,
vous dont il suffit d'évoquer les grandes figures
pour voir pâlir à l'instant toutes les célébrités de
l'athéisme ? Vous, Descartes, Leibnitz, en qui la
philosophie salue ses maîtres; vous, Cuvier, Linné,
Jussieu, si grands parmi les plus grands naturalistes; vous, Kepler, qui avez déterminé les lois du
mouvement des astres; vous, Newton, qui nous
avez révélé le principe de la gravitation universelle,
et qui n'entendiez jamais prononcer le nom de Dieu
sans vous découvrir [1]; vous, Pascal, géomètre et
philosophe incomparables, dont la pensée s'élevait
si haut pendant que vous soumettiez votre corps
aux mortifications les plus rigoureuses [2]; et vous
aussi, illustre Ampère, l'honneur de notre temps
et de notre pays, qui avez doté le monde de ce merveilleux télégraphe électrique, vous que j'aperçois,
dans le rayonnement de votre gloire, humblement
prosterné aux pieds d'un pauvre prêtre et implo-
rant les lumières de l'Esprit-Saint [3]; vous tous en-

[1] Le fait est rapporté par Bernardin de Saint-Pierre, dans ses
Études de la nature.

[2] Pascal allait jusqu'à placer une ceinture de fer couverte de
pointes sur sa poitrine (*Vie de Pascal*, par Mme Périer, sa sœur).

[3] La veille de la Pentecôte, dans l'église de Poleymieux *(Journal
et Correspondance d'Ampère*, p. 321).

fin, penseurs sublimes, génies immortels, sortez un instant de votre tombe et venez confondre les savants du jour. Parlez! En portant vos calculs dans les profondeurs de l'infini, n'êtes-vous pas restés chrétiens fidèles? et, pour pénétrer les secrets de l'univers, n'avez-vous pas commencé par incliner vos fronts devant le Dieu qui l'a créé et qui le gouverne avec tant d'harmonie et de sagesse[1]?

---

[1] J'ai parlé d'Ampère, et le fait que j'ai cité le peint suffisamment. Je ne puis cependant résister au plaisir de reproduire ici une prière admirable, que ce grand mathématicien écrivit au moment où il venait de perdre sa femme.

« Mon Dieu! je vous remercie de m'avoir créé, racheté, et éclairé de votre divine lumière en me faisant naître dans le sein de l'Église catholique. Je vous remercie de m'avoir rappelé à vous après mes égarements; je vous remercie de me les avoir pardonnés. Je sais que vous voulez que je ne vive que pour vous, que tous mes moments vous soient consacrés. M'ôterez-vous tout bonheur sur cette terre? Vous en êtes le maître, ô mon Dieu! mes fautes m'ont mérité ce châtiment. Mais peut-être écouterez-vous encore la voix de vos miséricordes :

« *Multa flagella peccatoris; sperantem autem in Domino misericordia circumdabit.*

« J'espère en vous, ô mon Dieu! Mais je serai soumis à votre arrêt, quel qu'il soit. J'eusse préféré la mort. Mais je ne méritais pas le ciel, et vous n'avez pas voulu me plonger dans l'enfer. Daignez me secourir pour qu'une vie passée dans la douleur me mérite une bonne mort, dont je me suis rendu indigne.

« O Seigneur! Dieu de miséricorde! daignez me réunir dans le ciel à ce que vous m'aviez permis d'aimer sur la terre. » *(Journal et Correspondance*, p. 323.)

VI

INFLUENCE DU MATÉRIALISME SUR LES ARTS
LA LITTÉRATURE, L'INDUSTRIE, LA POLITIQUE
SES RAVAGES DANS LE PEUPLE

Le matérialisme dans la science, voilà l'ennemi que nous avons jusqu'à présent combattu. On s'étonnera peut-être que nous lui ayons fait une aussi large place. Nous le devions à cause de son influence sur le mouvement intellectuel de notre temps. De toutes les formes du matérialisme contemporain il n'en est pas de plus dangereuse. Tandis qu'ailleurs cette doctrine ne prend pas la peine de dissimuler ses aspects grossiers et cyniques et se réfute ainsi d'elle-même, ici le venin se cache habilement sous des formules scientifiques. La jeunesse de nos écoles, habituée à jurer sur la parole du maître, se défend difficilement contre un enseignement qui, à l'attrait de la nouveauté, joint le prestige du savoir. Il y a là un péril social sur lequel on ne saurait trop insister.

Nous retrouvons dans la littérature et dans les arts la même école, qui ne poursuit d'autre but que le développement des sens et la glorification de la

matière. Nous avions tout à l'heure devant nous le
positivisme ; nous voici maintenant en présence du
réalisme. Le nom seul est changé, le fond reste le
même. C'est toujours le matérialisme qui prétend
régner parmi nous. A entendre les réalistes, il n'y
a pas d'idéal ; ou, s'il y en a un, « c'est un dissol-
vant, une source de division, parce qu'il est divers,
et varie suivant les individus et les circonstances les
plus accidentelles[1]. » Vainement Platon leur répond
que « ce n'est pas à l'art, c'est à une flamme céleste, à un dieu, que les poëtes doivent les belles
créations de leur génie... Il faut qu'une divinité les
possède... Un dieu seul, le dieu qui subjugue leur
esprit, les prend pour ses ministres, ses oracles, ses
prophètes. Il veut nous apprendre qu'ils ne sont pas
les auteurs de tant de merveilles, mais qu'il nous les
adresse lui-même et se fait entendre par leur voix[2]. »
Les défenseurs du réalisme dédaignent les conseils
de la sagesse antique ; et ainsi disparaît à leurs yeux
cet idéal divin, ce beau immuable, absolu, cet αὐτό τε
Καλόν, qu'avait entrevu Platon et qu'ont salué après
lui les penseurs de tous les siècles. Grands poëtes,
illustres artistes, nobles génies, qui nous fûtes si
chers, à qui nous devons d'avoir connu les ineffa-

---

[1] M. Alb. Dumont, préface de son livre : *Haeckel et la Théorie
de l'évolution en Allemagne.*

[2] *Ion* ou *de l'Iliade.*

bles transports de l'enthousiasme, vous vous êtes
donc trompés, quand vous avez vu descendre dans
vos âmes un rayon de la beauté impérissable ? Et
nous-mêmes, qui avons tant de fois tressailli en présence de vos œuvres, nous avons donc été le jouet
d'un rêve ? car, les réalistes l'ont décidé, vous n'avez
chanté, vous n'avez peint, vous n'avez immortalisé
que le néant !

A l'école du réalisme, l'artiste et l'écrivain n'ont
plus la belle mission d'élever les âmes, de nous inspirer de nobles pensées, d'exciter notre admiration
pour tout ce qui est pur, grand, généreux. Les réalistes veulent laisser l'humanité courbée sous le poids
des sens qui l'entraînent vers la terre. Entre leurs
mains tout converge vers ce but. Dans leurs romans,
leurs journaux et leur théâtre, ils poursuivent la
réhabilitation du vice. C'est pour peindre la volupté
que leurs toiles revêtent les plus séduisantes couleurs, et, sous le ciseau de leurs statuaires, épris de
la beauté lascive, dédaigneux de la beauté sereine
de l'art chrétien, le marbre ne s'anime que pour outrager la pudeur et la vertu.

Le danger que nous signalons n'avait point échappé
à Aristote. Le grand philosophe recommandait de
préserver l'enfance et la jeunesse de tout ce qui peut
souiller leur esprit. « Si, dit-il, nous interdisons aux
jeunes gens toute conversation, tout langage con-

traire à la décence, il est évident que nous bannis-
sons aussi toute espèce de peintures ou de représen-
tations obscènes. Que les magistrats veillent donc
soigneusement à ce qu'on ne rencontre nulle part
aucune statue, aucun tableau qui représente des
actions de ce genre... Il faut rendre étrangères aux
jeunes gens toutes les choses viles et méprisables,
et surtout, parmi celles-là, toutes celles qui sont
propres à inspirer le vice et la grossièreté [1]. »
Mais en cela Aristote était idéaliste, et nous savons
qu'aux yeux de nos réformateurs l'idéalisme est un
vieux système irrévocablement condamné.

En parcourant toutes les autres sphères de la société, nous pourrions aisément reconnaître à sa trace
le courant matérialiste qui les envahit. Je viens de
parler de l'enfance et de la jeunesse. Eh bien, sur
la question de l'enseignement, on se divise comme
sur toutes les autres ; et vous retrouvez ici les spiri-
tualistes aux prises avec les matérialistes. L'enseignement purement laïque, nous l'avons déjà dit, c'est
Dieu chassé de l'école ; c'est également l'âme niée
et méconnue, car l'athéisme et le matérialisme ne
marchent jamais l'un sans l'autre. Et si je ne crai-
gnais de me placer ici sur un terrain trop spécial,
il me serait facile de montrer que plus d'un, parmi

---

[1] *Politique*, liv. VII.

ceux qu'on nomme les utilitaires, c'est-à-dire les adversaires des études classiques, appartient, à son insu peut-être, à l'école que je combats en ce moment.

Ce mal profond atteint toutes les branches de l'activité humaine. Voyez l'industrie : comment expliquer autrement que par le mépris de toute croyance la violation de cette loi divine qui fait du dimanche un jour de repos ? En ces temps de religion et de foi qui sont déjà loin de nous, on comprenait autrement la dignité humaine. L'ouvrier ne manquait pas de consacrer au Seigneur le jour qu'il s'est réservé. On le voyait alors au pied des autels retremper dans la prière sa force et son courage. Est-il plus heureux, je le demande, aujourd'hui qu'on veut faire de lui un rouage industriel, une pure machine ?

En politique la même influence délétère se fait sentir. Ce n'est point à la raison, à l'intelligence, qu'appartient la souveraineté ; c'est au nombre, c'est-à-dire à la force matérielle. La guerre est redevenue l'*ultima ratio* des peuples ; le fait accompli s'élève à la hauteur d'un principe ; et, en plein dix-neuvième siècle, au milieu de l'Europe chrétienne, on entend retentir cette sauvage maxime : « La force prime le droit. »

Enfin ce goût immodéré du luxe, cette soif ardente des jouissances matérielles, cette passion de la richesse acquise, sans qu'elle soit le prix du temps, de l'effort et du sacrifice, n'est-ce pas le sensualisme dans les mœurs, comme nous venons de le voir dans les principales fonctions du corps social?

Des sommets les plus élevés de la société, la doctrine athée et matérialiste est descendue dans les rangs du peuple. Il ne faut point s'en étonner. Les classes que, par un honneur insigne, on appelle dirigeantes, ne désertent pas impunément les nobles croyances dont ne peut se passer l'humanité. Il y a dans le monde social quelque chose de semblable à ce qui se passe dans le monde céleste. Autour des astres principaux gravitent de nombreux satellites, qu'ils entraînent sans résistance dans leur course impétueuse à travers l'immensité de l'espace. En vertu d'une loi analogue, les premiers par le rang, l'intelligence ou la fortune, entraînent à leur suite la foule incapable de se diriger elle-même. Puissantes pour le bien, les classes supérieures le sont encore plus pour le mal. Il leur appartient donc de donner le bon exemple à ceux qui ont les yeux fixés sur elles. Personne ne méconnaît leur influence; comment pourraient-elles méconnaître leur responsabilité?

Lorsqu'on jette à pleines mains l'impiété dans les masses, cette redoutable semence ne tarde pas à

porter ses fruits. La libre pensée a pour conséquence
nécessaire la libre action. Les faits, hélas! ne
l'ont que trop démontré. Ai-je besoin de rappeler
ici les plus douloureux souvenirs ? Le sang des victimes de nos discordes civiles et les ruines de nos
monuments ne nous montrent-ils pas jusqu'où
l'homme peut descendre quand, n'étant plus retenu
par le frein salutaire de ses croyances, il s'abandonne aux plus sauvages instincts ?

Assurément ce n'est pas d'hier que la guerre a
été déclarée au christianisme, et, comme le dit Pascal, « ce qui est admirable, incomparable et tout à
fait divin, c'est que cette religion, qui a toujours duré,
a toujours été combattue [1]. » Mais on peut affirmer que la lutte n'a jamais été plus vive, plus générale, plus persévérante qu'à notre époque. La révolution du 24 février 1848 a eu ses jours de sang et
de deuil; mais elle ne porte point, comme celle du
4 septembre 1870, le caractère d'une hostilité systématique à la religion catholique et à ses ministres.
En 1848, le P. Lacordaire montait avec sa robe de dominicain dans la chaire de Notre-Dame, et poursui-
vait le cours de son célèbre apostolat au milieu d'une
foule respectueuse et sympathique. A Paris même, le
grand orateur obtenait quatre-vingt mille suffrages

---

[1] *Pensées.*

pour l'Assemblée nationale. Le 25 mai 1871, la robe des dominicains d'Arcueil les signale à la fureur populaire, et ce jour-là l'Église catholique ajoute quatorze noms à la glorieuse liste de ses martyrs. En 1848, le peuple appelait le prêtre à bénir ses arbres de liberté; en 1871, le sacerdoce devient un crime, et les délégués de la Commune envoient les prêtres à la mort, en s'écriant : « La révolution est faite contre Dieu, la religion et les prêtres; la mort des prêtres est le critérium de la révolution [1]. »

Je ne veux rien exagérer, et je reconnais qu'il serait injuste de rendre la République solidaire des excès sans nom de la Commune. Mais je ne serai démenti par personne en rappelant que dans plusieurs villes, et notamment à Lyon, malgré de louables efforts, sa proclamation a été suivie d'outrages, de menaces, et même de violences contre les membres du clergé. De tels égarements sont vraiment inexplicables : car nos prêtres n'ont pas cessé d'être les

[1] Paroles de Raoul Rigault citées par M. l'abbé Lamazou aux p. 125 et 171 de son livre la Place Vendôme et la Roquette, à l'exactitude duquel M. le général Vinoy a rendu un éclatant hommage. — M. l'abbé Lamazou déclare (p. 13) que, « lorsqu'il fut incarcéré le 19 mai à la prison de la Préfecture de police, on écrivit après son signalement sur le registre d'écrou : Délit inconnu. Le lendemain on le transférait à Mazas, et on inscrivait sur le registre de la prison ces mots : Délit : Vicaire de la Madeleine. »

dignes ministres de la religion de paix et de charité. Au sein de notre société rongée par l'égoïsme,
la flamme sacrée du dévouement aurait bientôt disparu, si elle ne trouvait un perpétuel aliment dans la
foi religieuse. Le dévouement est aujourd'hui comme
autrefois le grand moyen d'action du christianisme.
En voyant nos missionnaires braver la mort pour
porter l'Évangile sur les points les plus reculés du
globe, en voyant les prêtres de Jésus-Christ ac-
courir auprès des blessés sur les champs de bataille [1]
et offrir leurs poitrines à l'émeute lorsqu'elle gronde
dans nos rues [2], il est impossible que le peuple n'ou-

[1] Dans son mémoire sur la campagne de l'armée du Nord,
1870-1871, le général Faidherbe signale avec reconnaissance la
conduite de l'archevêque de Cambrai, de l'évêque d'Arras, des
Sœurs de l'hospice de Corbie, du clergé. Il se plaît à citer particulièrement le nom d'un brave, un dominicain, le P. Mercier, décoré
pour son courage à la bataille d'Amiens, où il reçut quatre blessures.

[2] Un volume ne suffirait pas à retracer les traits d'héroïsme par
lesquels les prêtres de Jésus-Christ se sont signalés au milieu de
nos guerres civiles. Je me contenterai de citer celui-ci qui a eu lieu
à Paris, en 1871, sous la terreur de la Commune : « Le P. Guérin,
des Missions étrangères, dit M. l'abbé Lamazou, occupait la cellule
22, qui communiquait avec la cellule 21, où se trouvait un des
otages laïques, marié et père de famille. Après lui avoir prodigué
toutes les consolations et tous les encouragements de la charité la
plus affectueuse, le P. Guérin, dans la nuit qui suivit l'assassinat
de l'archevêque et des cinq autres victimes, fit observer à son
compagnon que l'appel des condamnés s'était fait et se ferait probablement encore sans contrôler leur identité ; que, par suite, une

5

vre pas les yeux à la lumière et ne reconnaisse pas de quel côté se trouvent ses véritables amis. Qu'il se demande enfin ce qu'ont fait pour lui les implacables adversaires du Christ, ceux qui soufflent sans cesse la haine de son nom, le mépris de son Évangile. Quelles améliorations le peuple leur doit-il dans son sort, et quelles consolations dans ses souffrances ? L'histoire répond à cette question décisive. Elle dit les maux sans nombre que les athées ont, en passant, laissés derrière eux. Elle est muette sur leurs bienfaits.

substitution de personnes serait chose facile, et que, si l'on procédait par fournées, les derniers auraient la chance d'être sauvés. Au moment de son arrestation, le P. Guérin était vêtu d'habits bourgeois ; il avait laissé pousser toute sa barbe, et rien ne révélait en lui un membre du clergé. Se fondant sur ces circonstances *heureusement réunies*, dit-il avec une simplicité sublime, il proposa à son voisin de répondre pour lui et de prendre sa place, si son nom était prononcé le premier. « Vous êtes marié, dit-il, vous avez une « femme, un enfant, auxquels vous devez vous conserver, s'il est « possible ; ce sont des liens par trop douloureux à briser et « votre sacrifice est bien autrement pénible que le nôtre. Pour moi, « prêtre missionnaire, le martyre que j'ai été chercher en Chine « sans le trouver, eh bien, je le trouverai ici. Peu importe que ce « soit aujourd'hui plus tôt que demain, surtout si je puis le rendre « utile et le faire contribuer à vous sauver la vie. » *(La Place Vendôme et la Roquette*, 12e édition, p. 244.) L'arrivée des troupes libératrices dispensa heureusement le P. Guérin d'exécuter son héroïque projet. »

VII

LE SPIRITUALISME CHRÉTIEN

Veut-on savoir au contraire ce que l'humanité doit au christianisme ? Il suffit de se rappeler ce qu'elle était avant lui. Partout, même chez les nations les plus civilisées, régnait l'esclavage. L'homme était considéré comme la propriété de l'homme, comme une chose qu'on pouvait louer, vendre, anéantir à son gré. Les jurisconsultes romains eux-mêmes, qui ont laissé dans la science du droit un monument impérissable, n'avaient pu s'élever à cette idée, qui paraît aujourd'hui si simple, de l'unité de la race humaine. L'esclavage de la plus grande partie du genre humain leur paraissait de droit naturel. Le même principe servait de base à l'organisation de la famille. La femme était la propriété du mari, les enfants la propriété du père. Pour dissiper de telles erreurs, il ne fallait rien moins que la révélation chrétienne. Jésus-Christ paraît, et la lumière se fait tout à coup au milieu des ténèbres du polythéisme. Le Sauveur enseigne qu'il n'y a qu'un Dieu, que nous sommes tous enfants du même Père qui règne dans les cieux. L'apôtre saint Paul, ce fidèle écho du divin maître, déclare que « nous devons nous regarder comme les membres les uns des autres [1] ; » que « si un membre souffre, tous souffrent avec lui [2]. » Il ne cesse de répéter que « les hommes sont égaux devant Dieu [3]. » Et voici qu'à peine éclairés des premières lueurs de la religion nouvelle, les jurisconsultes romains changent tout à coup de langage. On entend alors Ulpien dire : « En ce qui concerne le droit naturel, tous les hommes sont égaux ; *Quod ad jus naturale attinet, omnes homines œquales sunt* [4]. » Et ailleurs : « Par le droit naturel tous naissent libres; *Jure naturali omnes liberi nascuntur* [5]. »

C'est donc au christianisme qu'on doit ces grands principes de liberté, d'égalité, de fraternité, dont on a si souvent dénaturé le sens, mais qui n'en resteront pas moins des choses saintes, car c'est de la main de Dieu que l'humanité les a reçues.

En même temps qu'il rendait à l'esclave sa dignité d'homme libre, Jésus-Christ réhabilitait la femme et

---

[1] Aux Rom., ch. XII, 5 ; aux Éph., IV.
[2] Ire Aux Corinth., ch. XII, 26.
[3] Aux Rom., II, 11 ; Ire aux Corinth., XII, 13 ; aux Galat., III, 28.
[4] *Digeste*, 1. 32, *de regulis Juris.*
[5] *Digeste*, 1. 4, *de Just. et Jure.* — Voir Troplong, *de l'Influence du christianisme sur le droit romain.*

l'enfant, si profondément dégradés par le paganisme. Il en faisait des êtres sacrés pour l'homme, et il constituait la famille sur sa véritable base, le mariage chrétien. Enfin il couronnait son œuvre en nous donnant la charité, cette fleur céleste que le monde ancien n'a pas connue. Oui, c'est depuis lui qu'on a vu cet étonnant spectacle de tant de jeunes filles dans l'éclat de la jeunesse et de la beauté, descendant, pour l'amour du Sauveur Jésus, des hauteurs de la naissance et de la fortune aux pieds du pauvre, heureuses de panser ses plaies, de sécher ses larmes et de relever son front vers le ciel.

Mais pourquoi s'étendre plus longtemps sur les bienfaits de la religion chrétienne? Qui donc pourrait les nier? On a beau outrager le christianisme et avoir l'air de s'en passer, c'est sa vivifiante atmosphère qu'on respire, et, sans le savoir, on marche à sa lumière, on se réchauffe à son foyer. Aujourd'hui surtout où l'on parvient si facilement à soulever les passions populaires, ne serions-nous pas exposés à périr dans les déchirements de nos guerres civiles, si cette religion de paix et de charité ne venait à notre aide, et ne nous sauvait en quelque sorte malgré nous?

Objectera-t-on que le christianisme n'a point affranchi l'homme de la misère, et que de toutes les servitudes c'est, après tout, la plus pesante ? Je conviens qu'on ne trouve pas dans l'Évangile la promesse de l'extinction du paupérisme. Jésus-Christ a même pris soin de dire que, quoi que nous fassions, il y aura toujours des pauvres parmi nous [1]. Et cependant, de toutes les solutions données jusqu'ici au problème de la misère, c'est encore la solution chrétienne qui est la meilleure, disons mieux, la seule que l'expérience ait justifiée. Trois mots la résument : travail, tempérance, charité ; le travail sans lequel on ne peut augmenter les produits ; la tempérance, qui seule permet de les épargner ; la charité enfin, qui supplée à leur insuffisance. Aussi les économistes les plus éclairés ont-ils reconnu que la pratique des devoirs de la vie chrétienne est le plus sûr moyen d'améliorer la situation des classes ouvrières.

Cette question sociale, qui se pose si menaçante devant nous, que personne ne peut résoudre, il y a longtemps que le prince des apôtres l'a résolue en disant : « Il n'y a de salut qu'en Jésus-Christ, *Non est in alio aliquo salus.* » Et quel autre en effet que lui pourrait nous sauver ? Où trouvera-t-on, si ce n'est dans l'Évangile, un contre-poids au mouvement souvent désordonné de la richesse, et une digue au flot toujours montant de la misère ?

---

[1] Matth., XXVI, 11.

Qui enseignera au riche la modération et le dévouement, au pauvre la patience et la résignation? Qui
inspirera à l'un des craintes salutaires sur son éternel avenir, et fera briller aux yeux de l'autre les
compensations infinies de la vie future? Qui nous
donnera enfin le vrai remède aux maux dont nous
souffrons : l'esprit de sacrifice? Qui l'allumera en
nous, si j'ose ainsi parler, et ne le laissera jamais
s'éteindre? Qui fera cela, si ce n'est le christianisme? Encore une fois, s'il y a un fait acquis aujourd'hui, c'est l'impuissance, en dehors de la religion chrétienne, je ne dis pas seulement des réformateurs modernes, dont les utopies mortes en
naissant ne sont déjà plus qu'un lointain souvenir,
mais des maîtres de la science économique eux-
mêmes, qui en font le loyal aveu. C'est donc
une œuvre impie, ou plutôt un véritable crime,
d'ébranler dans les masses les croyances religieuses,
seules capables d'armer de patience et de courage
la foule trop nombreuse de ceux qui souffrent [1].

---

[1] La progression si alarmante des suicides n'a pas d'autre cause
que l'affaiblissement des croyances religieuses. La statistique en
fournit la preuve décisive. On sait qu'il y a bien plus de foi chez
les femmes que chez les hommes. Or le suicide est beaucoup plus
fréquent chez ceux-ci que chez celles-là. Le rapport sur l'administration de la justice en France pendant l'année 1872 constate que
« 78 0/0, c'est-à-dire plus des trois quarts des suicidés, appartiennent
au sexe masculin. » (Journal officiel du 18 septembre 1874.)

Gardons-nous toutefois de demander au christianisme le bonheur tel qu'on l'entend ordinairement,
le bonheur qu'on voit dans la possession de la richesse. L'Évangile le place au contraire dans le dé-
tachement des biens de ce monde, dans la pauvreté.
Qui n'a présent à l'esprit le sermon sur la monta-
gne, ce tableau incomparable tracé par le Sauveur
de toutes les vertus chrétiennes? Après avoir dit
que *son royaume n'est pas de ce monde*, il enseigne
à quel prix on peut gagner le ciel. Écoutons ces
divines paroles qui, depuis dix-huit siècles, n'ont
cessé de se répandre comme une rosée bienfaisante
sur nos souffrances et nos misères. Prêtez l'oreille
surtout, ô vous les déshérités de la terre, vous qui
ployez sous le poids d'un dur labeur ; car c'est vous
que le Rédempteur appelle à lui pour ranimer votre
courage. Vous êtes pauvres, vous manquez du nécessaire, et, dans votre détresse, il se fait autour de
vous comme une nuit sombre et glacée où disparaît
la Providence. Mais n'entendez-vous pas cette promesse : « *Beati pauperes spiritu, quoniam ipsorum est regnum cœlorum;* heureux les pauvres,
parce que le royaume des cieux est à eux. » Vous
êtes plongés dans la douleur, votre âme est enveloppée d'une éternelle tristesse, vos yeux ne s'ouvrent que pour verser des larmes. Mais il est écrit :
« *Beati qui lugent, quoniam ipsi consolabuntur;*

bienheureux ceux qui pleurent, parce qu'ils seront consolés. » Vous êtes victimes de l'injustice et de la fraude, vous subissez l'étreinte redoutable des méchants. Félicitez-vous, puisqu'à ce prix vous achetez le ciel : *Beati qui persecutionem patiuntur propter justitiam, quoniam ipsorum est regnum cœlorum*. Enfin, quels que soient les outrages et les calomnies dont on vous abreuve, la violence envers vous allât-elle jusqu'au martyre, réjouissez-vous et tressaillez d'allégresse; car, le Seigneur l'a dit, une grande récompense vous attend dans les cieux.

Je m'arrête, car je touche à un sujet inépuisable. J'ai voulu simplement donner une idée de la doctrine chrétienne sur cette grande question du bonheur que nous ne cessons d'agiter. Loin de méconnaître ici la légitimité de nos désirs, le christianisme leur donne une nouvelle énergie. Mais, au lieu d'en placer la réalisation dans les bornes de cette courte existence, comme le font les matérialistes, il découvre à nos yeux les horizons infinis de la vie future. Nier qu'un tel dogme réponde à nos plus vrais besoins, qu'il a avec notre nature les plus profondes harmonies, en vérité c'est se nier soi-même. Il suffit d'avoir fait un pas dans la vie pour être convaincu qu'ici-bas notre soif de félicité ne saurait être assouvie, et que par conséquent nous sommes faits pour une autre existence. Tous nous sentons que le

bonheur dans ce monde ne peut être que négatif,
qu'il est un degré moindre de souffrance, mais
qu'il ne peut satisfaire les aspirations inépuisables
du cœur humain. Tous, poursuivant ce repos suprême, cette béatitude idéale, qui nous fuient au
moment où nous croyons les atteindre, nous comprenons que Dieu a donné une fin à notre âme,
comme il en a donné une à nos organes ; que cette
fin n'est autre que lui-même ; et nous nous écrions
avec saint Augustin : « *Fecisti nos ad te, Deus,
et irrequietum est cor nostrum donec requiescat
in te ;* c'est pour vous, ô mon Dieu, que vous nous
avez créés, et notre cœur n'aura de repos que lorsqu'il se reposera en vous[1]. »

Il est temps de conclure. La doctrine matérialiste, en niant l'âme et ses immortelles destinées,
jette l'homme dans un abîme où il ne connaît ni
consolation ni espérance. La religion chrétienne
fait descendre le règne de Dieu sur la terre, puisqu'elle y fait régner la justice et la charité : la justice, qui nous ordonne de respecter les droits de
tous ; la charité, qui veut que nous nous aimions, que
nous nous aidions les uns les autres. Au milieu de
tant de maux qui nous assiégent, elle est notre plus
ferme appui. La veuve et l'orphelin n'ont pas de

---

[1] *Confessions*, liv. I, ch. i, n° 1.

plus sûre égide. Combien de cœurs troublés par de
violents orages n'a-t-elle pas pacifiés ! Combien
d'âmes, au matin de la vie, fleurs déjà flétries et
languissantes, se sont ranimées à son souffle divin et
ont retrouvé leur printemps et leur soleil ! Sans
doute nous traversons des jours mauvais, et nous
nous demandons avec inquiétude ce que nous réserve l'avenir. Mais la religion, par ses vives clartés,
dissipe les ombres de cette vie, et nous montre de sa
main divine l'aurore du jour béni où nous saluerons
l'éternelle délivrance.

Donc il faut s'efforcer de grossir l'armée des vrais
croyants, de ceux qui consacrent leur parole ou
leur plume à la défense de la vérité. Nous sera-t-il
permis de dire que nous avons voulu prendre place
dans ses rangs et essayer de combattre pour la
grande cause de la religion méconnue et outragée ?
Et comme, de nos jours, c'est surtout aux funérailles,
au seuil même de l'immortalité, que les impiétés révolutionnaires se donnent rendez-vous, c'est aussi là
que, pour la sauvegarde de nos traditions et de nos
droits, nous nous proposons d'aller à leur rencontre.
Nous montrerons qu'en écartant la religion de nos
cérémonies funèbres, on foule aux pieds le sentiment de tous les peuples. Nous ferons voir la grandeur de la religion catholique, qui comprend autrement que nos égalitaires la véritable égalité des

hommes, en ces jours de deuil où elle place les plus humbles à côté des plus élevés, et où elle confond dans les mêmes prières les peuples et les rois. Enfin, nous plaçant sur le terrain du droit, nous prouverons que les défis jetés à nos croyances ne sauraient nous trouver désarmés. Nous établirons que si les violences faites à la liberté religieuse (une liberté nécessaire, celle-là), appellent une loi nouvelle, on peut néanmoins demander à la législation actuelle, si imparfaite qu'elle soit, une sérieuse, une efficace protection. Contre les excès des libres penseurs, nous n'avons guère entendu jusqu'à présent que des protèstations stériles. Démontrons que la voix des familles chrétiennes ne doit pas s'élever en vain, lorsqu'elles réclament pour leurs chers défunts les honneurs et les consolations de la sépulture religieuse.

Ai-je besoin d'ajouter qu'en écrivant ces pages, mon sincère désir a été de ne blesser personne? Obligé de citer des faits, j'ai eu soin de n'en jamais nommer les auteurs. Aucun esprit de parti n'inspire cet écrit; aucun souffle politique ne l'anime. Je n'ai point voulu quitter les régions sereines du droit; je n'ai suivi d'autre guide que les principes de l'éternelle justice.

Ce livre s'adresse à tous, puisque chez tous le droit peut être menacé ou méconnu. Ma pensée a été de venir en aide à ceux qui survivent, et aussi à ceux qui ne sont plus. On convient que rien n'est plus beau que la défense des faibles, des opprimés, des victimes de l'injustice et de la fraude. Et qui donc, je le demande, est plus faible, plus impuissant, plus désarmé que ces pauvres morts dont l'athéisme veut faire sa proie ? S'ils pouvaient secouer tout à coup leur linceul et se dresser sur leur couche funèbre, de quel regard n'accableraient-ils pas l'impie qui veut porter sur eux une main criminelle ? Immobiles et glacés, que peuvent-ils, hélas! contre la profanation et la violence ? C'est la cause de ces délaissés, si dignes de respect, que j'ai essayé de soutenir. J'ai voulu plaider pour la liberté religieuse, pour l'honneur des familles, pour le culte sacré des morts. Ces grandes et saintes choses, dont le nom seul nous émeut, trouveraient assurément un plus éloquent défenseur; j'ose dire qu'elles n'en ont point de plus convaincu.

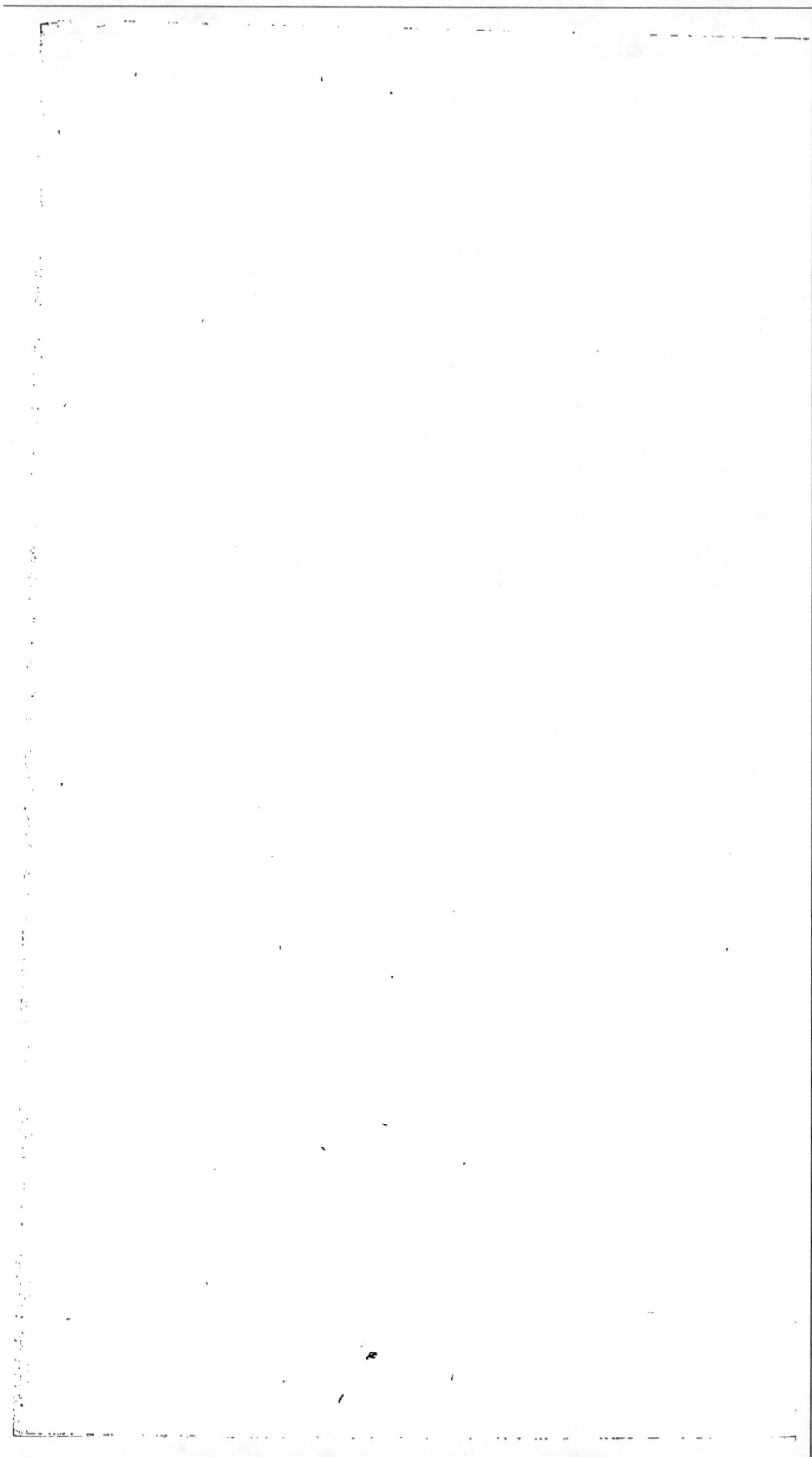

CHAPITRE PREMIER

LES FUNÉRAILLES DANS L'ANTIQUITÉ

La croyance du genre humain à l'immortalité de l'âme se manifeste surtout par le respect des morts et par les honneurs qui entourent leur sépulture. Si l'homme n'était qu'une pure matière, si, lorsqu'il disparaît d'ici-bas, il ne restait de lui qu'une vile poussière, les soins pieux dont ses restes sont l'objet n'auraient aucun sens, et la pompe des funérailles ne serait qu'une amère dérision. Or, à des degrés divers suivant les temps et les lieux, ici sans mélange d'erreur, là voilées par les ténèbres du paganisme, ces marques d'honneur et de respect se retrouvent chez tous les peuples. Partout la religion a sa place dans les cérémonies funèbres. Les novateurs qui veulent l'en exclure aujourd'hui blessent donc un sentiment universel. Dédaigneux des leçons

du passé, ils retranchent du culte des morts l'idée
religieuse que l'humanité en a toujours jugée inséparable. De là au mépris de la sépulture elle-même
il n'y a qu'un pas, car il est écrit : *Impius, cum in
profundum venerit peccatorum, contemnit*[1].

Il est temps de s'adresser à ceux qu'on veut entraîner dans cette voie fatale, d'interroger avec eux
l'histoire, et d'apprendre d'elle comment on a toujours entendu ces devoirs envers les morts, que les
novateurs veulent transformer aujourd'hui, pour les

---

[1] *Prov.*, xviii, 3.

Ce pas est déjà franchi. Qu'on en juge par les faits suivants :
« Le 2 novembre 1874, jour des Morts, à Toulouse, une douzaine
d'individus, après avoir passé la matinée à boire dans les cabarets
du faubourg Saint-Michel, ont jugé très-amusant de se mêler à la
foule qui se rendait au cimetière, et de la suivre en l'accompagnant
de chants plus ou moins grossiers ou grivois. Des sergents de ville
ayant voulu leur imposer silence, une lutte s'en est suivie. Cinq ont
été arrêtés. » *(Univers* du 10 novembre 1874.)

Le 30 juin 1874, le tribunal correctionnel de Montpellier avait à
juger les faits les plus graves de violation de sépulture. Des enfants
de Mèze avaient pénétré dans une tombe, défoncé les bières, et s'étaient
livrés à des profanations qui prouvent une démoralisation précoce.
(Décentralisation du 7 juillet 1874.)

On lit dans le *Journal d'Annonay* :

« Dans la nuit du 9 au 10, un véritable acte de vandalisme a été
commis dans le cimetière catholique de la Croizette. Dans la partie
réservée aux concessions à perpétuité, plusieurs monuments ont été
l'objet de dévastations ou de dégradations plus ou moins importantes. Un certain nombre de croix en marbre ou en fonte ont été
aussi renversées et brisées dans l'emplacement des sépultures non
réservées. » (Reproduit par *la Décentralisation* du 21 janvier 1875.)

faire peut-être disparaître demain. C'est au culte, on le sait, au culte extérieur surtout, qu'ils ont déclaré la guerre. Leur but principal est d'écarter le prêtre de nos cérémonies funèbres, de le reléguer dans nos temples, en attendant le jour de l'en chasser. Prouvons-leur qu'en voulant supprimer le sacerdoce, ils font violence aux plus impérieux besoins de l'humanité, et foulent aux pieds les plus constantes, les plus universelles traditions.

La sépulture était aux yeux des anciens un acte religieux. Quelle que fût la diversité des rites, elle s'accomplissait avec les solennités du culte. Cicéron nous l'atteste : « Les cérémonies religieuses, dit-il, existent chez tous les peuples, parce qu'ils pensent qu'ils ont des devoirs à remplir envers les âmes des défunts [1]. » L'histoire confirme ces paroles.

Pénétrons d'abord dans l'Égypte. Les Égyptiens sont au premier rang des nations qui se sont fait remarquer par leurs pompes funèbres et par la magnificence de leurs tombeaux. Ils creusaient leurs sépultures dans le roc, souvent à une grande profondeur ; une rampe et une galerie souterraine y conduisaient ; mais, pour les cacher aux yeux de tous, ils avaient soin d'en murer la porte. Les Égyptiens conçurent l'idée d'embaumer les corps. Hérodote et

[1] *De Legibus*, 2, in fine.

6.

Diodore de Sicile nous ont décrit les procédés de leur art, dans lequel ils sont restés justement célèbres. Suivant quelques orientalistes, cet usage prouve qu'ils croyaient à la résurrection des corps. En tout cas, c'est une protestation formelle contre la doctrine de l'anéantissement de l'homme après la mort. Il en devait être ainsi chez ce peuple profondément religieux, qui, avant de rendre au défunt les derniers devoirs, le soumettait à un jugement solennel dont les rois eux-mêmes n'étaient pas affranchis. Ce jugement, portant sur l'ensemble de son existence, lui était-il défavorable ? on lui infligeait la honte de le priver de sépulture. Au contraire, plus sa vie avait été digne et vertueuse, plus grands étaient les honneurs funèbres qu'on s'empressait de lui décerner [1].

On sait que cette vieille terre d'Égypte a livré depuis peu ses secrets à nos archéologues. Partout ils ont constaté que les temples s'élevaient à côté des tombeaux. Dans la nécropole de Memphis, qui n'a pas moins de douze lieues d'étendue, on a trouvé un grand nombre de momies. A côté des statuettes d'Osiris et d'Isis, divinités principales de l'Égypte, elles contenaient des rouleaux de papyrus, sur lesquels était copié *le Livre des morts* ou *Rituel funéraire*. Champollion dit que c'est un recueil de

---

[1] Diodore de Sicile, liv. 1.

prières adressées à toutes les divinités appelées à prononcer sur le sort de l'âme dans l'autre vie[1]. On croit que ces papyrus étaient une espèce de passe-port destiné à faciliter au défunt l'entrée des régions célestes de l'Amenti.

J'ai parlé de l'art avec lequel ils embaumaient les corps. La tradition voulait que ce fût Hermès, le père et l'instituteur de tous les prêtres, qui eût lui-même embaumé le corps d'Osiris et fait la première momie[2]. A peine un Égyptien avait-il rendu le dernier soupir, que ses parents s'empressaient d'aller prévenir le prêtre chargé des embaumements [3]. Aussi M. Guigniaut pense-t-il que l'embaumement avait tous les caractères d'une initiation sainte, d'une sorte de sacrement [4]. Non-seulement les prê-tres assistaient au convoi funèbre, mais ils y avaient la première place, et ils le dirigeaient. Les fresques découvertes par Champollion, Wilkinson et autres savants égyptologues ne laissent aucun doute à cet égard. « Elles nous représentent, dit Wilkinson, la momie transportée par des fonctionnaires de l'ordre des prêtres jusqu'au pied d'un petit autel. Les pa-

[1] *Notice sur le papyrus hiératique.*
[2] V. le savant ouvrage de M. Creuzer, traduit par M. Guigniaut, p. 458.
[3] *Id.*, p. 457.
[4] *Id.*, p. 874.

rents font les offrandes habituelles ; les prêtres, debout d'un côté de l'autel, la tête rasée, couverts de peaux de léopard, récitent les prières du rituel, et présentent au mort l'encens au bout d'une cassolette. Dans quelques peintures murales, on voit les prêtres répandant des libations pendant la marche du cortége ; dans d'autres, on les voit prononçant sur le corps du défunt les prières sacrées [1]. »

Si des Égyptiens nous passons aux Assyriens, nous reconnaîtrons qu'à Ninive et à Babylone la sépulture avait le même caractère qu'à Thèbes et à Memphis. D'une part, les tombeaux qu'on a retrouvés sont les mêmes chez les deux peuples ; d'autre part, Hérodote affirme que « le deuil des Assyriens et leurs rites funèbres ressemblent beaucoup à ceux des Égyptiens [2]. »

Nous avons vu que chez les Perses la religion de Zoroastre enseigne l'immortalité de l'âme et la séparation des bons et des méchants dans l'autre vie. Quant à leurs obsèques, Strabon les dit semblables

---

[1] *Coutumes des anciens Égyptiens*, t. II, p. 356 et suiv., citées par M. Ernest Feydeau, qui, dans son *Histoire des usages funèbres*, a donné le *fac-simile* d'une de ces fresques.

M. Mariette, dont les travaux font tant d'honneur à la science française, a retrouvé les objets du culte à la même place où il y a trois mille ans les prêtres égyptiens les avaient déposés après la cérémonie funèbre.

[2] Liv. I, 198.

à celles des Assyriens[1]. Hérodote décrit la manière dont ils faisaient leurs sacrifices, et il ajoute « qu'il n'était pas permis d'en offrir sans la présence d'un mage[2]. » Enfin Quinte-Curce nous apprend que les funérailles étaient célébrées en Perse avec autant d'appareil qu'en Égypte[3].

L'histoire est muette sur les coutumes que suivaient certains peuples de l'antiquité, tels que les Parthes, les Mèdes, les Scythes, etc., pour rendre aux morts les derniers devoirs. Mais on est convaincu que l'élément religieux y tenait une grande place, quand on sait combien était sacré pour eux le culte des tombeaux. Hérodote raconte que Darius, ayant envahi le pays occupé par les Scythes et les voyant toujours fuir devant lui, leur envoya un de ses officiers pour leur demander quand ils accepteraient le combat. Ils firent au conquérant cette belle réponse : « Nous n'avons ni villes ni terres à défendre ; mais, lorsque nous serons arrivés aux tombeaux de nos pères, Darius apprendra comment nous savons combattre[4]. »

Les Hindous remontent, comme les Égyptiens, les Assyriens et les Perses, à la plus haute antiquité. Le

[1] Liv. XVI.
[2] Liv. I.
[3] Liv. III.
[4] Liv. IV.

code de leur législateur Manou prescrit la présence
du prêtre, du brâhmane, au *Sraddha* ou repas funèbre, qui n'est point une occasion de réjouissance,
mais une solennité sévère célébrée en l'honneur des
mânes. Le Sraddha est précédé d'une offrande aux
dieux, qui augmente le mérite de celle qu'on doit
aux mânes. Avant de procéder à ces cérémonies, le
brâhmane fait les ablutions ordinaires et s'essuie
les mains avec l'herbe sacrée. Puis, la tête découverte, les pieds nus, il récite à voix basse les prières
d'usage. Renaître sous la forme honteuse d'un porc,
voilà la peine du brâhmane oublieux de ses devoirs,
aux yeux de ce peuple imbu de la croyance à la
transmigration des âmes [1].

Le bouddhisme, nous l'avons dit, en attirant à
lui une partie de la race indienne, conserve les principes fondamentaux de l'immortalité de l'âme, des
peines et récompenses de la vie future enseignés
par le brâhmanisme. Il respecte également les rites
pieux des obsèques. Six siècles avant notre ère,
celles de son célèbre fondateur, Çakya-Mouni, furent
célébrées avec une grande pompe, mais une pompe
toute religieuse, puisque le sacerdoce y comptait,
dit-on, plus de cinq cents personnes. Depuis lors,

---

[1] *Lois de Manou*, liv. III, citées par M. Feydeau, *Histoire des
usages funèbres*, p. 269 et suiv.

les prêtres hindous n'ont pas cessé de remplir un rôle essentiel dans les funérailles. On les voit plaçant sur le corps les objets destinés aux sacrifices, bénissant le feu sacré, récitant les hymnes, exhortant la femme du défunt à mépriser la mort, à se jeter sur le bûcher pour rejoindre son époux dans l'autre vie, s'y précipitant quelquefois eux-mêmes pour se purifier, victimes, hélas! du plus sombre fanatisme, mais intrépides témoins de leur croyance à la vie future. Ainsi, il y a trente siècles, sur les rives du Gange comme sur les bords du Nil, quelle que fût la religion des peuples, elle présidait aux cérémonies funèbres.

Les Hébreux considéraient la sépulture comme de droit divin. Nous lisons dans les livres saints qu'un roi d'Assyrie, ayant fait périr un certain nombre de Juifs, avait défendu de les ensevelir. Mais Tobie, craignant Dieu plus que le roi, emportait les corps, les cachait dans sa maison et les ensevelissait pendant la nuit[1]. On a prétendu que le culte des morts n'existait pas chez les Juifs, parce que la loi de Moïse défendait d'en approcher sous peine de souillure. Quelques interprètes soutiennent qu'il s'agissait de la souillure du péché, et que ceux qui tou-

---

[1] Tobie, II, 9, cité par Hornstein, p. 30 de son livre les Sépultures.

chaient les corps devaient se purifier, comme s'ils
avaient touché le péché même[1]. Mais la loi mosaïque
s'explique très-bien par des motifs d'hygiène, par
des considérations tirées du climat si chaud de la
Palestine. Ne sait-on pas que le législateur des
Hébreux a édicté avec un soin minutieux toutes les
mesures de salubrité publique ? La pensée du Talmud n'est-elle pas évidente quand il dit : « Quiconque s'empresse d'enterrer un mort est digne
d'éloge ? » C'est donc dans un but d'intérêt général
qu'il a prescrit les ablutions, les purifications, aux
personnes faisant partie du convoi funèbre. Manou
dans l'Inde, Zoroastre en Perse, enseignaient aussi
à leurs disciples qu'au contact des morts on contrac-
tait des souillures dont on devait se purifier. Tout
porte à croire que les mêmes raisons hygiéniques
ont dû faire naître des prescriptions analogues.

Que le culte des morts chez les Juifs fût em-
preint d'un caractère religieux, cela n'est pas douteux[2]. L'historien Josèphe, parlant du tombeau de
Daniel, rapporte qu'un prêtre le gardait jour et
nuit[3]. Le Talmud prend soin de déterminer la forme
et la grandeur des sépulcres, et il veut qu'on laisse

---

[1] Muret, *Cérémonies funebres*, p. 156.
[2] V. M. Alfred Lévy, *le Deuil et les Cérémonies funèbres chez les Israélites*.
[3] Muret, *ibid.*

au devant un petit vestibule, pour qu'on puisse déposer le corps et réciter sur lui les prières accou-
tumées [1]. C'était l'usage de parfumer les corps avec
des huiles odorantes, et aucune inhumation ne se
faisait sans prières. Avant de se séparer, on prononçait ces paroles de l'Écriture : « Tu n'es que
poussière, et tu rentres dans la poussière; le corps
retourne à la terre d'où il est sorti, mais l'âme remonte vers Dieu dont elle émane [2]. » Les livres saints
nous apprennent que Judas Machabée recueillit
douze mille drachmes d'argent, et les envoya à Jérusalem, afin qu'on offrît un sacrifice pour les péchés
des morts. C'était, ajoute le texte sacré, la sage et
pieuse pensée de la résurrection qui le faisait agir
ainsi; *Bene et religiose de resurrectione cogitans* [3].

Les Gaulois déployaient une grande magnificence
dans leurs funérailles. C'est ce qu'atteste César [4].
On remarque chez eux tous les faits qui prouvent
la croyance à l'immortalité de l'âme. Ils ne faisaient
aucune difficulté de prêter, pourvu que le débiteur
promît de payer dans l'autre vie [5]. C'est dans les
bois, qu'ils considéraient comme de véritables tem-

---

[1] Muret, *Cérémonies funèbres*, p. 156.
[2] M. Alfred Lévy, p. 21.
[3] II Mach., XII, 42.
[4] *De Bello Gallico*, lib. VI.
[5] Valère Maxime, liv. II, chap. I.

ples, sous la voûte majestueuse de leurs chênes sacrés, que leurs prêtres, les druides, dressaient les autels destinés aux sacrifices. Là s'élevait le bûcher funèbre, dans lequel on jetait tout ce qui avait été cher au défunt, et même ses esclaves, appelés à le rejoindre dans l'autre vie [1].

Les Germains sacrifiaient à Mercure, à Mars, à Hercule. Ils consacraient des bois touffus, de sombres forêts, et ils adoraient la divinité dans ces mystérieuses solitudes. Le sacerdoce remplissait chez eux les plus importantes fonctions. Dans les assemblées les prêtres sont au premier rang, et ce sont eux qui commandent le silence. S'agit-il d'une affaire importante, le prêtre invoque les dieux, regarde le ciel, interroge le chant et le vol des oiseaux, et s'efforce de deviner la volonté céleste. Faut-il entreprendre la guerre, c'est le prêtre qui observe avec soin le hennissement des chevaux élevés dans les bois sacrés, afin d'obtenir de sûres révélations de ces augures décisifs. Punir, emprisonner, frapper même n'est permis qu'aux prêtres. Ainsi les châtiments perdent leur amertume, et ils semblent ordonnés, non par le chef, mais par le dieu que ces peuples croient présider aux batailles [2]. Le

---

[1] César, *de Bello Gallico*, lib. VI.
[2] Tacite, *de Moribus Germanorum*, 6 et suiv.

sacerdoce, présent partout chez les Germains, ne pouvait être absent de leurs funérailles. Mais Tacite nous dit qu'elles avaient lieu sans aucun faste, qu'on n'entassait sur le bûcher ni étoffes ni parfums, et qu'on ne brûlait en l'honneur du défunt que ses armes et son cheval. Les Germains se contentaient pour tombeau d'un tertre de gazon, les monuments que l'orgueil élève à grands frais leur semblant peser sur la cendre des morts. Du reste, ils donnaient peu de temps aux lamentations et aux larmes, beaucoup à la douleur et aux regrets, estimant que c'est aux femmes de pleurer, aux hommes de se souvenir : *Feminis lugere honestum est, viris meminisse* [1].

Mais lorsqu'on évoque devant soi les civilisations antiques pour leur demander de salutaires leçons, la pensée se porte principalement sur les Grecs et les Romains, parce que ce sont ces deux peuples qui ont jeté le plus vif éclat dans le passé, et que notre civilisation elle-même leur a beaucoup emprunté. Qu'étaient donc les funérailles en Grèce et à Rome ?

Elles avaient une importance extraordinaire. Soit qu'on inhumât le défunt, soit qu'on le plaçât sur un bûcher, la cérémonie funèbre s'accomplissait avec la plus grande solennité. Il suffit, pour s'en con—

---

[1] Tacite, *de Moribus Germanorum*, 27.

vaincre, d'ouvrir les poëmes d'Homère, de Sophocle, de Virgile, qui contiennent, ainsi que nous
l'avons dit, la peinture fidèle de l'antiquité.

Au vingt-deuxième chant de l'*Iliade*, Homère
décrit le combat d'Hector et d'Achille. Hector suc-
combe, et d'une voix presque éteinte il adresse à
son vainqueur la prière suivante :

« Je t'en conjure par toi-même et par les auteurs
de tes jours, ne me laisse point dévorer par les chiens
des Grecs auprès de leurs vaisseaux. Reçois l'airain
et l'or que mon père et ma vénérable mère s'em-
presseront de t'offrir ; rends-leur mon corps ; qu'ils
le transportent dans leur palais, et que les Troyens
et leurs épouses allument pour moi le bûcher funèbre. »

Achille lui répond par un cruel refus. « Crains
que le ciel soit mon vengeur, dit Hector ; et, comme
il achève ces mots, la nuit du trépas s'épaissit sur ses
yeux ; son âme abandonne ses membres. »

Que d'enseignements dans ces quelques mots !
L'âme et sa nature spirituelle, la sépulture et son
caractère sacré, les dieux vengeurs de l'impiété,
voilà le fond des pensées d'un peuple que n'a
cependant point éclairé la lumière du christianisme.

Hector restera-t-il sans sépulture ? Rien n'eût
blessé plus profondément le sentiment populaire

que notre grand Racine a si bien exprimé dans ce vers :

> Dois-je oublier Hector privé de funérailles ?

Il n'en saurait être ainsi ; et au vingt-quatrième chant nous assistons à cette scène fameuse, dans laquelle Homère nous représente Priam se jetant aux pieds d'Achille et lui demandant à genoux le corps de son fils.

« C'est pour le racheter, dit-il, que je viens auprès des vaisseaux des Grecs. Reçois les dons les plus précieux ; rends-moi les malheureux restes de mon fils. Achille, au nom des dieux, laisse la pitié pénétrer dans ton âme, souviens-toi de ton père. Hélas ! qui est plus à plaindre que moi? J'ai pu, ce que n'a fait aucun mortel, approcher de mes lèvres les mains de celui qui versa le sang de mon fils ! »

Vainement Achille essaye de calmer la douleur du vieillard.

« N'exige point, répond Priam, que je me lève et me repose, tant qu'Hector est étendu dans ta tente, privé de sépulture ! »

« Vieillard, s'écrie alors Achille, cesse de m'irriter. Avant que tu m'eusses imploré, j'avais résolu de te rendre Hector, docile à la voix de la fille de Nérée, ma mère, qui est venue me l'ordonner de la part de

Jupiter. Priam, ne crois pas m'abuser, je n'ignore pas qu'un dieu t'a conduit dans le camp des Grecs. »

Les dieux ont parlé : il n'en faut pas davantage pour faire tomber le courroux d'Achille. A l'instant il ordonne de couvrir le corps d'Hector d'un riche manteau, d'une fine tunique; de le laver, de le parfumer d'essences, de l'étendre sur un lit, de le placer sur un chariot magnifique et de le rendre à son père.

Tel est le sentiment des Grecs sur la sépulture. Il se traduit à chaque instant dans l'*Iliade* par les combats livrés pour disputer à l'ennemi les corps des héros, et leur rendre les honneurs funèbres. Il n'est pas de devoir plus sacré, et les dieux eux-mêmes interviennent pour le faire observer [1].

L'*Odyssée* nous atteste les mêmes croyances. Lorsque Élpénor rencontre Ulysse, il lui dit : « Ne me laisse pas sans m'avoir accordé des larmes et la sé-

---

[1] Nous avons déjà fait remarquer que ce sont les tombeaux qui ont le mieux résisté à l'injure du temps. Ce fait n'a pas d'autre explication que le profond respect des peuples pour la sépulture. Dans une note communiquée le 31 juillet 1874 à l'Académie des inscriptions et belles-lettres, M. Virlet d'Aoust fait la description de la plaine de Troie et des collines qui l'environnent. Il indique l'emplacement de nombreux *tumulus*, notamment de ceux que la tradition désigne comme étant les tombeaux d'Achille, de Patrocle et d'Hector (*Journal officiel* du 8 août 1874).

pulture, de peur que je n'attire sur toi l'indignation des dieux[1]. »

Mais c'est surtout en lisant les grands tragiques qu'on voit toute l'importance des funérailles chez les Grecs. En priver injustement un mort, c'était outrager les lois divines et humaines. Ouvrons l'*Ajax* de Sophocle. Ajax prêt à mourir invoque Jupiter. Il le prie de veiller à sa sépulture, de défendre sa dépouille mortelle des outrages de ses ennemis, et de guider les pas de son frère Teucer, qui doit lui rendre les derniers devoirs[2].

La question de la sépulture fait le fond de l'*Antigone* de Sophocle. Elle donne lieu à une scène admirable. Antigone est amenée devant Créon. Celui-ci lui demande comment elle a osé braver la loi qui lui interdisait de donner la sépulture à son frère Polynice. Elle fait entendre alors ces magnifiques paroles qui ont traversé les siècles sans rien perdre de leur immortel éclat :

« C'est que ni Jupiter, ni la Justice, ni aucun de ces dieux qui ont donné des lois aux hommes, ne l'avaient promulguée ; et je ne pensais pas que vos arrêts dussent avoir tant de force que de faire prévaloir les volontés d'un homme sur celles des Immor-

---

[1] Chant XI, v. 73.
[2] V. 823 et suiv.

tels, sur ces lois qui ne sont point écrites et qui ne sauraient être effacées. Ce n'est pas d'aujourd'hui, ce n'est pas d'hier qu'elles existent ; elles sont de tous les temps, et personne ne peut dire quand elles ont commencé. Devais-je donc, par égard pour les pensées d'un homme, refuser mon obéissance aux Dieux[1] ? »

Dans l'*Œdipe-Roi*, Sophocle fait ainsi parler Œdipe plaçant sa mère Jocaste sous la protection de Cléon : « Je te le recommande, je t'en conjure : celle qui est dans le palais, charge-toi de l'ensevelir comme il te semblera convenable. C'est à toi, en effet, de rendre ce devoir à tes proches[2]... »

Le culte des morts a inspiré à Sophocle la tragédie d'*Œdipe à Colone*. Le salut d'Athènes est attaché à la sépulture d'Œdipe. Les dieux l'ont ainsi décidé, et les oracles ont fait connaître leur volonté souveraine[3]. Un tombeau, voilà le gage de la victoire d'Athènes sur Thèbes sa rivale ! Un tombeau qu'Œdipe va léguer à Athènes pour prix de son hospitalité, et qui sera, comme nous le verrons bientôt, le tombeau d'un dieu, voilà le nœud de la tragédie antique!

Le génie d'Euripide a puisé aux mêmes sources.

[1] V. 439 et suiv., traduction de M. Patin.
[2] V. 1425 et suiv.
[3] V. 92 et suiv.

Le sujet de sa tragédie des *Suppliantes* est emprunté à la religion des tombeaux, qui était si chère aux Grecs. Les Thébains ont refusé la sépulture aux guerriers argiens tombés sous les murs de Thèbes. Argos vaincue est réduite à l'impuissance. Les mères et les veuves de ces guerriers viennent alors implorer les secours d'Athènes, pour obtenir vengeance de l'impiété des Thébains.

Quel spectacle émouvant que celui de ces épouses et de ces mères, qui, le rameau vert à la main, au pied de l'autel de Proserpine, la déesse de la mort, supplient Éthra, mère de Thésée, d'obtenir de lui que les derniers devoirs soient rendus à leurs fils, à leurs époux. Ce sont bien des suppliantes, car partout on n'entend que des sanglots et des prières. Thésée ne saurait résister à la voix de sa mère et à la voix des dieux. S'adressant au héraut du roi de Thèbes : « Je n'ai pas marché, dit-il, avec les Argiens contre la terre de Cadmus. Mais je crois juste, sans offenser Thèbes et sans provoquer des combats meurtriers, de donner la sépulture aux morts, en respectant la loi commune de toute la Grèce. Qu'y a-t-il de blâmable dans cette conduite ? Si vous avez eu à vous plaindre des Argiens, ils sont morts. Vous avez tiré de vos ennemis une glorieuse vengeance. La justice est accomplie. Laissez-nous donner la sépulture aux morts ; ou, sinon, j'irai les ensevelir

7

de force ; car jamais on ne dira chez les Grecs que l'antique loi des dieux soit venue réclamer mon appui et celui de la ville de Pandion, et que j'aie laissé violer impunément cette loi sacrée[1]. »

Thésée revient bientôt à la tête de son armée victorieuse et rapporte les corps des principaux chefs argiens. Les autres guerriers ont été ensevelis sur le champ de bataille. Les corps sont brûlés sur le bûcher et les cendres sont placées dans des urnes. La remise de ces urnes aux Argiennes en pleurs est une des plus belles scènes d'Euripide.

Eschyle a peint avec autant d'éclat qu'Euripide et Sophocle ces traditions pieuses qui tiennent une si grande place dans l'antiquité. La tragédie des *Sept Chefs devant Thèbes* nous montre Antigone déclarant qu'elle ensevelira son frère malgré la défense du sénat. « Si, dit-elle, personne ne veut m'aider à l'ensevelir, je l'ensevelirai moi seule ; j'en courrai le danger… Non, des loups affamés ne se repaîtront point de sa chair ; non, n'en croyez rien. Moi-même, faible femme, je creuserai la fosse, j'élèverai le tombeau. Moi-même, dans ces voiles de lin, je porterai la terre des funérailles, j'en couvrirai le cadavre. Que nul ne s'oppose à mon dessein ; la ruse, l'activité, seconderont au besoin mon audace[2]. »

[1] V. 522 et suiv.
[2] Dernière scène; traduct. de M. Al. Pierron.

Rien, au surplus, ne peut mieux donner une idée
de l'importance de la sépulture chez les Grecs que le
fait suivant, qui paraîtrait invraisemblable, s'il
n'était rapporté par Xénophon et par Diodore de Sicile. Dix généraux athéniens avaient négligé de
rendre les honneurs funèbres aux soldats morts dans
le combat des Arginuses. Ils furent tous condamnés
à mort, et cependant ils venaient de remporter la
victoire. Sans doute par leur valeur ils avaient sauvé
Athènes ; mais par leur négligence ils avaient perdu
des milliers d'âmes, dont le salut était attaché à la
sépulture. Le salut de l'âme, aux yeux des anciens,
passait avant celui de la patrie.

« Toute l'antiquité, dit M. Fustel de Coulanges,
a été persuadée que sans la sépulture l'âme était
misérable, et que par la sépulture elle devenait à
jamais heureuse. Ce n'était pas pour l'étalage de la
douleur qu'on accomplissait la cérémonie funèbre,
c'était pour le repos et le bonheur du mort[1]. »

Il est impossible de méconnaître le caractère religieux des funérailles chez les Grecs. Je ne nie pas
qu'il ne s'y mêlât, dans les premiers temps surtout,
quelque chose de superstitieux et de barbare. Sans
parler des courses de chars et de chevaux, des jeux
divers qui faisaient partie de la solennité funèbre,

[1] *La Cité antique*, p. 10.

il est certain que, pour apaiser les divinités infer-
nales, on allait jusqu'à leur immoler des victimes
humaines. Lorsque Homère décrit les funérailles de
Patrocle, il nous montre Achille coupant ses cheveux
et les jetant sur le bûcher, sacrifiant un grand nombre d'animaux, et enfin immolant de sa main douze
jeunes Troyens des plus vaillants et des meilleures
familles. Cette horrible coutume, que nous retrouvons chez tant de peuples, et qui disparaît à peine de
nos jours dans les pays sauvages au contact de
la civilisation chrétienne, prouve dans quels égarements a pu tomber l'humanité déchue. Et cependant,
au milieu de ces superstitions sanglantes, l'idée
religieuse est inséparable de la solennité des obsèques. Chez les Grecs, les premiers monuments dédiés
aux dieux étaient des lieux de sépulture ; et, comme
les temples, les tombeaux étaient des asiles sacrés.
On élevait ordinairement ceux des héros sur les places
publiques, parce qu'on voyait en eux les dieux tuté-
laires du pays. C'est la religion qui exigeait qu'on
mît dans les mains du défunt un gâteau de farine et
de miel pour apaiser Cerbère, et dans sa bouche
l'obole à payer à l'inexorable Caron [1]. C'est elle qui
prescrivait les offrandes de blé, de fleurs, de fruits

---

[1] V. les textes cités par Barthélemy, *Voyage d'Anacharsis en
Grèce*, chap. VIII.

qu'on faisait aux défunts. C'est elle qui ordonnait
les libations de lait, de vin et de liqueurs qu'on ré-
pandait sur les tombes. Démosthènes nous apprend
que les Athéniens offraient tous les ans des sacrifices
en l'honneur des citoyens morts pour la patrie.
Les Argiens, au rapport de Plutarque, sacrifiaient
à Apollon et à Mercure le conducteur des âmes.
A Lacédémone, on portait le deuil onze jours; le
douzième on sacrifiait à Proserpine, la déesse des
enfers. Dans le récit des funérailles du Troyen Misène,
que nous trouvons au sixième livre de l'*Énéide*, ce
qui nous frappe surtout, c'est le sacrifice, c'est le
prêtre versant la libation sur le front des victimes :

> .... *Frontique invergit vina sacerdos* [1].

Solon à Athènes, Lycurgue à Sparte, avaient
réglé jusqu'aux moindres détails les devoirs à rendre
aux défunts, et c'est aux prêtres qu'ils en avaient
confié la surveillance [2]. Ils avaient défendu d'élever
aux premières magistratures le fils ingrat qui, à la
mort des auteurs de ses jours, négligeait les devoirs
de la nature et de la religion.

A l'endroit de la sépulture, les Romains avaient

---

[1] V. 244.
[2] Muret, *loc. cit.*, p. 248. Il cite Platon et Plutarque.

les mêmes croyances que les Grecs. Qu'importe que
le stoïcisme l'ait parfois dédaignée[1] ? La philosophie
stoïcienne était le privilége des beaux esprits, j'al-
lais dire des libres penseurs. « Elle n'exprimait pas
les sentiments du peuple, fidèle à la religion des
tombeaux[2]. » Virgile en est témoin. Au sixième
livre de l'*Énéide*, nous voyons la Sibylle, interprète de la volonté des dieux, prévenir Énée qu'il
ne pourra pénétrer dans les enfers avant d'avoir
inhumé son ami Misène, qui est encore gisant sur le
rivage de la mer. Énée se hâte de remplir ce pieux
devoir. Introduit alors dans le sombre Averne, il
aperçoit une grande foule qui se presse pour franchir le Styx dans la barque de Caron. Mais l'impi-
toyable nautonier repousse tous ceux qui n'ont pas
eu les honneurs de la sépulture.

... *Inops inhumataque turba*[3].

Il transporte au contraire ceux auxquels on a rendu
les derniers devoirs.

... *Hi, quos vehit unda, sepulti*[4].

---

[1] V. Sénèque, lettre 92 ; Lucain, *Pharsale*, VI, v. 809.
[2] M. Saint-Marc Girardin.
[3] V. 325.
[4] V. 326.

Les âmes des premiers errent désolées pendant cent ans sur les rivages du Styx :

Cernit ibi mœstos et mortis honore carentes [1].

Lorsque Palinure se dispose à effectuer le fameux passage, la Sibylle l'arrête ; car il n'a pas reçu les honneurs funèbres. « Quoi ! dit-elle, tu voudrais, sans être inhumé, franchir les eaux du Styx et le redoutable fleuve des Euménides ?

Tu Stygias inhumatus aquas amnemque severum
Eumenidum aspicies [2]... »

Ainsi, chez les Romains, comme chez les Grecs, rien n'était plus important que la sépulture. Et pourquoi cela ? C'est que ces peuples croyaient à l'immortalité de l'âme.

L'éminent historien que nous avons déjà cité a fait remarquer [3] que la doctrine de la métempsycose, la croyance au Tartare et aux Champs Élysées, étaient, dans le paganisme, de date relativement récente, et que primitivement on pensait que la seconde existence s'accomplissait sous la terre, dans le tombeau. *Sub terra censebant reliquam vitam*

---

[1] V. 333.
[2] V. 374. V. également l'ode d'Horace, *Archytas*.
[3] M. Fustel de Coulanges, *la Cité antique*, p. 7 et suiv.

agi mortuorum, dit Cicéron [1]. C'était là, il faut en
convenir, une manière bizarre de concevoir la vie
future. Mais, à tout prendre, ces vieilles légendes,
si éloignées qu'elles fussent de la vérité, étaient
encore supérieures au matérialisme de notre temps,
qui ne voit au delà de la mort que le néant. Par cela
même que l'âme devait vivre dans le tombeau, la
sépulture était chose sacrée, et on n'est plus étonné
de l'énergie avec laquelle les poëtes rendaient ici le
sentiment populaire. Par là s'explique cette épitaphe
si fréquemment employée : « *Sit tibi terra levis;* que
la terre te soit légère, » et, avec elle, un grand nombre d'usages funèbres dont le sens nous échappe-
rait. Lorsque, par exemple, on plaçait des lampes
dans les urnes ou dans les cercueils, lorsqu'on jetait
dans le bûcher les armes, les vêtements, les objets
précieux qui avaient appartenu au défunt, lorsqu'on
versait du vin sur sa tombe et qu'on y déposait des
aliments, lorsqu'on immolait les animaux qu'il avait
aimés, et quelquefois, hélas! dans les temps reculés,
des victimes humaines, comme ses esclaves, ses amis,
sa propre femme, il est évident que ces coutumes exprimaient, sous une forme grossière et souvent barbare, la croyance à la vie future dont ces peuples
étaient pénétrés [2].

---

[1] *Tusculanes,* I, 16.

[2] « On doit attribuer, dit M. Désobry, à la croyance à l'immorta-

Par là, enfin, nous avons la clef de cette législation sévère qu'avait inspirée le culte des tombeaux.
Les lieux d'inhumation étaient considérés comme
religieux et sacrés. Le *Digeste* consacre un titre
spécial aux lois protectrices de la sépulture [1].

Ce principe, que le bonheur ou le malheur de
l'autre vie dépendait de la sépulture, imprimait aux
obsèques un caractère nécessairement religieux.
Mais les Romains y joignaient une croyance qui
nous paraîtrait bien étrange, si nous ne savions
dans quelles erreurs est tombée l'humanité avant le
christianisme. Le paganisme avait divinisé les morts.
Les Grecs leur donnaient le nom de génies, δαιμωνες;
les Romains les appelaient *lares*. « Ceux que les
Grecs nomment *génies*, nous les appelons *lares*, » dit
Cicéron. On les désignait également sous le nom
de mânes ou de pénates. Les pénates, les dieux

---

lité de l'âme, l'usage de jeter dans le bucher funèbre tout ce qui
avait été cher au défunt. » *(Rome au siècle d'Auguste*, t. II.)

M. George Smith, publiant le récit de ses explorations récentes
en Assyrie, parle ainsi de ses découvertes:

« A côté des débris humains tombant en poussière, on voit en
beaucoup de cas la preuve de la croyance de ces antiques populations à une vie future, quoique leurs idées sur ce point puissent
paraître bien matérielles. A côté du corps, presque toujours on
trouve une carafe en terre cuite et un plat pour les aliments. »
(Extrait du *Daily-Telegraph*, et reproduit par le *Journal officiel*
du 4 août 1873.)

[1] *Dig.*, 47, t. XII.

lares, les dieux mânes, tels étaient les noms sous
lesquels on vénérait les morts. « Rendez aux dieux
mânes ce qui leur est dû, dit encore Cicéron; ce
sont des hommes qui ont quitté la vie, tenez-les
pour des être divins[1]. » — « Nos ancêtres, ajoute-t-il
ailleurs, ont voulu que les hommes qui avaient
quitté cette vie fussent comptés au nombre des
dieux. » Et il nous apprend qu'il usa de cette pieuse
coutume en l'honneur de sa propre fille[2].

Les tombeaux étaient les temples de ces divinités[3]; aussi portaient-ils cette inscription sacramen-
telle, restée debout sur les ruines du temps : *Diis
manibus*, aux dieux mânes. C'est de là que ces
dieux protecteurs veillaient sur les divers membres
de la famille, tant qu'ils n'étaient pas *defuncti*,
c'est-à-dire tant qu'ils ne s'étaient pas acquittés du
devoir de la vie. Devant ces tombeaux s'élevaient

---

[1] L. II, *de Legibus*.

[2] *Ibid.*

[3] Lorsque le corps avait été brûlé sur le bûcher, on recueillait
les cendres dans des urnes qui étaient placées à leur tour dans des
columbaria, espèce de niches semblables à des nids de pigeons. On
les pratiquait dans les murs de la chambre sépulcrale. Les quatre
parois en étaient couvertes, et elles s'élevaient quelquefois à une
grande hauteur. Au-dessus de cette chambre funéraire se trouvaient
de riches appartements, qui servaient aux membres de la famille,
lorsqu'ils venaient accomplir, sur le tombeau des leurs, certaines
cérémonies religieuses (*Dictionnaire des antiquités grecques et
romaines*, de Riche).

des autels pour les sacrifices comme dans les temples des dieux. Ainsi cette expression, *le culte des morts*, qui témoigne seulement chez les chrétiens des sentiments de respect dont ils sont animés envers ceux qu'ils ont perdus, était vraie à la lettre chez les anciens. Placé primitivement dans l'enceinte même de la maison, qu'on appelait le foyer domestique précisément parce que le feu sacré y brûlait sans cesse, l'autel élevé aux dieux mânes, c'est-à-dire aux ancêtres, recevait les offrandes, les libations, les prières de la famille. Là, comme dans un saint tabernacle, on conservait pieusement les images des aïeux, avec les armes, les dépouilles, les trophées qui rappelaient leur gloire. Pour les produire dans la pompe des funérailles, il fallait s'être signalé soi-même par d'éclatants services rendus au pays. Rien n'était plus capable d'exciter la jeunesse à imiter les vertus de ses ancêtres; rien ne pouvait mieux enflammer son cœur de l'amour de la patrie[1].

A Rome, comme à Athènes, les funérailles étaient une cérémonie sacrée. On les appelait ainsi, parce que primitivement la sépulture avait lieu la nuit, à la lumière des torches. Les personnes qui menaient le deuil portaient à cet effet des cordes tortillées

[1] Pline, *Hist.*, xxxv, 2.

(funalia). Plus tard, l'usage des enterrements noc-
turnes fut restreint aux classes pauvres, qui ne pouvaient faire les frais d'un pompeux appareil. On dis-
tinguait deux sortes de sépultures. *Funus publicum,*
c'étaient les funérailles publiques et solennelles
célébrées pendant le jour, et auxquelles le public
était invité par proclamation pour assister aux
combats de gladiateurs et aux spectacles qu'on don-
nait souvent dans cette circonstance. *Funus taci-
tum,* c'étaient les funérailles ordinaires ou communes, sans pompes ni spectacles, celles de la classe
pauvre [1].

Mais, quelles qu'elles fussent, elles étaient empreintes d'un caractère religieux. Numa Pompilius
avait voulu que les pontifes, les grands prêtres
fussent chargés de tout ce qui concernait les obsèques.
Conformément aux prescriptions de ce grand législateur, c'était dans le temple dédié à la déesse Libi-
tine qu'on devait se procurer les objets nécessaires
à la cérémonie funèbre. Lorsqu'un citoyen romain
avait rendu le dernier soupir, on lavait et on par-
fumait son corps; on l'enveloppait dans un drap
blanc, symbole, au dire de Plutarque, de la pureté
et de l'immatérialité de l'âme [2]. On le plaçait en-

---

[1] *Dictionnaire des antiquités grecques et romaines*, de Riche.
[2] *Quest. rom.*, XXVI.

suite sur un lit ; on dressait un autel sur lequel on brûlait des parfums. L'entrée de la maison mortuaire était ombragée de branches de pin et de cyprès, parce que le pin était consacré à Pluton, et le cyprès à Proserpine, divinités protectrices des morts.

Dans le convoi, les prêtres occupaient une place importante. S'agissait-il d'un homme illustre, ils précédaient le corps du défunt, venant immédiatement après les gens de guerre, et suivis des sénateurs et des magistrats de la cité. Au bûcher, comme au lieu de l'inhumation, le prêtre continuait à remplir un rôle essentiel. C'est lui qui, une branche d'olivier ou de laurier en main, purifiait l'assistance [1]. C'est lui qui prononçait les dernières paroles, *novissima verba*, en congédiant la foule. Enfin, le neuvième jour du décès, il accomplissait l'acte le plus important : par trois fois il jetait de la terre sur la tombe. A dater de ce moment seulement, le lieu de la sépulture devenait religieux, et on ne pouvait y toucher sans la permission du prince ou des pontifes [2]. L'intervention sacerdotale est visible encore dans l'*injectio glebœ*, cérémonie qui avait lieu lorsque le corps n'était pas

---

[1] Virgile, *Énéide*, liv. VI : funérailles de Misène.
[2] Ulpien, *Pandectes*, loi dernière.

présent. Sur un tombeau de gazon le prêtre jetait quelques mottes de terre. Il le rendait ainsi sacré, comme si le corps y avait été inhumé [1].

Je ne crois pas nécessaire de pousser plus loin cette revue historique. Ce que nous venons de voir suffit pour prouver que Cicéron dit vrai, quand il affirme l'universalité des cérémonies religieuses dans la sépulture antique.

Le tableau qui vient de passer sous nos yeux est bien fait pour justifier ces paroles du jeune Anacharsis : « J'admirais la sagesse des anciens législateurs, qui imprimèrent un caractère de sainteté à la sépulture et aux cérémonies qui l'accompagnent [2]. »

Mais quelles réflexions ne naissent pas de nos études ! Tant de peuples, séparés par les abîmes de l'espace et du temps, ont eu la même foi dans nos destinées immortelles. Il faut que l'unité dans les croyances ait été bien profonde, pour que la diversité dans le langage, dans les mœurs, dans les institutions et dans les lois, n'ait rien pu contre elle. N'est-ce pas là un témoignage évident de l'unité de la race humaine, une démonstration sans réplique de notre communauté d'origine ? N'est-ce pas là surtout une preuve éclatante de la révélation primi-

---

[1] Cicéron, *de Legibus*, II.
[2] *Voyage en Grèce*, ch. VIII.

tive, dont les rayons affaiblis ont encore éclairé l'humanité dans sa chute et l'ont au moins préservée de ces mortelles erreurs dans lesquelles on voudrait l'entraîner aujourd'hui ?

Il est temps d'interroger les peuples modernes. C'est, au surplus, le terrain sur lequel se place de préférence le scepticisme contemporain. Les novateurs, on le sait, soutiennent que si l'humanité a fait quelque progrès, elle le doit à la science. Voilà leur thèse favorite. Dans ce système on fait volontiers bon marché de l'antiquité, de ses idées, de ses croyances. En revanche, on est moins dédaigneux à l'égard des peuples modernes. Eh bien, il faut dissiper toute équivoque et ne laisser debout aucune des objections dont nos adversaires pourraient se prévaloir. Examinons les coutumes des diverses nations du globe et prouvons que, dans leurs solennités funèbres, elles sont restées fidèles aux traditions du passé.

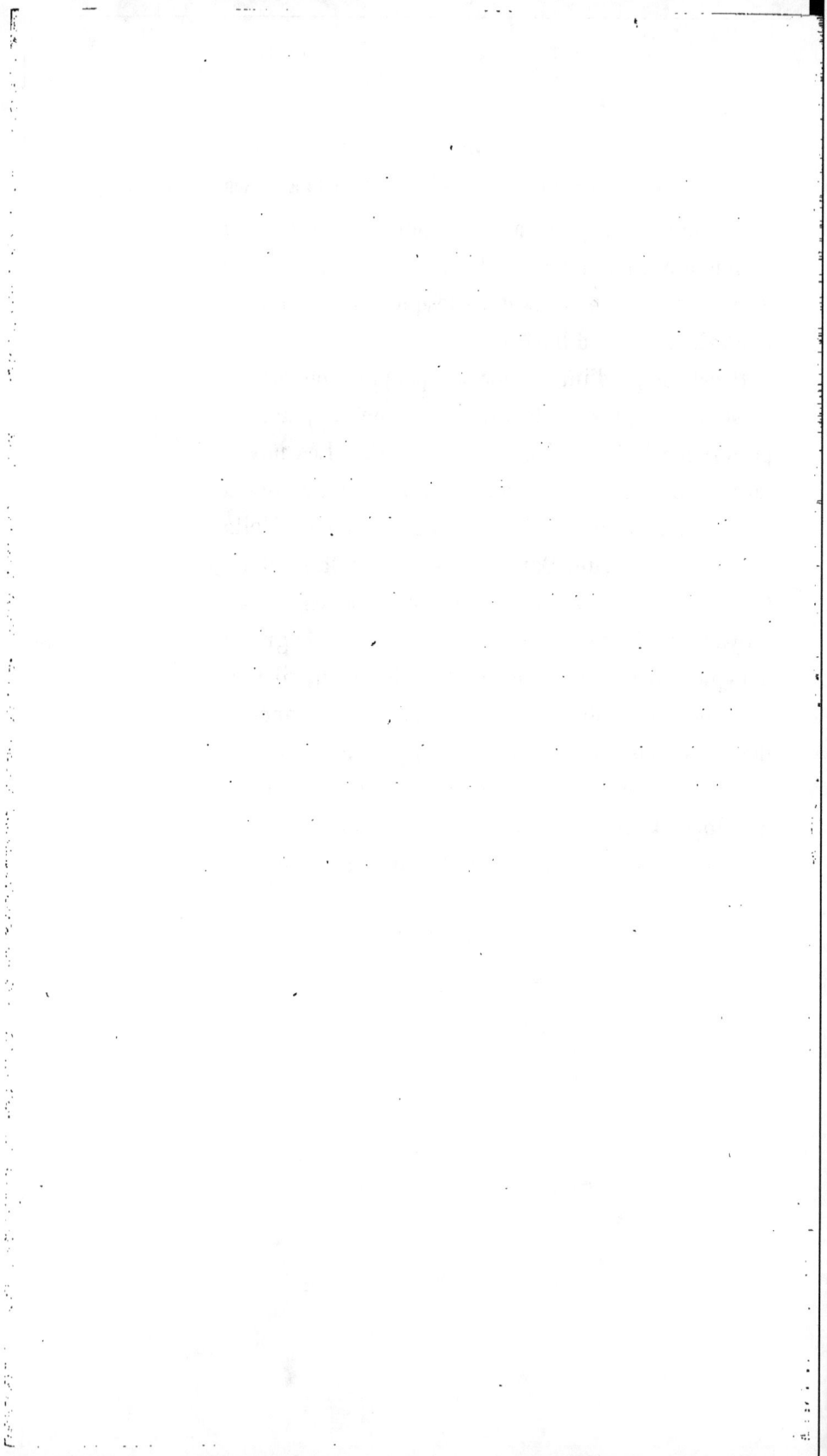

CHAPITRE II

En commençant cette revue rapide des rites funè
bres suivis aujourd'hui par les différents peuples,
nos premiers regards se portent naturellement sur
notre pays et sur ceux qui l'entourent. La France,
la Belgique, l'Italie, l'Espagne, sont des nations qui
appartiennent au catholicisme. L'étude de la liturgie
catholique nous paraissant mériter une attention
spéciale, nous lui consacrerons le chapitre suivant,
et c'est là que nous essayerons de décrire les obsèques,
telles qu'elles ont lieu chez nous et en général dans
toutes les contrées où règne la même religion.

Mais il n'y a pas en France que des catholiques.
Le protestantisme y compte un certain nombre d'ad--
hérents. Il domine en Angleterre et en Écosse. Il
s'étend sur les États de la Confédération germanique

8

du Nord, dans les Provinces-Unies de la Hollande, dans les cantons de la Suisse; et il est à peu près souverain en Danemark, en Suède et en Norwége. Les Anglais l'ont importé en Amérique.

Or, si nous examinons comment les protestants comprennent les devoirs envers les morts, nous voyons qu'ils appellent la religion à les consacrer. Quelles que soient leurs dissidences, les communions protestantes s'accordent sur le caractère religieux des funérailles. Il ne faut pas s'en étonner. Les principaux chefs de la Réforme, Luther, Calvin, Zwingle, Mélanchthon, avaient insisté sur ce point. Ils s'appuyaient non-seulement sur les besoins du cœur de l'homme et sur les croyances de tous les peuples, mais sur l'autorité de la Bible elle-même. Ils pensaient que la prière pour les morts découle nécessairement de ces grands dogmes communs à tous les chrétiens : l'immortalité de l'âme, la résurrection des corps, les peines et les récompenses de la vie future.

Aussi le pasteur ou le ministre protestant assiste-t-il toujours aux funérailles. Il se rend au domicile du défunt; il prie pour lui; souvent il adresse aux parents et aux amis quelques mots de consolation et d'espérance, que peut seule inspirer la foi dans notre éternel avenir. Enfin il accompagne toujours la dépouille mortelle jusqu'au champ du repos. Dans les villes où il y a des temples, c'est un usage à peu près constant d'y porter le corps du défunt. Là, du sein de la foule recueillie s'élève la voix du pasteur qui s'écrie : « Mes frères, prions Dieu ! » Et alors on prie, on médite, on prie encore: Les textes des saintes Écritures qui ont paru le mieux appropriés à la solennité funèbre servent de base à ces prières, à ces méditations. On aime, par exemple, à rappeler ces belles paroles : « Après la mort suit le jugement[1]. — Prenez garde à vous ; veillez et priez[2]. — Je suis la résurrection et la vie. Celui qui croit en moi, bien qu'il soit mort, vivra ; et quiconque vit et croit en moi ne mourra jamais[3]. » La mort a-t-elle moissonné un jeune enfant, on ne trouve rien de mieux pour consoler la douleur maternelle que les paroles si suaves du Sauveur : « Heureux ceux qui ont le cœur pur[4]. — Laissez venir à moi les petits enfants[5]. » C'est ainsi que les protestants, malgré le principe de la liberté absolue d'examen, ce germe de mort de la Réforme, affirment leur croyance dans la résurrection glorieuse en Jésus-Christ et par Jésus-Christ.

[1] Héb., ix, 27.
[2] S. Luc, xxi, 34 et 36.
[3] S. Jean, xi, 25 et 26.
[4] S. Matth., v, 8.
[5] S. Matth., xix, 14.

A côté des catholiques et des protestants nous voyons en France quelques juifs. Plus nombreux en Allemagne, en Turquie, en Égypte et dans d'autres contrées, ils sont disséminés dans le monde entier, et ne forment pas de nationalité proprement dite. Sans doute, en méconnaissant la divinité de Jésus-Christ, ils ferment les yeux à la lumière, et on a le droit de s'étonner d'un tel aveuglement chez les descendants de ceux qui entendirent la voix inspirée des prophètes, annonçant en termes si précis et si clairs la venue du Sauveur. Mais ils repoussent avec énergie les doctrines de nos matérialistes qui nient Dieu et ne voient dans l'âme qu'un atome périssable. Un des leurs tombe-t-il gravement malade, ils considèrent comme un devoir de s'occuper de son salut, et ils l'engagent à confesser ses fautes à son Créateur [1].

Quand la fin approche, les assistants, groupés autour du lit du malade, prononcent à haute voix ces paroles : « L'Éternel est roi, l'Éternel a régné, l'Éternel régnera à jamais. »

Au moment où il expire, chacun répète le *schema*, la profession de foi de l'israélite : « Écoute, Israël, l'Éternel est notre Dieu ; l'Éternel est un. »

[1] V. l'écrit de M. Alfred Lévy, rabbin de Lunéville : *le Deuil et les Cérémonies funèbres chez les Israélites.*

Autrefois on déchirait ses vêtements en signe de douleur ; on marchait pieds nus, revêtu d'un cilice, la tête couverte de cendres. Ces coutumes ont disparu. Mais la *Kériah* est une réminiscence des temps antiques. C'est une petite déchirure qu'on pratique à la partie antérieure des vêtements pour manifester le deuil.

Comme le protestant, l'israélite s'incline devant Dieu quand il vient à perdre l'un des siens. « Maître de l'univers, s'écrie-t-il, j'ai commis bien des fautes devant toi, et tu ne m'as pas infligé la millième partie des peines que je mérite. Qu'il te plaise néanmoins, Seigneur, de réparer cette brèche et toutes celles d'Israël ton peuple[1]. »

Indépendamment du *Kadisch* (sanctification), les juifs ont un recueil de prières des morts, écrites en langue hébraïque, et destinées à être récitées sur la tombe. En Judée, c'est dans la vallée de Josaphat, à l'ombre du temple de Salomon, qu'ils veulent reposer[2]. Il n'est pas d'usage de porter le corps à la synagogue. Cet honneur n'est réservé qu'aux docteurs de la loi, aux rabbins ; mais la cérémonie des obsèques n'en est pas moins religieuse. Le rabbin y assiste. A l'exemple du ministre protestant, il pro-

[1] Extrait du *Talmud*.
[2] V. l'*Itinéraire de Paris à Jérusalem* de Chateaubriand, p. 336.

nonce dans la maison mortuaire une allocution pieuse, et au cimetière il unit ses prières pour le repos de l'âme du défunt à celles de ses parents et de ses amis. Au repas funèbre qui suit, il est d'usage de placer un œuf dont la coquille brisée symbolise la fragilité de la vie.

La visite à l'affligé, à celui qui est en deuil, est un devoir impérieux chez les israélites. Le soir du premier vendredi qui suit le décès, on l'introduit au temple au moment où commence la solennité du sabbat. Un membre de la communauté va le recevoir à l'entrée, et l'accompagne jusqu'à la nouvelle place qui lui est destinée. Il s'arrête ordinairement au dernier banc, faisant ainsi acte d'humilité devant Dieu et devant les hommes.

Cette fraternité pieuse se révèle aussi quand une personne meurt sans laisser de famille. Pendant sept jours dix personnes au moins doivent se rendre dans la maison mortuaire, et y prier soir et matin pour le défunt.

Enfin l'anniversaire de la mort d'un parent est aux yeux de l'israélite un jour de deuil. Tous les ans il honore sa mémoire par le jeûne, les aumônes, les prières au temple et au cimetière.

Pour exprimer leur résignation aux décrets de la divine Providence, les juifs ont une admirable légende. On respire, en l'écoutant, comme un doux

parfum qui fait du bien à l'âme et doit la fortifier à
l'heure de ses épreuves. En voici les principaux traits.

Béruria, femme de Rabbi Méir, docteur en Israël,
est frappée d'un coup terrible. Ses deux jeunes fils
viennent d'expirer dans ses bras. L'infortunée mul-
tiplie ses efforts pour les rappeler à la vie. Vain
espoir ! leurs corps restent glacés. Tout à coup une
idée traverse son esprit. Son époux est au temple
où il expose les vérités contenues dans les tables de
la loi. Mais il va revenir ; et comment supportera-
t-il le malheur qui l'accable ?

Cette pensée lui prête une énergie suprême. Elle
place ses deux enfants sur un lit, étend sur eux un
drap mortuaire, puis, refoulant jusqu'au fond du
cœur son inexprimable douleur, elle attend avec un
calme apparent le retour de son époux. Bientôt le
Rabbi rentre chez lui, et sa première parole est
celle-ci : « Où sont les enfants ? » Béruria cherche
inutilement à éluder la question redoutable. « Où
sont donc les enfants ? répète le père, tremblant d'inquiétude.

« — Écoute, dit alors cette noble femme. Hier
vint chez moi un ami de notre maison, qui me donna
à garder deux joyaux de prix. Aujourd'hui déjà il
me réclame ce dépôt. Hélas ! je ne pensais pas qu'il le
ferait sitôt. Dois-je le lui rendre ou le détenir encore ?

« — Femme, quelle est cette demande ?

« — Ces bijoux sont si brillants, ils me plaisent tant !

« — Nous appartiennent-ils ?

« — Si tu connaissais la valeur inestimable qu'ils ont pour nous deux !

« — Béruria, s'écrie le Rabbi, que signifient de telles paroles ? Retenir un bien qu'on nous a confié ! y songes-tu ?

« — C'est vrai, répond la pauvre mère en fondant en larmes ; viens donc, que je te montre les joyaux qu'il nous faut restituer ! »

Elle le conduit alors près du lit, soulève le drap mortuaire : « Voilà, dit-elle, les trésors que Dieu nous redemande ! »

A cette vue, le père éclate en sanglots. « Oh ! mes enfants, oh ! mes pauvres enfants, s'écrie-t-il.

« — Rabbi, ajoute Béruria, ne viens-tu pas de me rappeler qu'il faut restituer un dépôt quand son propriétaire le réclame ? »

Le père, le visage baigné de larmes, lève les yeux au ciel. « Oh ! mon Dieu, dit-il, puis-je murmurer contre ta volonté, quand tu laisses à mes côtés une épouse si forte, si vertueuse ! »

Et les malheureux parents s'assirent dans la poussière, déchirèrent leurs vêtements, se couvrirent la tête de cendres, en répétant ces paroles de Job, qui expriment si bien la résignation à la volonté divine :

« Dieu nous les avait donnés ; Dieu nous les a re-
pris. Que le nom du Seigneur soit béni ! *Deus dedit,
Deus abstulit. Sit nomen Domini benedictum* [1]. »

Jetons maintenant les yeux sur les autres parties
de l'Europe. L'Angleterre et l'Allemagne du Nord ne
doivent pas plus arrêter nos regards que l'Autriche,
l'Espagne et l'Italie, puisque le protestantisme, dont
nous connaissons les rites funèbres, domine dans les
deux premiers pays, comme le catholicisme règne
dans les autres. Il en est de même des États scan-
dinaves, dont le culte principal, le luthéranisme,
n'est qu'une branche de la religion réformée.

Mais la Russie doit attirer notre attention. Cet empire, qu'on n'avait pas appelé sans raison un Hercule
au berceau, compte plus de quatre-vingts millions
d'habitants. C'est un des plus grands États du globe,
car il occupe la moitié de l'Europe, et sa domination, déjà grande en Asie, s'y développe sans cesse.

La Russie est une nation chrétienne. Son Église
ne diffère de l'Église grecque proprement dite, dont
le patriarche est à Constantinople, que sur quelques
points presque insignifiants de discipline, entre
autres sur la forme du baptème. Au surplus, les
dogmes de l'orthodoxie grecque, à quelques malen-
tendus près relatifs à la procession du Saint-Esprit

[1] M. Alfred Lévy, *ibid.*

et au purgatoire[1], sont les mêmes que ceux de l'Église catholique romaine. Elle n'est véritablement séparée de nous que sur une question capitale : elle n'admet d'autre chef de l'Église que Jésus-Christ, et elle repousse la suprématie du Pape, sa juridiction sur l'Église universelle. Mais les points de contact sont si importants, si nombreux, qu'on ne saurait désespérer de voir un jour la Russie sortir du schisme, abandonner la voie qui la mène inévitablement au protestantisme, et, s'inclinant sous l'infaillible autorité du vicaire de Jésus-Christ, reconnaître enfin avec l'apôtre des nations qu'il n'y a qu'un Dieu, une foi et un baptême[2].

Le trait saillant de l'Église russe, c'est qu'elle dépend de l'État. Le tsar en est le véritable chef ; *le chef*, dit un ukase de Paul Ier, *choisi par Dieu lui-même, en toutes matières religieuses et civiles.* Sans doute les évêques relèvent du synode de Saint-

---

[1] On sait qu'ils ont été victorieusement dissipés aux conciles de Lyon et de Florence.

[2] V. l'*Avenir de l'Église russe*, par le R. P. Tondini.

« Ce n'est pas pour rien que les Russes ont conservé parmi les trésors de leur foi le culte de Marie ; ce n'est pas pour rien qu'ils l'invoquent, qu'ils croient à sa Conception immaculée et qu'ils en célèbrent la fête... Oui, Marie sera le lien qui unira les deux Églises, et qui fera de tous ceux qui l'aiment un peuple de frères, sous la paternité du Vicaire de Jésus-Christ. » (*Ma Conversion et ma Vocation*, par le P. Schouvaloff, barnabite. Paris, Douniol, 1859.)

Pétersbourg ; mais celui-ci, n'agissant qu'en vertu d'une délégation de l'empereur, est en réalité son agent et se réduit à un simple rouage administratif. Pierre le Grand s'était désigné comme *le gardien de l'orthodoxie et de tout ce qui concerne le bon ordre dans la sainte Église.* Ses successeurs n'ont jamais voulu se dessaisir d'une telle prérogative, et elle continue à faire partie des lois de l'empire. Cette autocratie religieuse n'empêche pas que la liberté les cultes existe en Russie ; mais c'est un statut fondamental que « l'Église dominante, l'Église nationale seule a le droit de prosélytisme[1]. »

Comme tous les peuples, les Russes sont sincèrement attachés à leur culte. *La sainte Russie* est le nom qu'ils donnent à leur pays. Chez eux la religion joue un aussi grand rôle dans la vie publique que dans la vie privée. Dès qu'il s'agit d'un événement de quelque importance, le peuple n'hésite pas à implorer le secours divin, les prières du sacerdoce.

Ce sentiment se révèle surtout dans les funérailles. En Russie, on considère comme un honneur de reposer près du tombeau d'un saint. On s'estime heureux de pouvoir s'assurer la sépulture dans un monastère. Plus d'une fois les princes de l'em-

---

[1] Le nombre des habitants professant le culte orthodoxe s'élevait, au commencement de 1873, à 54,062,068 (*Gazette de Moscou,* citée par le *Journal officiel* du 26 janvier 1875).

pire, à la veille de leur mort, ont revêtu l'habit monastique ; et il n'est personne à Saint-Pétersbourg qui ne soit décidé à s'imposer les plus grands sacrifices pour obtenir la faveur d'être inhumé dans un couvent comme celui de Saint-Serge au bord du golfe de Finlande[1].

La pompe des obsèques est toute religieuse. Les conditions climatériques, dans lesquelles le plus souvent elle se déroule, ajoutent à son inévitable tristesse. On sait que la Russie reste ensevelie pendant près de six mois dans la neige. Sous ce pâle manteau s'effacent tous les accidents, toutes les variétés du sol. Alors les lacs et les forêts blanchissent comme les champs ; les fleuves suspendent leur cours ; la mer devient immobile ; la nature se tait, et prend partout une teinte uniforme. Seule l'église se détache sur ce tableau sévère en faisant briller aux regards son élégante coupole. Elle s'ouvre toujours pour les cérémonies funèbres. Le convoi s'avance conduit par *le pope* (le prêtre), qu'on reconnaît de loin à sa longue barbe et à sa chevelure flottant sur les épaules. Un diacre l'assiste et quelquefois le supplée[2]. Le mort vient dans le lieu saint recevoir l'encens et l'eau bénite qui doivent le purifier de ses souillures. Le

---

[1] M. Leroy-Beaulieu, *l'Empire des tsars et les Russes.*
[2] M. Leroy-Beaulieu, *ibid.*

être récite les prières liturgiques, et, avant de se séparer du défunt, en signe de leur foi et de leurs espérances communes, il place entre ses mains un passe-port pour le ciel[1].

Si de la Russie nous descendons dans les principautés danubiennes, dans l'empire ottoman et sur le territoire hellénique, nous retrouvons encore devant nous l'Église grecque ; et, pour ne pas nous répéter, nous devons nous borner à de courtes indications. Comme en Russie, le patriarche de Constantinople est assisté d'un synode, et il dépend du sultan. C'est en vain qu'il persiste à vouloir être considéré comme le chef traditionnel de l'Église orientale. Depuis le schisme de Photius, l'unité en Orient a été brisée. Chaque État a voulu avoir son Église nationale, indépendante. Ainsi a été perdu le principe d'autorité, et les Orientaux ne le retrouveront qu'en rentrant dans l'Église romaine, parce que là seulement il est plein de force et de vie. Le patriarche de Constantinople a beau déclarer solennellement que « sur lui repose le soin de toutes ses Églises ; » il a beau convoquer des conciles, comme il vient de le faire en 1872, et excommunier ses Bulgares : ceux-ci n'ont fait, après tout, que suivre l'exemple qu'en 1833 leur avait donné la

---

[1] Hornstein, *les Sépultures*, p. 71.

Grèce. Personne ne prend ces conciles au sérieux.
Les évêques russes ne daignent pas s'y rendre; et,
chacun voulant garder son autonomie religieuse, la
primauté du patriarcat de Constantinople n'est plus
désormais qu'un lointain souvenir.

Nous n'insisterons pas sur les rites funèbres de
ces contrées, car ils sont analogues à ceux de la
Russie. Mais il n'y a pas à Constantinople que des
orthodoxes. En face de l'Église orientale se dresse
l'islamisme qui s'efforce de lui disputer l'empire des
âmes. Il en est de même dans la Turquie d'Europe.

La Grèce a subi bien des vicissitudes. Le christianisme l'avait délivrée du culte des faux dieux. Mais sa
vive lumière a fait place à une nuit profonde, lorsque sur les ruines à jamais célèbres de Sparte et
d'Athènes la croix dut s'abaisser devant le croissant.
Le jour où les descendants de Lycurgue et de Léo-
nidas ont courbé la tête sous la domination musulmane, c'en était fait de leur glorieuse destinée ; car
ils échangeaient la loi de liberté et d'amour de
l'Évangile contre la loi tyrannique du Coran, qui
fait de chaque disciple du prophète un aveugle soldat du destin. Affranchie aujourd'hui du joug de ses
oppresseurs, cette nation, qui a brillé d'un si vif
éclat dans le passé, retrouvera-t-elle les grands
jours de son histoire ? Il est permis d'en douter.
Mais assurément son génie ne cessera d'être voilé

que lorsque les menaces de l'islamisme ne plane-
ront plus sur elle.

Et toutefois, des débris du grand siècle de Péri-
clès sort un enseignement que les libres penseurs
feront bien de méditer. Le Parthénon, ce chef-
d'œuvre de l'architecture antique, n'a pas cessé
d'être un temple. Les anciens l'avaient dédié à Minerve, la déesse protectrice d'Athènes; les chrétiens
l'avaient converti en église; les Turcs en avaient
fait une mosquée. Tant il est vrai, comme l'a dit
Plutarque, qu'on bâtirait plutôt une ville en l'air
que de faire vivre un peuple sans religion.

Le moment est venu d'étudier les rites funèbres
de la religion musulmane et de pénétrer dans l'Afrique et dans l'Asie, où elle compte plus de cent millions d'adhérents.

Les sectateurs de Mahomet le considèrent comme
l'envoyé de Dieu et le dernier des prophètes. Ils
croient que le *Coran*, le livre de la foi, lui a été dicté
par le Seigneur lui-même, et ils célèbrent par un jeûne
rigoureux le *Ramazan*, mois pendant lequel, à les
entendre, ce livre divin est descendu du ciel. Leur
profession de foi se résume dans la formule : « Il
n'y a de Dieu que Dieu, et Mahomet est son prophète. »

Sans doute, le pèlerinage au tombeau du prophète
est obligatoire, et tout musulman doit s'en acquitter

une fois dans sa vie; mais avant tout la croyance en Dieu et le culte qui lui est dû sont les points fondamentaux de l'islamisme. La loi pousse la sévérité jusqu'à punir de mort le musulman qui témoigne publiquement de son mépris pour la religion, ou qui blasphème contre Dieu et les prophètes[1].

Le Coran exprime avec force la foi en la résurrection des corps. Je reproduis un de ses textes : « L'homme s'écrie : Qui pourra ranimer des os réduits en poussière? — Réponds : Celui qui leur a donné l'être la première fois les ranimera. — Ignorent-ils que Dieu, qui a créé le ciel et la terre sans effort, peut aussi faire revivre les morts? — Son pouvoir est sans bornes. — Dieu n'a-t-il pas tiré du néant les deux premiers époux? Manquerait-il de puissance pour rendre à la vie le genre humain[2]? »

Cette foi si énergique a nécessairement pour conséquence l'intervention de la religion dans les obsèques. S'agit-il d'un personnage important, le *marabout* ou le *muphti* préside la cérémonie. Dans tous les cas l'*iman*, le *derviche*, ou au moins le *thaleb*, se rend au domicile mortuaire et il adresse à Dieu la prière suivante : « Distingue ce mort par la grâce de ta miséricorde et de ta satisfaction di-

---

[1] M. Garcin de Tassy, *l'Islamisme d'après le Coran*, p. 183.
[2] *Ibid.*, p. 105.

vines. O mon Dieu, ajoute à sa bonté, s'il est du nombre des bons, et pardonne à sa méchanceté, s'il est du nombre des méchants. Accorde-lui paix, salut, accès et demeure auprès de ton trône éternel[1]... » Et les assistants répondent : « Que Dieu lui fasse miséricorde! Louange à Dieu, maître de l'univers ! »

Cette prière est à peine terminée, qu'on se presse autour des dépouilles mortelles pour avoir la faveur de les porter, car le prophète a dit : « Chaque pas que vous ferez en portant un mort vous vaudra la remise de dix péchés. » Les *Tholbas* (pluriel de Thaleb) précèdent le cercueil, se tenant par la main, et répétant de toute la force de leurs poumons, sans se soucier de l'accord et de l'harmonie, la *chaâda*, la fameuse profession de foi de l'islamisme : « Il n'y a de Dieu que Dieu, et Mahomet est son prophète. » Le cortège se grossit ordinairement en route, car le prophète a dit encore : « Celui qui suivra le corps d'un mort l'espace de quarante pas obtiendra la rémission d'un péché. » Aussi n'est-il pas rare de voir des personnes, occupées à conclure un marché, suspendre leurs transactions pour accompagner les restes d'un pauvre ou d'un inconnu[2].

[1] M. Garcin de Tassy, p. 258.
[2] Je dois ces renseignements à l'obligeante communication du R. P. Ducat, résidant à Ben-Acknoün, près d'Alger.

Joignons-nous un instant à ce convoi funèbre. Suivons-le par exemple dans l'Égypte, sur cette terre des Pharaons si pleine de souvenirs, toute couverte de tombeaux, où à chaque pas les ruines obscures d'un présent qui s'écroule se mêlent déjà aux grandes ruines du passé! Il s'avance précédé du sacerdoce ; il marche au milieu des sycomores et des palmiers, sous un ciel bleu qu'illumine le plus brillant soleil. Ici s'élèvent les dômes et les minarets avec leurs croissants dorés; là se dressent les crêtes dentelées des montagnes; plus loin paraissent sur un horizon sans nuages les sommets fameux des pyramides; plus loin encore, la vue se perd dans le désert, cette mer de sable, qui, comme l'Océan, donne à l'âme l'impression de l'immense et de l'infini.

On arrive à la mosquée [1]. Le génie arabe s'est complu à embellir le temple du Seigneur ; et quelquefois il en a fait une merveille. Un escalier de marbre conduit à l'intérieur du temple, décoré de mosaïques et d'inscriptions rappelant les versets les plus célèbres du Coran. Le sanctuaire

---

[1] M. Garcin de Tassy dit que les musulmans ne portent pas le corps à la mosquée, parce qu'elle est, suivant eux, pour les vivants et non pour les morts. Cette assertion est, je crois, trop absolue. Il résulte des renseignements que j'ai recueillis, qu'en Algérie et dans d'autres pays où règne l'islamisme, on suit à cet égard le désir des familles.

n'a pas d'autel, ainsi l'a voulu le prophète. Mais l'or ruisselle sur les magnifiques lampes qui l'éclairent. Sur les murailles et les portiques courent de fines, d'élégantes arabesques ; et la chaire, du haut de laquelle le scheik fait la lecture du livre divin, étonne les regards par la pureté de ses reliefs et l'exquise délicatesse de ses ciselures. Que dire des colonnes jetées à profusion dans le lieu saint? Avec quelle légèreté elles s'élancent, semblables aux jeunes palmiers de l'oasis! Avec quelle grâce elles s'épanouissent dans les plus riches chapiteaux ! On croit marcher dans une forêt de marbre dont les profondeurs mystérieuses fuient du côté de la Mecque, vers le tombeau sacré du prophète.

Mais toutes ces splendeurs du temple oriental ne doivent pas nous faire oublier la cérémonie funèbre qui nous y a conduits. De la mosquée on se rend au cimetière. Lorsqu'on est arrivé au champ du repos, l'iman élève les mains à la hauteur du visage, et répète cinq fois la formule : « Dieu est le plus grand! » — « Le salut sur vous, » dit-il ensuite, en se tournant vers les assistants placés dans l'attitude de la prière. Puis, après un moment de silence : « Que Dieu, s'écrie-t-il, lui pardonne. » L'inhumation terminée, un des parents jette par trois fois une poignée de terre sur le corps, en disant la première fois : « Vous en avez été créé ; » — la seconde fois :

« Nous (Dieu) vous y ferons retourner; » — la troisième fois : « Nous (Dieu) vous en ferons sortir de nouveau. » Ici, comme on le voit, le culte musulman s'est emparé de quelques rites de la religion catholique; et, sans atteindre la sublimité de sa liturgie, il a essayé du moins de s'en rapprocher. Tous enfin se séparent en répétant la solennelle profession de foi : « Dieu est Dieu, et Mahomet est son prophète [1]. »

L'islamisme compte dans l'Inde vingt-cinq millions d'adhérents. Si le fond des doctrines y reste le même, les rites s'y modifient. Ils prennent en quelque sorte une teinte indigène, une physionomie presque païenne. Le luxe et le faste indiens remplacent la simplicité, l'austérité musulmanes. Mais le fanatisme ardent des sectateurs de Mahomet est tempéré sur les rives du Gange par l'esprit plus tolérant des Hindous. Nous n'insisterons que sur deux

---

[1] J'extrais ce qui suit d'une lettre d'Alexandrie du 14 février 1874 : « Les funérailles ici ont toujours un caractère religieux. Nous avons eu, parmi les Européens, bien entendu, deux enterrements civils, avec musique à la place de prêtres, et au lieu d'un drap noir, un rouge, portant en lettres d'or : *Société des libres penseurs.* » De tels exemples, on en conviendra, ne sont pas faits pour augmenter aux yeux des mahométans le prestige de l'Europe chrétienne. Tous les renseignements qui me sont parvenus s'accordent pour attester l'étonnement profond causé dans les pays de religions les plus diverses par le spectacle inattendu de l'enterrement civil.

points. Là, plus encore qu'ailleurs, le musulman se fait un devoir de célébrer les anniversaires et les fêtes des morts par des prières, des oblations et des aumônes. Là, plus qu'en Europe et en Afrique, on professe le culte des tombeaux, et surtout des tombeaux des saints. C'est aux *Mullas*, c'est-à-dire aux prêtres, qu'on en confie la garde[1].

L'étude des rites de l'islamisme nous amène en Asie, sur le continent indien. Dans les Indes, comme partout, c'est le fer à la main que les disciples du prophète de Médine ont propagé sa doctrine. Toutefois ils sont loin d'avoir soumis entièrement ce pays à la foi musulmane. Les conquêtes répétées du croissant ont longtemps étonné le monde ; et cependant le christianisme, qui n'emploie pas les mêmes armes, a pour lui l'avenir. Chaque jour il élargit le sillon si glorieusement ouvert, il y a trois siècles, par le grand apôtre des Indes. A la vérité le champ est rude et la moisson difficile. Que d'efforts ne faut-il pas pour délivrer le peuple hindou de son grossier fétichisme, pour l'arracher au culte de ses innombrables idoles ! La Grèce était assurément bien pourvue en dieux de tous rangs et de toutes sortes. Mais, si le nombre en pareil cas fait la richesse, il est évident que l'Olympe antique pâlit à côté des

[1] M. Garcin de Tassy, p. 317.

pagodes indiennes, qui regorgent de plus de trois
cents millions de divinités[1].

Non-seulement ces idolâtres déifient le soleil, la
lune, la mer, les fleuves et les montagnes ; mais encore ils se prosternent devant leurs animaux, ils
adorent même les substances minérales. A Bénarès,
la Rome de l'Inde, la véritable capitale religieuse
du monde brâhmanique et bouddhique, dont le nom
est vénéré dans la Chine et le Thibet, une simple
pierre, une espèce de borne, renfermée dans une
pagode, comme dans le saint des saints, est tenue pour
la divinité même. Elle est l'objet des plus lointains
pèlerinages, et il suffit d'avoir accompli une fois
dans sa vie les rites sacrés devant cette idole, pour
s'assurer une place dans le paradis de Brâhma[2].

Toutefois, nous l'avons vu, du sein de ces épaisses
ténèbres jaillit la croyance à l'immortalité de l'âme.
Sans doute l'imagination de l'Hindou s'égare dans
les rêves insensés de la métempsycose; mais il a
l'espoir des récompenses de l'autre vie, et il tremble
devant les châtiments qu'*Yama*, le juge des morts,
peut infliger au méchant dans le *Naraca* ou l'enfer.
Sans doute, en s'agenouillant devant ses bouddhas
de bois ou de pierre, l'idolâtre abdique toute di-

[1] L'abbé Dubois en fixe le nombre à trois cent trente millions.
— *Mœurs et Institutions des peuples de l'Inde*, t. II, p. 395.

[2] V. l'*Inde des Rajahs, Voyage dans l'Inde centrale*, par Louis
Rousselet, p. 703 (Paris, Hachette. 1875).

gnité et toute raison ; mais au moins, jusque dans
ces déplorables folies, il conserve la notion de Dieu ;
il garde le respect et la crainte d'un être supérieur
à lui, qui doit le récompenser ou le punir. Voilà
pourquoi il élève partout des temples protégés bien
plus par la foi populaire que par l'épée des rajahs.
C'est même une opinion généralement reçue qu'on
ne doit pas habiter un lieu où il n'y a point de temple, sous peine de courir les risques de quelque
malheur [1]. Et le savant voyageur que nous avons
déjà cité a pu dire : « Les crimes les plus inouïs
sont fréquents dans ces contrées ; mais j'ose affirmer
que, sauf des cas extrêmement rares, le sacrilége y
est inconnu. L'homme le plus dépravé y regarde à
dix fois avant de toucher à une idole [2]. »

J'insiste sur ce point parce que, suivant la remarque de Montesquieu, « on charge trop l'idolâtrie
pour diminuer l'horreur de l'athéisme [3]. » Mieux vaut
un peuple qui a une religion fausse qu'un peuple sans
religion. Avec l'Hindou qui croit en Dieu, mais qui
se trompe sur sa nature et sur le culte qu'on lui doit,
il y a des ressources, et les succès de nos intrépides
missionnaires le prouvent tous les jours. Quel espoir,
je le demande, peut-on avoir avec des athées ?

[1] Dubois, *op. cit.*, p. 342.
[2] M. Louis Rousselet, *op. cit.*
[3] *Esprit des Lois*, liv. XXIV, chap. II.

Les croyances des Hindous, au milieu des suppo-
sitions les plus étranges, se font jour dans leurs
funérailles. Lorsqu'une personne va mourir, on appelle le brâhmane pour faire la cérémonie du
prayaschitta (expiation). On invite le malade à réciter au moins d'intention, s'il ne peut le faire distinc-
tement, certains *mantras* (prières), par l'efficacité
desquels il est délivré de tous ses péchés. Lorsqu'il est mort, son héritier s'empresse de placer
dans son logement un petit vase plein d'eau, au-
dessus duquel il suspend un fil attaché au toit. Ce fil
doit servir d'échelle à l'âme du défunt qui descendra
par là pour venir boire pendant dix jours consécu-
tifs. Et, afin qu'il ne boive pas sans manger, on
met chaque matin à côté du vase une poignée de
riz[1].

Après les ablutions et les purifications sacrées,
on porte le corps au champ d'incinération où il doit
être brûlé. Arrivé au lieu funèbre, le fils du défunt
se frappe la poitrine, et, prenant dans un vase d'airain le feu sacré qu'il a apporté lui-même, il allume
le bûcher, pendant que les brâhmanes mêlent leurs
prières aux cris lamentables des assistants. C'était,
il y a peu de temps encore, l'usage que la veuve
se jetât dans les flammes pour rejoindre son époux.

[1] Dubois, p. 202 et suiv.

Elle devenait ainsi *suttie*. Aux funérailles des princes, beaucoup de femmes exprimaient joyeusement le désir d'être *sutties*. Le nombre des victimes de ce sanglant fanatisme était ordinairement de douze. Grâce à l'influence des Anglais, cet usage barbare disparaît. Mais, le croirait-on? les femmes hindoues regrettent ces horribles sacrifices, bien préférables, suivant elles, à l'état de veuvage. Le dernier rajah, qui vient de monter sur le trône le 13 février 1873, a dû prendre des mesures sévères pour empêcher le retour de ces rites inhumains[1].

Quelque horreur que nous inspirent de telles coutumes, leur but religieux ne saurait nous échapper. C'est parce que le feu est sacré, et qu'il

---

[1] V. un extrait du *Times Indien* dans le *Journal officiel* du 6 avril 1873.

Le journal hindou *Panjabi* du 14 juin 1873 rapporte que « dernièrement, à Tamatara, un brâhmane étant mort, sa femme voulut être *suttie*. L'agent du gouvernement, en ayant été prévenu, envoya quelques spahis à cheval et la fit enfermer. Mais lorsque le cercueil fut placé sur le bûcher au moment où on allait y mettre le feu, la porte de la prison s'ouvrit, la veuve en sortit, et les spahis se mirent en vain à sa poursuite. Elle allait se jeter sur le bûcher, quand un musulman la saisit et la retint. Elle se mit alors en grande colère, et, levant les bras vers le ciel, elle accabla cet homme d'imprécations, en disant : « O Baghavar, cet homme veut me dépouiller de ma vertu et m'empêcher de suivre mon mari. Donne-lui la rétribution de son méfait ; et, puisque tu as agréé mon sacrifice, fais-moi rejoindre mon mari. En disant ces mots, elle expira. » (*Journal officiel* du 13 janvier 1874.)

purifie sa victime volontaire de toute souillure, c'est parce que celle-ci est animée de la foi la plus vive dans l'immortalité bienheureuse où elle doit rejoindre son époux, qu'elle monte sur le bûcher, souriant à la mort, indifférente aux affreuses tortures qui l'accompagnent.

Comme le feu, l'eau des fleuves est sacrée aux yeux des Hindous. Le Gange surtout, « dont la source, au dire des poëtes, est cachée si haut dans les profondeurs des nuages, qu'elle tombe du ciel lui-même, » voit chaque jour une foule de pèlerins, sous la conduite des brâhmanes, venir demander à ses eaux une solennelle purification. « Alors chacun coupe une mèche de ses cheveux et la laisse tomber dans le fleuve, car chaque cheveu qui lui est offert donne droit à la rémission d'un péché[1]. »

Mais quelle est cette femme en deuil penchée sur l'onde sainte ? C'est une mère qui a perdu son fils. Elle a placé le pauvre petit sur un radeau d'osier qu'elle va confier aux flots pressés du Gange, et avant d'embrasser son enfant pour la dernière fois, elle chante une de ces berceuses avec lesquelles elle avait coutume de l'endormir sur ses genoux. Pendant qu'elle exhale les suprêmes accents de sa tendresse, elle effeuille dans le fleuve sacré les

---

[1] M. Rousselet, p. 691.

fleurs les plus brillantes. A côté d'elle, la jeune
sœur de l'enfant, qui n'est point encore initiée aux
mystères de la religion indienne, regarde sa mère
avec effroi, et s'efforce de retenir son frère au rivage. Vains efforts! le précieux radeau lui échappe,
il s'éloigne et disparaît bientôt à ses yeux[1]. La petite
fille pleure; mais la mère revient moins triste et se
console, car c'est dans le sein de Dieu même qu'elle
a remis son fils.

L'idolâtrie étend ses ombres sur la Chine comme
sur les Indes. Et toutefois, si les habitants du Cé-
leste-Empire se font de la divinité une idée fausse,
et s'ils lui rendent un culte bien étrange, il faut reconnaître que l'athéisme, cette plaie de notre Europe
civilisée, n'a pas encore pénétré parmi eux. Partout s'élèvent des *pagodes*, badigeonnées de rouge,
à plusieurs étages, desservies par de nombreux
bonzes (prêtres). Elles sont peuplées de statues de
Bouddha, dont les yeux énormes, les lèvres épaisses, les oreilles pendantes, rappellent les vieux
sphinx de l'Égypte[2]. Bouddha n'a pas de plus fidèles
adorateurs que l'empereur, fils du ciel, les man-
darins et *les lettrés*. Aussi le peuple, qui se presse

---

[1] M. Rousselet, *Voyage dans l'Inde centrale*, p. 592.
[2] V. M. de Carné, *Voyage dans l'Indo-Chine et dans l'empire
chinois*, p. 62, et M. Rousselet, p. 366 de son livre déjà cité.

dans les grandes villes, suit-il sans peine l'exemple
que la cour de Pékin elle-même se fait un devoir de
lui donner. Le sentiment religieux est universel. Le
voyageur, qui visite les plus lointaines tribus, le voit
apparaître dans tous les actes de la vie. Au milieu de
la campagne déserte, le paysan chinois n'a pas toujours une pagode où il puisse se prosterner devant
ses idoles ; mais il a au moins sa petite chapelle et ses
bouddhas qu'il a placés sur la lisière de la forêt voisine ;
et le soir, quand la voix aiguë du tigre se fait entendre,
il s'agenouille, il prie, il invoque avec confiance la
protection de ses dieux contre ce terrible ennemi.

Les Chinois, à l'exemple de tous les peuples, considèrent l'heure de la mort comme solennelle. Plus
que jamais les secours de la religion leur paraissent
nécessaires au moment suprême où un des leurs va
quitter la vie [1]. Du sein même du paganisme, dans
lequel il est plongé, ce peuple de quatre cents millions
d'âmes nous offre alors un spectacle bien digne de fixer
notre attention. Le malade est-il en danger, on se
hâte d'offrir un sacrifice à la pagode. On s'y pros-
terne devant les *pou-ssha* (les divinités), pendant
que les bonzes récitent des prières [2]. Puis un de

---

[1] C'est ce que m'atteste M. Roby, qui a été secrétaire à la direction de l'intérieur à Saïgon, chef-lieu de nos possessions en Cochin-
chine.

[2] J'emprunte ces détails et ceux qui suivent aux *Missions catholiques* de 1872.

ceux-ci revient auprès du malade, et, du seuil de la maison, il s'écrie : « Un tel, reviens! un tel, reviens! » Il fait ensuite des aspersions avec une eau sainte qu'il reporte à la pagode.

Après la mort, les sacrifices recommencent au domicile mortuaire, tendu de blanc, le signe du deuil en Chine. Ils ont lieu devant ces fameuses tablettes « qui, à défaut de notre dogme si consolant de la communion des vivants et des morts, ont au moins l'avantage de disputer au néant le nom des aïeux, en faisant honorer leur mémoire [1]. » Le nom du défunt est ajouté sur ces tablettes; il est aussi inscrit à la pagode, et on l'y conserve soigneusement pendant trois générations.

Les nuits qui suivent sont marquées par des cérémonies religieuses. Les bonzes, la lanterne à la main, viennent psalmodier diverses prières autour du cercueil. La première nuit, ils brisent des tuiles pour faire une brèche à l'enfer et en faire sortir l'âme, si, par hasard, elle y est entrée. La seconde, ils assistent le fils du défunt au moment où, élevant une longue banderole, il représente l'âme de son père montant au ciel. La troisième, ils mettent le feu à la banderole et ils brûlent une certaine quantité de papier-monnaie, afin que le défunt ne

[1] M. de Carné, p. 339.

manque pas d'argent dans l'autre monde[1]. Nous
les voyons enfin figurer dans le convoi, lorsqu'au
bruit des timbales, des flûtes et des tambours, il se
dirige vers le lieu de la sépulture.

Nulle part, on n'attache plus d'importance qu'en
Chine à la solennité des obsèques. C'est surtout aux
funérailles de l'empereur, lorsque, suivant l'expression consacrée, *il est allé, monté sur le dragon,
au pays d'en haut,* que la pompe est extraordinaire. Mais ce ne sont pas seulement les grands et
les riches qui ont des funérailles somptueuses. Un
simple ouvrier s'impose de longues privations, et
quelquefois une famille se ruine, pour faire de magnifiques obsèques à un des siens. Les mendiants
n'ont pas de plus sûr moyen d'attendrir les passants que de dire qu'ils n'ont pas de quoi se faire
enterrer convenablement, et le plus beau cadeau
qu'on puisse faire à un ami, c'est de lui acheter un
cercueil[2].

Le code chinois punit sévèrement l'impiété envers
les morts. La violation des tombeaux est au nombre
des dix crimes capitaux et irrémissibles[3].

[1] *Dictionnaire des Religions*, de l'abbé Migne.
[2] V. le *Dictionnaire des Religions*, de l'abbé Migne, et une
note qui confirme ces renseignements dans le *Journal officiel* du
30 janvier 1875.
[3] Extrait du *Journal officiel* du 21 novembre 1874.

Les mêmes cérémonies religieuses ont lieu dans la Tartarie et le Thibet. Là aussi, quand une personne est malade, on récite des prières, « car Bouddha, disent les indigènes, est le maître de la vie et de la mort, et c'est lui qui règle la transmigration des êtres[1]. » Ce sont les prêtres, *les lamas*, dont le nombre est considérable, qui président à la pompe funèbre.

Ce devoir est également rempli dans le royaume de Siam par les prêtres, *les talapoïns*.

Au Japon, qui compte quatre-vingt-dix-huit mille temples de Bouddha pour trente-trois millions d'habitants[2], la procession des bonzes offre le coup d'œil le plus pittoresque. Revêtus de leur surplis jaune, les uns munis de longues cannes, à l'extrémité desquelles flottent des banderoles portant le nom de quelque divinité, les autres agitant dans l'air des fleurs en papier, symbole de l'arrivée du défunt au séjour des bienheureux, ces prêtres se dirigent vers le lieu de l'incinération. Une musique bruyante, des chants, des cris, les accompagnent. Sous un ciel à chaque instant sillonné d'éclairs, l'immense procession s'ébranle, se déroule et serpente sur les hauteurs où l'on a dressé le bûcher

[1] M. Huc, *Voyage dans la Tartarie et le Thibet*, I.
[2] *Journal officiel* du 23 juillet 1874.

funèbre. Le chef des bonzes en fait trois fois le
tour, trois fois il passe sur sa tête une torche en-
flammée et la jette à terre. Le plus proche parent
la ramasse et allume le bûcher [1].

Au Bengale, c'est le prêtre, le *rouley*, qui, suivi
de ses nombreux disciples, préside à la solennité des
obsèques.

M. Péal, voyageur anglais, qui a visité récemment les tribus asiatiques les plus lointaines entre
le Bengale, la Birmanie et la Chine, a constaté que
« chaque village possède deux prêtres, *déoris*, dont
le devoir est d'ensevelir les morts et de les accompagner à leur dernière demeure [2]. »

Dans l'Afrique occidentale, en Guinée, sur la Côte
des Esclaves, la religion des noirs n'est qu'un hi-
deux fétichisme. Les habitants de ces contrées sauvages chargent leurs prêtres d'offrir des sacrifices
aux fétiches qui doivent conduire les morts dans
l'autre vie. Mais nulle part le fanatisme religieux
n'engendre de plus grands excès. Au Dahomey,
qui échappe à peine aux horreurs de l'anthropophagie,
le culte des morts reflète le caractère sombre et
féroce des indigènes. Comme aux temps les plus
reculés de la barbarie antique, c'est par des sacri-

---

[1] *Dict.* de l'abbé Migne, *loc. cit.*
[2] *Journal officiel* du 1er août 1872.

fices sanglants qu'on apaise les mânes du défunt.
Dans le silence de la nuit, les *cabécères*, ou chefs
des féticheurs, se dirigent vers la forêt mystérieuse, dont les taillis épais doivent étouffer les
cris des victimes. Arrivés aux bords de la fosse, ils
offrent à leurs monstrueuses divinités le sang inno-
cent qu'ils vont répandre ; et, s'il s'agit d'un prince
ou d'un guerrier célèbre, ils pensent que pour honorer sa sépulture ce n'est pas trop que cinq ou six
personnes tombent alors sous leurs coups[1].

Si de l'ancien monde nous passons dans le nouveau, il nous suffira d'y faire une observation générale. Là, en effet, on se trouve en présence de la
plus grande diversité, et, en même temps, de la plus
grande liberté des cultes. Que les libres penseurs
ne se hâtent pas d'en conclure que l'athéisme doit
fleurir sur la terre américaine. « On peut affirmer,
dit M. Laboulaye après Alexis de Tocqueville,
qu'en aucun pays la religion n'est aussi puissante
qu'aux États-Unis. » « En France, ajoute le même
écrivain, il existe un parti qui voudrait bannir de
l'école l'idée et le nom même de Dieu. Cette exclusion

---

[1] V. les études sur le Dahomey publiées par M. Bouche dans
le Contemporain de 1874, et celles de M. de Compiègne dans *le
Correspondant* de la même année. Elles complètent ces faits qui
m'ont été communiqués par M. l'abbé Duniaud, des Missions Afri-
caines.

constituerait l'enseignement laïque. Jamais pareille pensée n'est entrée dans l'esprit d'un Américain. Là-bas il n'est pas un homme politique qui ne déclare hautement que le christianisme est le plus solide fondement de la liberté. On ne croit pas que la république puisse se fonder sans religion [1]. »

La plus grande partie de l'Océanie est encore dans les liens du polythéisme. Mais les plus célèbres navigateurs, Cook, Laplace, Dumont-d'Urville, Duperré, ont constaté que chez les hordes les plus sauvages la croyance à un Être suprême et à une autre vie est universelle [2]. Leur paradis est bien supérieur à celui des musulmans, car c'est le pays des grandes chasses. Rien n'est plus important aux yeux de ces naturels que le culte des morts. Aussi appellent-ils les ministres de la religion à le consacrer. Souvent le sacerdoce est héréditaire. Quelquefois les prêtres joignent le glaive à l'encensoir, et leur influence est si grande qu'ils sont au-dessus des rois.

Dans les îles Philippines, on offre des sacrifices aux mânes des ancêtres, et ce sont des prêtresses qui y président, la lance à la main.

[1] *Revue des Deux Mondes*, p. 733, 739. 1873.

[2] On peut consulter les travaux sur l'Océanie publiés par M. de Rienzi dans l'*Univers pittoresque*. Il a mis à profit lui-même les récits des illustres voyageurs que je viens de nommer.

A Taïti, la reine de l'Océan Pacifique, toute parée de ses vertes prairies et de ses riantes lagunes, on rencontre à chaque pas des *moraï* (cimetières), dont les autels prouvent que chez ces insulaires la meilleure manière d'honorer les morts est d'invoquer les dieux. Le capitaine Cook rapporte qu'il a vu les prêtres accompagner les corps aux moraï.

A la Nouvelle-Zélande les prêtres, les *Arikis*, célèbrent par des cérémonies pieuses les événements les plus importants de la vie : la naissance, le mariage et la mort. Ils font des purifications après les funérailles, et au moyen du *tabou*, ils placent le défunt sous la protection des dieux.

Autrefois les sauvages remplissaient leurs devoirs funèbres en immolant des victimes humaines. Ces sacrifices sanglants ont presque partout disparu. Ce sont les missionnaires chrétiens qui ont arraché les peuples idolâtres à ces superstitions cruelles. Combien ont payé de la vie leur dévouement sublime ! Ils reposent maintenant loin de nous sur la terre étrangère qu'ils ont évangélisée au prix de leur sang, et leurs tombes n'ont pas même un saule ou un cyprès pour les ombrager ! Mais qui ne saluerait avec respect vos tombes sacrées, ô vaillants ouvriers de l'Évangile, héroïques pionniers de la civilisation chrétienne? Qui donc, en les voyant, ne

serait pas ému d'admiration et de reconnaissance ?
A la voix de Celui qui a voulu qu'on enseignât tous
les peuples, vous avez renoncé aux biens les plus
chers. Amis, famille, foyer, patrie, vous avez tout
quitté. Comme l'Apôtre des nations, pour conquérir
des âmes à Jésus-Christ, vous n'avez reculé ni devant l'immensité des mers, ni devant les solitudes
glacées du pôle, ni devant les sables brûlants du
désert. Comme lui enfin, vous avez pu sur ces plages
lointaines, souillées par le culte des idoles, élever
des autels au Dieu inconnu d'un si grand nombre de
païens. L'histoire vous fait une place glorieuse dans
ses annales, et elle dit que, si vous avez bien mérité
de l'Église, vous n'avez pas moins bien mérité de
l'humanité.

Au moment où nous achevons cette rapide es-
quisse des coutumes funèbres de tous les peuples,
et avant de passer à l'examen des rites admirables
de la religion catholique, une réflexion essentielle se
dégage de nos études et en est la conclusion. L'idée
de la prière et du sacrifice pour les morts est une idée
générale, universelle. Elle règne partout, dans l'antiquité comme dans le monde moderne, chez les nations les plus civilisées de l'Europe comme chez les
sauvages les plus dégradés de l'Océanie et de
l'Afrique. Sous les formes les plus variées, les plus
diverses : ici, revêtue d'un caractère bizarre, su-

perstitieux et sanglant; là, pure, noble, élevée, cette tradition religieuse nous apparaît, portant, si j'ose ainsi parler, l'empreinte de la grandeur de l'univers qu'elle remplit et de la majesté des siècles qu'elle a traversés. Qu'est-ce à dire, sinon qu'elle exprime un besoin vrai, profond, permanent de l'humanité ?

Qu'importe qu'à des heures d'égarement et de vertige la France, oubliant un instant sa mission providentielle et son antique devise : *Gesta Dei per Francos*, ait fait entendre une voix dissidente dans cet accord universel ? N'a-t-elle pas expié ses fautes ? N'est-elle pas toujours la fille aînée de l'Église ? Qu'importe qu'en des jours de sinistre mémoire les Clootz et les Chaumette aient voulu remplacer dans nos cimetières la croix, l'auguste image du sacrifice, par la froide statue du Sommeil, symbole de la mort sans espérance ? Qu'importe qu'aujourd'hui même leurs disciples attardés, n'ayant d'autre perspective que le néant, s'écrient : Plus de Dieu et plus de prêtres ? La grande voix des peuples couvre ces clameurs éphémères et impuissantes, et, sur tous les points de l'espace et du temps, l'humanité marche au terme où la Providence la conduit, en répétant : L'homme ne peut vivre sans Dieu et sans autel.

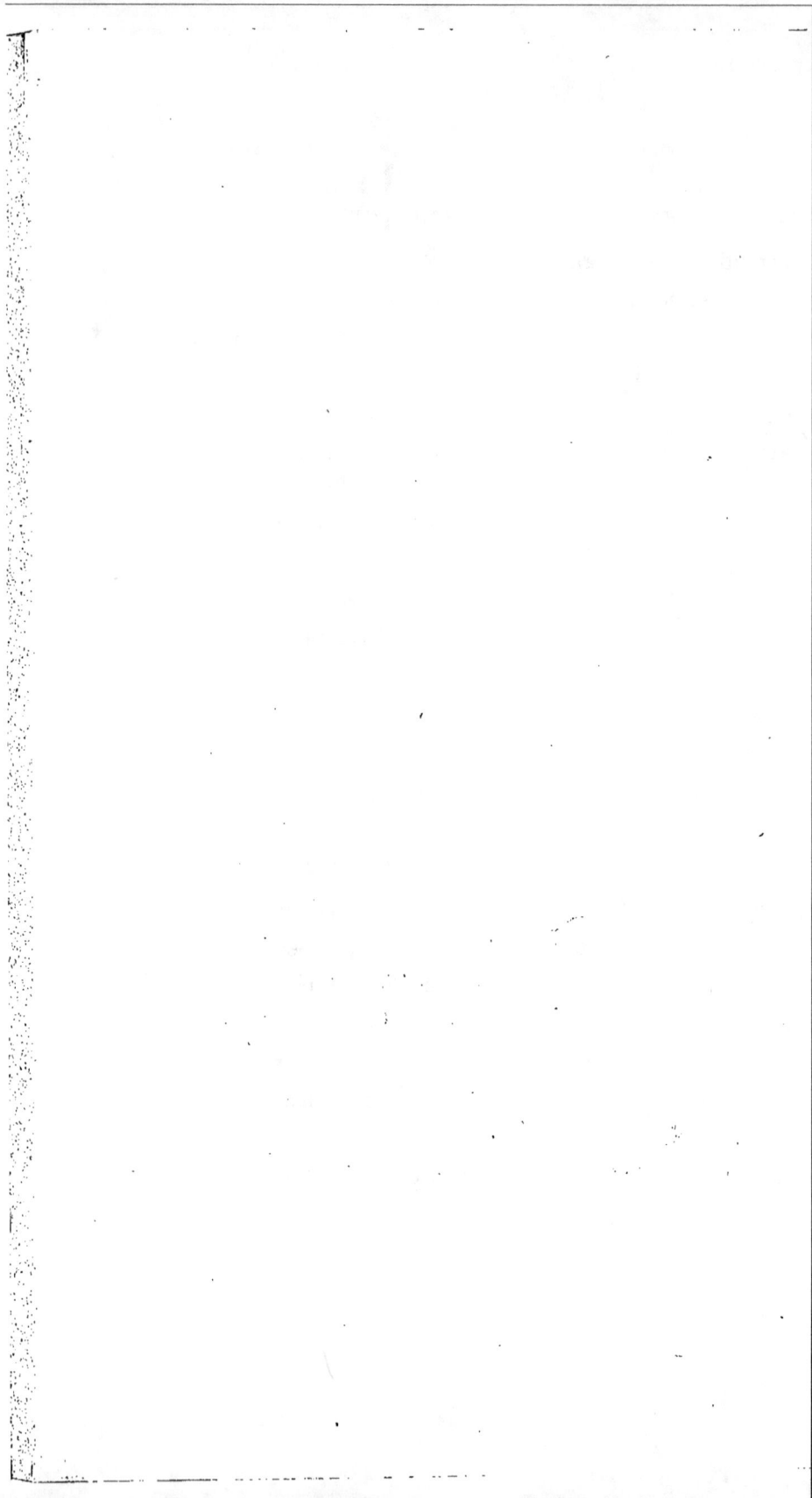

CHAPITRE III

Au livre des *Lamentations*, le prophète Jérémie nous parle d'une voix plaintive qui s'est élevée dans Rama, la voix de Rachel pleurant ses fils. Il nous fait entendre ses gémissements et ses sanglots, et il ajoute : « Elle ne voulut pas se consoler, parce qu'ils n'étaient plus ; *Et noluit consolari, quia non sunt.* »

C'est bien là le cri de la douleur maternelle, tel qu'il retentit sans cesse, hélas ! dans l'humanité. Tous aussi, lorsque nous perdons une personne qui nous est chère, nous tombons dans une indicible tristesse, qu'on cherche vainement autour de nous à soulager. En ce jour de deuil, où la mort vient visiter notre foyer, nous comprenons le néant des

consolations humaines. Quiconque a connu ces heures d'épreuve sait bien que la religion seule peut
alors, par ses divines promesses, apporter quelque
baume à nos souffrances. Le temps, quoi qu'on en
dise, ne peut rien sur les grandes infortunes. Il y a
des blessures qu'il n'a jamais cicatrisées ; il y a des
vides qu'il n'a jamais comblés. J'ai vu des afflictions
profondes résister à sa longue action, comme ces
rochers séculaires que l'Océan ne cesse d'assaillir et
qu'il est impuissant à ébranler.

Mais c'est le mourant surtout qui ressent l'ineffable bienfait des consolations religieuses. Voyez
l'Église catholique, et admirez combien elle aime
cet enfant qui va lui être ravi ! Elle le visite sur
son lit de douleur ; elle attache sur lui ses regards
pleins de tendresse ; elle verse dans son âme altérée
la résignation, la paix, l'espérance, qui coulent de
ses lèvres maternelles comme d'une source intaris-
sable ; enfin, elle le munit de ses augustes sacrements, dont le dernier, suivant la parole de Pie IX,
« a la vertu de fortifier l'homme au moment du
grand passage du temps à l'éternité[1]. » Et voilà
que cette âme fidèle s'endort doucement dans le
Seigneur.

[1] Dans sa réponse à l'adresse de l'Association de la Jeunesse catholique italienne, reproduite par le *Journal de Florence* du 26 juin
1873.

Cependant l'Église n'a point achevé sa tâche. A la vérité, c'est le salut de l'âme qui éveille avant tout sa sollicitude, et sa véritable préoccupation est celle de notre éternel avenir. Mais notre corps lui-même a des droits à sa pieuse tendresse. Elle veut l'accompagner jusqu'au champ du repos et faire descendre sur lui ses bénédictions dernières, parce qu'il a été le temple de l'âme, et qu'il doit se réunir à elle au jour de la glorieuse résurrection. « Les honneurs que les chrétiens rendent aux morts, dit saint Augustin, ont pour motif, non pas une importance exagérée que les fidèles attacheraient à des organes périssables, mais la pensée que ces corps appartiennent à Dieu et qu'un jour ils doivent être rendus à la vie [1]. » Suivons donc l'Église dans la solennité des funérailles, étudions ses rites sacrés, essayons d'en déterminer la véritable signification.

La première chose qui nous frappe, c'est le son des cloches, chargées de nous apprendre qu'un des nôtres n'est plus, et qu'on s'apprête à lui rendre les devoirs suprêmes. Quel changement profond ! Ces voix aériennes ne font plus entendre les airs joyeux et animés des jours de fête. Maintenant plaintives et désolées, elles semblent pleurer les morts. Écoutez le glas lugubre. Quelle saisissante har-

---

[1] La *Cité de Dieu*, liv. XII, ch. XIII.

monie! Comme ils sont doux et tristes, ces sons funèbres, ondulant lentement dans la plaine, et se traînant en quelque sorte jusqu'à nous! Ils ne montent que pour s'affaisser et s'éteindre, semblables aux dernières clartés du jour, qui vont se perdre dans les profondeurs de la nuit. Ne sont-ils pas aussi l'image de la vie, qui fuit si vite?

Plusieurs cantons de la Suisse, notamment celui de Fribourg, ont une touchante coutume[1]. On sonne les cloches pour les agonisants. Qui n'admirerait ici la charité chrétienne? Les catholiques s'associent ainsi à la douleur d'une famille qui va perdre l'un des siens, et ils réunissent leurs prières à celles du mourant et de ceux qui l'entourent. L'airain sacré porte au loin la triste nouvelle. Debout sur la roche escarpée, en face du géant des Alpes et de ses glaciers éternels, le pâtre entend tout à coup le son funèbre. Alors il s'agenouille et il invoque pour celui qui va mourir la miséricorde d'un Dieu dont la puissance éclate en tant de merveilles sous ses yeux.

L'emploi des cloches date du sixième siècle[2]. On l'a critiqué au nom de la liberté, qu'on invoque toujours quand il s'agit de porter atteinte à la liberté

[1] Elle existe aussi dans plusieurs paroisses de France.
[2] V. le *Dictionnaire des antiquités chrétiennes*, de l'abbé Martigny.

du culte catholique. L'impie, j'en conviens, doit trouver cette messagère des morts importune. Mais, pour peu qu'on veuille y réfléchir, on reconnaîtra combien il importe à la société qu'au milieu du tourbillon des affaires humaines, une voix solennelle vienne quelquefois nous rappeler que la vie est chose fragile, et qu'en elle nous ne devons pas placer tous nos vœux, toutes nos espérances.

L'heure des obsèques a sonné. La pompe religieuse se déroule. Revêtu de ses ornements sacrés, le prêtre se dirige vers le domicile du défunt. Il reçoit le mort des mains de sa famille éplorée, le bénit et le conduit dans la maison du Seigneur. La croix, sur laquelle ce chrétien fut racheté, marche devant lui. Ses parents, ses amis le suivent, dans le recueillement et le silence. Seule l'Église a la parole pour adresser au ciel ses prières et pour faire entendre ses chants dont la mélodie si simple est d'une beauté incomparable. Le passant s'arrête et se découvre, saluant, comme on l'a dit avec éloquence, non pas la mort, mais l'immortalité.

Le temple s'ouvre et voit entrer une dernière fois sous ses voûtes le croyant fidèle. Les longs voiles noirs qui couvrent le sanctuaire nous prouvent que l'Église s'associe à nos peines, à nos tristesses. Et toutefois, à côté des signes de deuil, elle place ceux de l'espérance. Les flambeaux brillent autour du cercueil, pour exprimer que tout ne meurt pas en nous, que l'âme survit à la dissolution des organes et qu'elle passe des ténèbres à la lumière. On les plaçait déjà sur les tombes des martyrs dans les catacombes ; et, dès le quatrième siècle, leur usage était général[1]. Quant à ceux qui brûlent sur l'autel, ils signifient que Jésus-Christ est la vraie lumière qui doit éclairer l'humanité[2].

Mais ce sont surtout les prières de l'Église qui révèlent son ardent amour des âmes, son invincible foi dans la justice et dans la miséricorde divines. Pour les exprimer dignement, l'Ancien et le Nouveau Testament lui ont fourni des textes admirables. Lorsque au fond du sanctuaire retentissent les redoutables vérités du christianisme, lorsque les orgues mêlent leur voix puissante aux chants funèbres, lorsqu'on voit tous les fronts s'incliner devant le souverain maître de la vie, on éprouve une émotion profonde que la vraie religion est seule capable d'inspirer. L'étude de l'office des morts ferait le sujet d'un beau livre. Je dois me borner ici à quelques citations, qui suffiront, je l'espère, pour en donner une idée.

Le psaume *de Profundis* ouvre la voie des prières

[1] V. Hornstein, *les Sépultures*, p. 97.
[2] Hornstein, *ibid.* — V. aussi le *Dictionnaire des antiquités chrétiennes*, de l'abbé Martigny.

et des chants sacrés. Et, en effet, sur le bord du tombeau dans lequel un des nôtres va descendre, à la vue de l'abîme d'iniquités et de misères où nous sommes plongés, le premier cri de l'âme n'est-il pas celui-ci : « Des profondeurs de l'abîme, je crie vers vous, Seigneur ! Seigneur, écoutez ma voix[1] ? » En ce moment solennel, deux pensées remplissent l'esprit. Ce sont précisément celles que développe le psaume CXIX. « A ne voir que nos iniquités, comment affronter la justice divine [2] ? — Mais le Seigneur est miséricordieux, et nous trouvons dans son sein une source abondante de salut[3]. — C'est lui-même qui payera la rançon de nos iniquités[4]. »

Le psaume L, qui suit, est un des plus beaux de David. Il commence par ce verset célèbre : « Ayez pitié de moi, mon Dieu ; j'ai tant besoin de votre infinie miséricorde[5] ! » Les larmes du repentir, la main de Dieu qui les essuie, l'âme du pécheur qui, au souffle du pardon, « devient plus blanche que la

[1] *De profundis clamavi ad te, Domine ; Domine, exaudi vocem meam.*

[2] *Si iniquitates observaveris, Domine, Domine, quis sustinebit?*

[3] *Apud Dominum misericordia, et copiosa apud eum redemptio.*

[4] *Et ipse redimet Israel ex omnibus iniquitatibus ejus.*

[5] *Miserere mei, Deus, secundum magnam misericordiam tuam.*

neige[1], » voilà en quelques mots le tableau saisissant
tracé par le Roi-Prophète.

Dans quelques rites on chante, en allant à l'église,
des strophes tirées du psaume LXVIII. Rien de plus
simple et de plus grand que ces paroles ; rien de plus
émouvant que les chants religieux qui les accompagnent. La foi seule, en présence de la mort qui nous
glace d'épouvante, peut trouver ces inspirations sublimes. Il y a là des accents d'une tristesse déchirante,
qui ont échappé au génie des plus grands maîtres.
L'âme du pécheur, captive de ses ennemis, implore
sa délivrance et supplie le Seigneur de lui tendre une
main secourable[2]. Ses gémissements et ses plaintes
douloureuses s'exhalent dans une sombre mélodie.
Tantôt l'âme se repose dans les suaves visions de la
bonté divine, et le chant se colore d'une teinte mé-
lancolique et douce. Tantôt elle retombe dans l'angoisse ; on n'entend plus que ses cris de détresse,
et le chant reprend son allure véhémente et terrible.

La messe des morts date des premiers temps du
christianisme. Saint Augustin nous apprend qu'elle
fut célébrée aux funérailles de sa mère. « Le jour
de sa mort étant proche, dit-il, ma mère ne pensa

---

[1] *Super nivem dealbabor.*
[2] *Libera me, Domine, ab iis qui oderunt me... Intende animæ*
meæ et libera eam.

point à se faire somptueusement ensevelir; elle pria
seulement de se souvenir d'elle au sacrifice de l'autel auquel elle avait assisté avec une dévotion particulière tous les jours de sa vie[1]. » Le saint sacrifice
commence par ces paroles solennelles, qui reviennent si souvent dans la liturgie, parce qu'elles résument toutes les aspirations de l'âme chrétienne :
« Donnez-leur, Seigneur, un repos éternel, et que
la lumière brille à jamais pour eux[2]. » Repos et lumière, voilà ce que l'Église demande à Dieu pour
ses fidèles. C'est demander la possession de Dieu
lui-même; car, comme le fait remarquer un savant
archéologue[3], dans un très-grand nombre de textes
sacrés, Jésus-Christ est appelé *lumière*. L'inscription grecque d'Autun le désigne ainsi : *lumière des
morts;* φως των θανατων. Un abîme sépare la religion
chrétienne du paganisme, qui ne voyait au delà de
la mort que des ténèbres. On a retrouvé en effet
beaucoup d'épitaphes romaines ainsi conçues : « Ici
je gis dans les ténèbres ; — Elle gît dans les ténèbres[4]. »

---

[1] *Confess.*, liv. IX, chap. XIII.

[2] *Requiem æternam dona eis, Domine; et lux perpetua luceat
eis.*

[3] L'abbé Martigny, *Dictionnaire des antiquités chrétiennes,*
p. 380.

[4] *Hic jacco in tenebris; hæc jacet in tenebris.* — V. l'abbé Martigny, *ibid.*

A l'épître, la voix de saint Paul se fait entendre pour proclamer le dogme consolant de la résurrection des morts. « Il ne faut pas, dit l'Apôtre des nations, que vous vous abandonniez à la tristesse, comme ceux qui n'ont point d'espérance ; car si nous croyons que Jésus est mort et est ressuscité, nous devons aussi croire que Dieu réunira avec Jésus ceux qui seront morts en lui... Consolez-vous donc les uns les autres par ces vérités[1]. »

Qui ne connaît le *Dies irœ*, l'hymne de la mort, le chant des colères célestes et de l'infinie miséricorde ? J'ai vu à Rome le *Jugement dernier* de Michel-Ange, et j'ai admiré le chef-d'œuvre de ce grand peintre. Mais, je l'avoue, il est loin de m'avoir impressionné comme le tableau du *Dies irœ*, du *jour de la colère*, jeté par une main inconnue dans la solennité de nos funérailles. Ce juge souverain qui paraît[2], cette trompette qui sème l'effroi dans les régions de la mort[3], ce livre sur lequel tout est écrit[4], cette foule tremblante courbée devant le trône de la majesté divine[5], quel spectacle ! Il saisit l'âme et

---

[1] *... Deus eos, qui dormierunt per Jesum, adducet cum co... Itaque consolamini invicem in verbis istis.*

[2] *Quando judex est venturus.*

[3] *Tuba mirum spargens sonum per sepulcra regionum.*

[4] *Liber scriptus proferetur.*

[5] *Rex, tremendœ majestatis... coget omnes ante thronum.*

la remue profondément. Tout à coup la sombre
terreur, qui planait sur nous, s'efface et disparaît
dans une douce et pure lumière. On entendait, il
n'y a qu'un instant, comme un vent d'orage déchaîné
sur les tombeaux; et le sceptique, qu'un devoir
funèbre conduisait pour la première fois dans le
temple, avait frissonné. Maintenant on n'entend
plus que des soupirs qui montent lentement vers
le ciel. Prêtez l'oreille. Écoutez la voix du pécheur,
dont le cœur est brisé par le repentir[1]. « Seigneur,
dit-il, vous avez tant aimé mon âme, que vous êtes
mort pour elle! — Vous m'avez racheté sur la
croix! — Que la grande œuvre du Calvaire ne soit
pas perdue pour moi! — Appelez-moi au milieu de
vos élus[2]. » Les cieux désarmés n'ont plus qu'à
s'ouvrir pour recevoir cette âme repentante. Et
cependant elle tressaille encore d'angoisse, tant est
grande la terreur du dernier jour, du jour des
larmes[3]! Elle n'entre enfin dans l'éternel repos
que lorsque la miséricorde divine descend sur elle.

Nous voici à l'évangile. L'Église ne pouvait
choisir un texte qui fût mieux approprié à la cérémonie des obsèques. C'est le touchant récit de l'en-

---

[1] *Cor contritum quasi cinis.*

[2] *Quærens me, sedisti lassus ; redemisti crucem passus : tan-
tus labor non sit cassus. Voca me cum benedictis.*

[3] *Lacrymosa dies illa.*

tretien de Marthe et de Jésus-Christ, si bien rapporté par l'apôtre saint Jean. Marthe vient de perdre
son frère. Désolée, elle se jette aux pieds du Sauveur : « Seigneur, dit-elle, dans l'élan de la foi la
plus vive, si vous aviez été ici, mon frère ne serait
pas mort. Mais je sais que présentement même Dieu
vous accordera tout ce que vous lui demanderez. »
Jésus-Christ l'accueille avec bonté et la console.
« Votre frère, dit-il, ressuscitera [1]. — Oui, reprend Marthe, je sais qu'il ressuscitera dans la résurrection du dernier jour. — Je suis la résurrection et la vie, ajoute le Sauveur ; celui qui croit
en moi, quand même il serait mort, vivra ; et quiconque vit et croit en moi ne mourra jamais [2]. »

Quelques rites ont une préface spéciale pour les
services funèbres ; celle du diocèse de Lyon est empruntée à saint Paul. On n'entend jamais sans émotion ce magnifique chant de l'immortalité de l'âme.
Ai-je besoin d'insister sur le vide et l'impuissance
des consolations de la philosophie antique en présence de la mort ? Les stoïciens outrageaient la vérité, et du reste ils ne trompaient personne, quand
ils affirmaient que la douleur n'est pas un mal. Ce

---

[1] *Resurget frater tuus.*

[2] *Ego sum resurrectio et vita ; qui credit in me, etiam si mor-
tuus fuerit, vivet ; et omnis qui vivit et credit in me, non mo-
rietur in æternum.*

n'était là qu'une vaine forfanterie dans la bouche de ces théoriciens du suicide. Est-ce que Sénèque ne faisait pas violence aux plus impérieux besoins de la nature humaine en refusant au père le droit de pleurer la mort de son enfant[1] ? Combien le christianisme connaît mieux le cœur de l'homme ! Jésus-Christ pleura sur la tombe de Lazare[2]. L'Église ne condamne donc pas nos larmes ; elle reconnaît avec le grand apôtre tout ce qu'il y a de pénible pour nous dans l'inexorable nécessité de mourir[3]. Mais, à côté de cette légitime tristesse, elle s'empresse de placer les consolations que la foi puise dans la promesse divine de l'immortalité[4]. Pour les croyants, en effet, la mort est un changement de vie, non un anéantissement ; et lorsque leur demeure terrestre est brisée, ils acquièrent une demeure éternelle dans les cieux[5]. Ainsi parle la foi chrétienne, et, en vérité, il faut être bien ennemi de soi-même pour préférer à ces nobles croyances les désolantes négations de l'athéisme.

Non-seulement aux messes funèbres, mais chaque

[1] Liv. XL, 17.
[2] Saint Jean, xi, 35.
[3] *Dum naturam contristat certa moriendi conditio.*
[4] *Fidem consoletur futuræ immortalitatis promissio.*
[5] *Tuis enim fidelibus, Domine, vita mutatur, non tollitur ; et dissoluta terrestris hujus habitationis domo, æterna in cœlis habitatio comparatur.*

fois qu'on célèbre le saint sacrifice, on prie pour
les morts, C'est une tradition qui remonte aux apôtres. Il n'en est pas qui prouve mieux la profonde
sagesse de la religion chrétienne. Lorsque, parvenus au déclin de la vie, nous jetons un regard
derrière nous, nous n'apercevons que des vides et
des rangs éclaircis. Nos parents, nos amis, ont
disparu. Je ne sache rien qui puisse adoucir cette
vue amère, si ce n'est la prière pour ceux que nous
avons aimés, et l'espérance de les revoir bientôt dans
un monde meilleur.

Par elles se renouent les liens qui nous unissaient
à ceux que nous avons perdus. La religion sauve
ainsi les morts de l'oubli. Les adversaires de toute
idée religieuse remplacent aujourd'hui la prière par
un simple souvenir. C'est le mot de leurs invitations,
de leurs inscriptions funèbres[1]. Se souvenir des
morts! oh! cela est noble, généreux. Mais qui donc
peut être sûr de se souvenir longtemps? Notre esprit
est si léger, si mobile! N'est-il pas à craindre que
les impressions de la douleur s'effacent, et que
bientôt, hélas! les pauvres morts soient oubliés?
L'Église a compris ce danger. Elle ne nous dit pas
seulement : Souvenez-vous des morts; elle nous

[1] A Lyon les lettres d'invitation aux enterrements civils portent
ceci : *un Souvenir ;* à Paris: *Hommage à sa mémoire.*

oblige encore à prier pour eux; elle leur assure
notre souvenir, en l'élevant à la hauteur d'un devoir chrétien. Enfin les docteurs sont unanimes à
enseigner que les âmes des fidèles trépassés reçoi-
vent un soulagement de nos prières. Et voilà pourquoi on supplie le Seigneur de ne point oublier ses
serviteurs, ses servantes [1], et de les admettre dans
le lieu où règnent la fraîcheur, la lumière et la
paix [2].

Le *Pater*, qu'on dit ensuite, nous a été dicté,
comme on le sait, par Jésus-Christ lui-même. C'est
dans cette prière que se trouvent ces mots devenus
depuis tant de siècles l'expression la plus parfaite de
la résignation chrétienne en face de la mort : « Seigneur, que votre volonté soit faite [3]. »

Lorsque l'office a lieu le soir, on chante, aux
vêpres, des psaumes qui sont bien en harmonie
avec la solennité funèbre. Alors s'élève la voix
inspirée du Roi-Prophète. Nul n'a mieux connu que
David le cœur humain et ses misères [4]. Nul n'a
trouvé de plus beaux accents pour exprimer le lan-

---

[1] *Memento, Domine, famulorum famularumque tuarum.*

[2] *Locum refrigerii, lucis et pacis.*

[3] *Fiat voluntas tua.*

[4] V. M. Wallon, p. 233, t. Ier de la 2e édition de son livre : *la
Sainte Bible résumée dans son histoire et dans ses enseignements.*

gage intime et mystérieux de l'âme, ses élans vers Dieu, ses épanchements dans le sein de la bonté suprême. Si, comme l'a dit un critique éminent, « la poésie lyrique naît de l'émotion d'une âme ébranlée et frémissante comme les cordes d'une lyre[1], » nous avons sous les yeux les chefs-d'œuvre de cette poésie. Car jamais, dans aucun poëme, on n'a peint sous de plus vives couleurs les amertumes, de cette vie et les félicités éternelles, les saintes larmes de la pénitence et la grandeur des miséricordes divines. Ici ce sont des cris de détresse, là des cris d'espérance. Tantôt, sous le poids de ses fautes, l'âme s'affaisse et disparaît dans l'abîme ; tantôt, au souffle du repentir, elle se relève et prend son vol vers le ciel.

Le psaume CXIV nous représente l'humanité aux prises avec les maux qui l'assiégent de toutes parts. Sur le chemin de la vie, elle n'a trouvé que tribulations et douleurs[2]. Elle est maintenant enveloppée par les souffrances de la mort[3]. Que peut-elle faire, sinon appeler le Seigneur à son aide[4] ? Que peut-elle demander, si ce n'est la délivrance[5] ? Et voici

[1] M. Villemain.
[2] *Tribulationem et dolorem inveni.*
[3] *Circumdederunt me dolores mortis.*
[4] *Nomen Domini invocavi.*
[5] *O Domine, libera animam meam.*

que le Seigneur prête l'oreille[1] ! Il entend les prières qui montent jusqu'à lui[2]. Ainsi le pécheur n'a eu qu'à s'humilier sous la main divine pour être sauvé[3].

Le psaume CXIX exprime les mêmes pensées. Le premier verset est d'une concision sublime : « J'ai crié vers le Seigneur dans ma détresse, et il m'a exaucé[4]. » Épreuve, prière, délivrance : en trois mots, voilà la destinée humaine. Écoutez ce gémissement profond qui, depuis, a été celui de tant d'âmes saintes dans leurs ardentes aspirations vers le ciel : « Hélas! que mon exil est long[5] ! »

On remarque dans le psaume CXX l'insistance avec laquelle le psalmiste parle de la nécessité de la protection divine : « Qu'elle ne cesse de planer sur vous, dit-il, depuis le jour où vous entrez dans la vie jusqu'au jour où vous en sortez[6]. » Toute la doctrine de la sépulture religieuse est dans ce mot.

Ce psaume est encore l'hymne de la douleur. Au milieu de ses souffrances, qui sont les nôtres, le Prophète se demande d'où pourra venir le secours dont il a tant besoin, et alors il élève ses regards

---

[1] *Inclinavit aurem suam mihi.*
[2] *Exaudiet vocem orationis meæ.*
[3] *Humiliatus sum, et liberavit me.*
[4] *Ad Dominum, cum tribularer, clamavi; et exaudivit me.*
[5] *Heu mihi! quia incolatus meus prolongatus est.*
[6] *Dominus custodiat introitum tuum et exitum tuum*

vers les montagnes[1]. Je n'en suis pas étonné.
N'avait-il pas devant lui le Sinaï, dont le front
rayonnait des lumières de la première révélation?
N'entrevoyait-il pas dans un avenir béni la mon-
tagne du haut de laquelle le Sauveur devait enseigner les vraies béatitudes, le Thabor avec ses clartés éblouissantes, et le Golgotha sur lequel le sang
divin devait couler pour la rédemption du monde?

Le psaume CXXXVII ne diffère pas des précédents.
C'est toujours le même spectacle : une âme qui
pleure, un Dieu qui console. Le psalmiste prend la
parole pour épancher les sentiments de reconnaissance dont son cœur est plein[2]. « Seigneur, dit-il,
vous avez entendu ma prière[3]. — Le chemin de la
vie est semé d'épreuves[4]. — Chaque jour j'implo-
rerai votre secours ; exaucez-moi[5]. — Ne méprisez
point l'ouvrage de vos mains[6]. »

Le psaume CXLV trace en traits saisissants le
tableau de la justice divine. « Ne placez point votre
confiance, dit le Prophète, dans les puissances de ce
monde, dans les enfants des hommes. Le salut n'est pas

---

1 *Levavi oculos meos in montes, unde veniet auxilium mihi.*
2 *Confitebor tibi, Domine, in toto corde meo.*
3 *Quoniam audisti verba oris mei.*
4 *Si ambulavero in medio tribulationis...*
5 *In quacumque die invocavero te, exaudi me.*
6 *Opera manuum tuarum ne despicias.*

là[1]. — Au jour du jugement seront dispersés, anéantis tous les projets des impies[2]. Dieu, c'est la justice, la bonté[3], la lumière, l'immuable foyer de la vérité[4]. Il chérit les justes et couronne les élus[5]. »

Le *Magnificat* est si connu, que je n'ai pas à en présenter l'analyse. Bornons-nous à faire observer que ce beau cantique de la sainte Vierge, glorifiant la miséricorde divine, est bien placé dans la bouche des fidèles en un jour de deuil où ils font appel à cette souveraine miséricorde.

Je regrette de ne pouvoir donner plus de développement à l'étude de la liturgie catholique dans les cérémonies funèbres. Tous les textes mériteraient d'être cités. Nous nous demandons souvent : Qu'est-ce que l'homme, qu'est-ce que la vie ? Eh bien, quelques mots suffisent aux écrivains sacrés pour résoudre ces difficiles problèmes ; et les images dont ils se servent sont si vraies, qu'elles ont passé dans toutes les langues, et qu'on a renoncé à en

---

[1] *Nolite confidere in principibus, in filiis hominum, in quibus non est salus.*

[2] *In illa die peribunt omnes cogitationes eorum. — Dominus... viis peccatorum disperdet.*

[3] *Facit judicium injuriam patientibus ; dat escam esurientibus.*

[4] *Illuminat cæcos... Custodit veritatem in sæculum.*

[5] *Diligit justos... Erigit elisos.*

chercher d'autres pour exprimer les mêmes pensées.

« L'homme, né de la femme, vit peu de jours, et
sa vie est pleine de misères. — Il disparaît comme
le flot. — Il fuit comme l'ombre. — C'est une
feuille que le vent emporte. — Il ne reste jamais
dans le même état. — Ses jours sont comptés. Vous
en avez fixé le terme, Seigneur, et personne ne
peut le dépasser [1]. »

Comment mieux peindre l'amour de l'âme pour
Dieu que par cette suave comparaison du Roi-
Prophète : « Mon âme vous désire, ô mon Dieu,
comme le cerf haletant désire l'onde fraîche et
limpide [2]. »

Qui a mieux décrit que Job la rapidité de la
vie, le néant de nos préoccupations purement humaines ? « Mes jours se sont écoulés, dit-il, mes
projets ont été renversés et mon cœur en est déchiré [3]. » Mais aussi qui a mieux affirmé la résurrection glorieuse, et, en plaçant le bonheur des
élus dans la possession de Dieu lui-même, enflammé
notre âme de plus vives espérances ? « Oui, s'écrie
Job, je sais que mon Rédempteur est vivant, que je

[1] Job, XIV.
[2] Ps. XLI.
[3] *Dies mei transierunt ; cogitationes meæ dissipatæ sunt, tor-
quentes cor meum* (Job, XVII, 11).

ressusciterai au dernier jour, que je reprendrai mon propre corps, et qu'ainsi revêtu de ma propre chair, je verrai mon Dieu face à face. C'est là l'espérance que j'ai, et qui reposera toujours dans mon cœur [1]. »

L'office se termine par l'importante cérémonie de *l'absoute*. Le clergé se rend processionnellement autour du cercueil et l'enveloppe en quelque sorte de ses prières. L'eau sainte descend sur le défunt pour le purifier de ses souillures ; l'encens répand ses parfums sur cette dépouille mortelle qui doit

---

[1] *Scio quod Redemptor meus vivit, et in novissimo die de terra surrecturus sum; et rursum circumdabor pelle mea, et in carne mea videbo Deum meum!... Reposita est hœc spes mea in sinu meo* (Job, XIX, 25 et suiv.).

Comment se peut-il que des orientalistes aussi savants que MM. Derembourg et Renan aient osé soutenir en plein Institut que l'idée de l'immortalité de l'âme *répugnait à l'esprit positif des Hébreux ?* Comment se peut-il qu'à l'appui de leur thèse ils aient précisément indiqué le livre de Job qui, ainsi qu'on le voit, leur donne un éclatant démenti ? Comme on pourrait croire que j'exagère, je cite textuellement le compte rendu de l'Académie des Inscriptions et Belles-Lettres.

« Si, dit M. Derembourg, la pensée de la vie future et des récompenses qu'elle promet aux justes se fût un instant présentée à l'esprit de cet homme de bien, aussi cruellement éprouvé, comment expliquer les plaintes amères et désespérées que lui arrachent ses tourments ? »

« Le livre entier de Job, dit M. Renan, proteste contre l'opinion de ceux qui voient, dans certains textes bibliques, des allusions à la vie future. Comment admettre la croyance à cette vie, chez Job

être un jour revêtue d'immortalité ; et, plus doux, plus humble, plus suppliant que jamais, se fait entendre une dernière fois le *Kyrie eleison*.

L'Église accompagne le corps jusqu'au lieu de la sépulture. Pendant le trajet, le prêtre prie encore pour le défunt, et la liturgie conserve le même caractère dont elle est empreinte depuis le commencement des obsèques. On parle quelquefois de l'uniformité, de la monotonie des chants du culte catholique. C'est n'en comprendre ni la grandeur ni la beauté. Pour moi, j'admire la religion qui maintient jusqu'à la fin de la cérémonie funèbre l'harmonie majestueuse qu'elle a voulu mettre, en ce jour de deuil, entre ses rites sacrés et notre légitime dou-

---

malheureux, éprouvé par des infortunes imméritées, lorsque PAS UN MOT D'ESPOIR *ne sort de la bouche de ce juste, pour faire appel à la miséricorde et à l'équité divines dans un monde meilleur ?* » (Séances des 28 février et 7 mars 1873. — *Journal officiel* des 4 et 11 mars 1873.)

Voilà cependant à quel excès d'aveuglement la passion antireligieuse peut entraîner ! Mais il n'y a pas que le passage de Job qui renverse le système de MM. Deremberg et Renan. On pourrait citer cent autres textes qui en font justice. Que répondront-ils, par exemple, à ce verset de Daniel, si bien placé par la liturgie lyonnaise dans son office funèbre : « *Qui dormiunt in terræ pulvere evigilabunt : alii in vitam æternam, et alii in opprobrium, ut videant semper;* ceux qui dorment dans la poussière de la terre se réveilleront, les uns pour la vie éternelle et les autres pour un opprobre éternel, qu'ils auront toujours devant les yeux. » (Daniel, XII, 2.)

leur. Notre âme n'est-elle pas un instrument qui
rend toujours les mêmes sons ? Lorsque la souffrance
la visite, n'exhale-t-elle pas à chaque instant les
mêmes soupirs, les mêmes gémissements? Est-ce
que la mère qui vient de perdre son enfant ne se
complaît pas dans l'incessante répétition de ses plaintes, et, quand sur les ailes de la foi elle s'élève
jusqu'à lui dans le ciel, ne se complaît-elle pas encore dans ces ineffables visions qui la font tressaillir
d'allégresse ?

Reprocher à l'Église la prétendue monotonie de
ses chants liturgiques, ce n'est pas seulement mé -
connaître les besoins de notre âme, c'est oublier les
lois de la nature et ses plus belles harmonies. Jetez
les yeux autour de vous et voyez si la nature ne se
répète pas sans cesse. L'insecte qui bourdonne dans
l'herbe haute, l'oiseau qui salue de ses chants joyeux
l'aube matinale, la fleur qui s'épanouit aux premiers
regards du soleil, le ruisseau qui scintille et mur-
mure dans la prairie, le torrent qui mugit dans les
profondeurs du ravin, le vent qui ébranle les cimes
des forêts, parlent toujours le même langage. La
voix de l'Océan ne change pas à travers les siècles,
et les cieux ne racontent pas autrement qu'au temps
du Roi-Prophète la gloire de Dieu. Partout et toujours la nature chante le même hymne à la louange
de l'Éternel; et il semble que l'immutabilité du

Créateur se reflète en quelque sorte sur le monde
sorti de sa main.

Le moment arrive enfin où la mission de l'Église
est accomplie. Le cimetière ouvre ses portes à ce mort
qui vient reposer auprès des siens, à l'ombre de la
croix. L'heure de la séparation suprême a sonné, heure
douloureuse ! mais la religion est là pour en adoucir l'amertume. Elle nous dit que ce tombeau si re-
douté ne reçoit, après tout, que notre enveloppe
périssable, pendant que notre âme est déjà dans le
sein de l'infinie miséricorde. « La poussière retourne
à la terre d'où elle était sortie, et l'esprit retourne à
Dieu qui l'a donné [1]. » Et maintenant que la dernière prière et la dernière bénédiction sont descendues sur cette tombe, laissons-la se refermer en
paix ; plantons, si nous voulons, l'if et le cyprès
en témoignage de notre deuil, déposons sur ce sol
vénéré la couronne d'immortelles, emblème de
l'incorruptible couronne. L'Église admet ces pieux
usages ; mais gardons-nous d'oublier la croix, cette
croix auguste et glorieuse qui a vaincu le monde,
et dans laquelle nous devons mettre toute notre espérance.

[1] *Pulvis revertatur in terram suam unde erat et spiritus re-
deat ad Deum qui dedit illum* (Eccl., XII, 7).

CHAPITRE IV

LA SÉPULTURE CIVILE

La religion, nous l'avons vu, préside chez tous les peuples aux solennités funèbres. Partout la prière pour les morts est inséparable des honneurs qu'on leur rend. Mais là, comme dans toutes les sphères de la vie sociale, deux éléments se rencontrent, deux pouvoirs sont en présence, exerçant l'un et l'autre une influence considérable sur notre destinée. Le pouvoir civil et le pouvoir religieux prennent l'homme à sa naissance, le suivent pendant sa vie et veillent même sur son tombeau. Divers dans leur origine, dans leur but, dans leurs moyens d'action, ils aspirent également au gouvernement des peuples, à l'éducation des générations qui se succèdent, à la direction de la civilisation elle-

même. De là des rivalités incessantes et de redoutables conflits. La guerre du sacerdoce et de l'empire n'est point, comme on le croit, particulière à
un temps et à un pays. En réalité, sous des aspects
différents, elle remplit toute l'histoire ; et par ce qui
se passe à l'heure actuelle en Suisse, en Italie, en
Allemagne, on peut juger si c'est une question vi-
tale que celle des rapports de l'Église et de l'État.
L'État doit-il être dans l'Église ? L'Église, au contraire, doit-elle être dans l'État ? La séparation
absolue n'est-elle pas impraticable ? Enfin, la solution du problème n'est-elle pas dans la liberté réciproque et dans la conciliation, chaque puissance
vivant dans sa sphère et, au lieu de se combattre,
s'aidant et se prêtant un mutuel appui ? Ce sont là
des questions vivement débattues, que nous n'avons
point l'intention d'approfondir, encore moins la prétention de résoudre. Nous devons nous borner à constater l'état du droit moderne sur le point particulier qui fait l'objet de nos études. Or ici l'esprit dont
la législation s'est inspirée n'est pas douteux. On
s'est efforcé de tracer une ligne de démarcation
entre les deux pouvoirs. On a cherché à déterminer
les limites de la puissance civile. Elle ne saurait les
franchir sans pénétrer dans le domaine des intérêts
religieux, sans porter atteinte au principe de la liberté de conscience.

Le pouvoir religieux à son tour ne doit point em-
piéter sur les attributions du pouvoir civil. Sans
doute la foi sera libre ; libre aussi sera le culte par
lequel elle s'affirme. Mais ses manifestations extérieures seront soumises à des règles précises dont
les pasteurs et les fidèles ne pourront s'écarter.

Quelles sont ces règles sur la matière qui nous
occupe ?

Lorsqu'un individu meurt, la société civile est
intéressée à prendre certaines mesures d'ordre public. La société, en effet, repose sur la famille et la
propriété. Or la situation des personnes et la possession des biens ne sont pas moins profondément
modifiées par le décès que par la naissance et le
mariage.

La loi prescrit d'abord de dresser un acte pour
constater le décès, et elle indique dans les articles 78
et suivants du code civil les formalités qu'on doit
observer. Un registre spécial est consacré à la te-
neur de ces actes. Ce n'est plus, comme autrefois, le
ministre du culte, c'est l'officier de l'état civil qui
en a la rédaction et la garde.

Sans doute rien n'empêche les pasteurs de tenir
eux-mêmes des registres pour constater les naissan-
ces, les mariages et les décès des fidèles. Mais
« ces registres, n'étant et ne pouvant être relatifs
qu'à l'administration des sacrements, ne peuvent,

12

dans aucun cas, suppléer les registres ordonnés par
la loi pour constater l'état civil des Français. »
(Art. 55 des lois organiques du Concordat.)

Le pouvoir civil intervient encore dans certains
cas, immédiatement après le décès d'une personne,
pour veiller sur sa fortune, sur ses biens, et en assurer la transmission régulière à ses héritiers. Car,
comme le disait le conseiller d'État Thibaudeau
dans son exposé des motifs au Corps législatif, « en
cessant de vivre, l'homme transmet des droits[1]. »
C'est ainsi que, dans le cas où il y a des héritiers
absents, mineurs ou interdits, le scellé doit être
apposé d'office dans le plus bref délai par le juge
de paix, qui peut en être au besoin requis par le
procureur de la République (art. 819 du code civ.;
art. 907 et suivants du code de procéd. civ.)

Enfin le pouvoir civil s'occupe de l'inhumation
du défunt. L'hygiène et la morale publique appellent ici son intervention. Il faut en effet que les
corps soient inhumés, et il est nécessaire qu'ils ne le
soient ni trop tôt ni trop tard. C'est l'objet de l'article 77 du code civil, et du décret du 23 prairial
an XII (12 juin 1804) qui contient les dispositions
les plus détaillées et les plus sages sur les lieux de
sépulture, sur la police des cimetières et sur les
pompes funèbres.

[1] Fenet, t. VIII, p. 271.

. Le législateur veut que les corps soient inhumés et non brûlés; et ceci nous amène à nous expliquer sur cette question de la crémation qui est aujourd'hui l'objet de vives discussions. Il faut d'abord remarquer que la question est, pour le moment, tranchée par la loi. Le décret du 23 prairial an XII, qui est la loi fondamentale en cette matière et qui est toujours en vigueur, n'admet d'autre mode de disposer des restes mortels que l'inhumation. Il faudrait une loi nouvelle pour être autorisé à procéder autrement.

Soit, dira-t-on; on fera une loi nouvelle.

Mais quels motifs allègue-t-on pour demander une si étrange innovation? Comme je n'en vois point de sérieux, je ne puis m'empêcher de reconnaître ici le courant matérialiste de notre époque, et l'application de cette désolante idée, que la mort de l'homme est son anéantissement.

C'est un devoir de ne pas laisser passer de telles erreurs sans les combattre, et cela avec d'autant plus d'énergie qu'elles trouvent des partisans non-seulement chez nous, mais encore en Angleterre, en Suisse, en Allemagne, en Amérique [1].

---

[1] « Il se forme à Zurich une société dont les membres doivent s'engager à ne pas faire enterrer leur corps, mais à le faire brûler; cette idée trouve de nombreuses adhésions, dit-on, et est ouvertement ap-

J'ai dit que les défenseurs de l'incinération ne
présentent aucun motif plausible à l'appui de leur
système. Ils ne peuvent prétexter l'hygiène publique; on l'invoquerait plutôt contre eux. Qui ne voit
combien pourraient être dangereux pour la salubrité
ces établissements funèbres, véritables usines de la
mort, d'où s'exhaleraient sans cesse des gaz délétè-

puyée par la *Gazette d'Andelfingen.* » (*Journal de Genève*, septembre 1873.

« A la dernière séance de la société de médecine de Vienne, disent les journaux autrichiens, il a été formé un comité chargé de
s'occuper d'une question qui est depuis quelque temps assez vivement
agitée en Allemagne, celle de la crémation des corps. Le docteur
Kohn a lu une lettre du bourgmestre et de quelques membres du
conseil communal d'Oberdœbling, qui consentent par testament à
laisser brûler leur corps, si la mesure est approuvée par l'autorité. »
(*Officiel* du 17 février 1874.)

« La manière dont a été accueillie la fameuse proposition de sir
Henri Thompson dans les différents États du monde civilisé donne la
quasi-certitude que la crémation sera bientôt adoptée en remplace-
ment du procédé ordinaire de l'inhumation. La société allemande de
crémation de New-York, qui compte dans son sein quatre cent
cinquante sociétaires, a résolu de construire une salle à cet effet. »
(*The Lancet*, journal médical anglais, septembre 1874.)

Par une délibération reproduite dans le *Journal des Débats* des 16-
17 août 1874, le conseil municipal de Paris a voté la création d'une
vaste nécropole à Méry-sur-Oise, c'est-à-dire tellement éloignée de
la capitale, que, pour s'y rendre, un chemin de fer sera indispensable.

/Par la même délibération, il invite le préfet de la Seine à ouvrir
un concours dans le but de rechercher le meilleur procédé d'incinération des corps, et il annonce l'intention de solliciter une loi autorisant l'usage facultatif de la crémation dans la ville de Paris.

res? Trouverait-on des ouvriers pour ce triste et
périlleux travail? Et, si on en trouvait, l'humanité
n'exigerait-elle pas de les en écarter? Interrogez
les voyageurs qui ont visité les pays où l'on conserve
encore l'usage de brûler les corps. Ils vous diront
que cette coutume n'est pas sans influence sur la
peste et le choléra qui ravagent ces malheureuses
régions. Dans l'Inde, où l'on emploie souvent la
combustion, l'air est quelquefois vicié à plusieurs
milles à la ronde[1].

Très-attaquable au point de vue de l'hygiène publique, l'incinération l'est bien plus encore au point
de vue des traditions, des coutumes des peuples. Ce
serait en effet une grave erreur de croire qu'en brûlant les corps on reviendrait aux mœurs primitives.
C'est le contraire qui est vrai. L'inhumation a précédé la crémation ; et cet usage avait un caractère
profondément religieux dans les pays où il s'est introduit, ce que les novateurs paraissent complète-
ment ignorer.

Jetons les yeux sur ce qui se passait dans l'Inde
bien des siècles avant notre ère. Les *Védas*, on le

---

[1] Observation faite par le docteur Schmitzler à la séance de la
société de médecine de Vienne (Autriche), janvier 1874, où l'on discutait la question.

« Il faudrait, ajoutait-il, que la chimie trouvât un moyen produi-
sant l'innocuité des matières en décomposition. »

sait, sont les recueils des hymnes sacrés des Hindous.
Or le premier de ces recueils, le Rig-Véda, contient le passage suivant :

« O terre, soulève-toi. Ne blesse point ses ossements. Sois pour lui prévenante et douce. O terre,
couvre-le, comme une mère couvre son enfant du
pan de sa robe.

« Que la terre se soulève pour toi ! Que sa poussière t'enveloppe mollement !

« J'amasse la terre autour de toi ; je forme ce
tertre pour que tes ossements ne soient pas blessés.
Que les *Pitris* gardent cette tombe ! Que Yama creuse
ici ta demeure[1]. »

N'est-il pas évident que l'inhumation était pratiquée chez les Hindous à cette époque, c'est-à-dire
quatorze siècles avant notre ère ?

Les bûchers apparaissent seulement avec les lois
de Manou. Encore ce législateur interdit-il formellement la combustion pour les enfants au-dessous de
deux ans.

Même actuellement dans l'Inde la crémation
n'est pas universellement pratiquée. Souvent les
tumulus ont plus de cinq palmes de hauteur, et sur
la côte de Coromandel ce sont quelquefois de véri-

---

[1] *Rig-Véda*, IV, 161. — Les *Pitris*, ce sont les Mânes ; *Yama*,
c'est le juge des morts.

tables pagodes qu'on élève en l'honneur des défunts[1].

Nous avons vu que les Égyptiens, loin de brûler les corps, s'efforçaient en les embaumant de les conserver le plus longtemps possible.

L'inhumation était également la coutume des Perses au témoignage d'Hérodote[2].

On a commis une erreur non moins grave en affirmant que l'incinération était en usage chez les Juifs. Ils ne pratiquaient que l'inhumation, « excepté, dit Münk, pour les suppliciés, auxquels on refusait quelquefois la sépulture et pour lesquels la combustion devait être un surcroît d'ignominie[3]. » Ce qu'on brûlait, ce n'étaient pas les corps, c'était de l'encens, et des parfums en l'honneur des morts. L'archéologie ne permet plus d'hésiter sur ce point. On a retrouvé en effet beaucoup d'urnes cinéraires en Grèce et à Rome; on n'en a pas découvert une seule en Palestine.

Les Grecs brûlaient les corps; mais, au rapport de Cicéron, l'inhumation chez eux est antérieure à la crémation[4].

---

[1] Dubois, *Mœurs et Institutions des peuples de l'Inde*, t. II, p. 285.

[2] Liv. CXL.

[3] M. Alfred Lévy, p. 15 de son livre déjà cité.

[4] *De Legibus*, II.

Il en a été de même à Rome. L'inhumation y fut
pratiquée depuis Romulus jusqu'à la dictature de
Sylla. Pline nous apprend que le vainqueur de Ma-
rius avait fait exhumer le corps du vaincu. Redoutant pour lui-même la profanation qu'il avait fait
subir aux dépouilles mortelles de son ennemi, il
ordonna de brûler ses propres restes et de substituer
désormais la crémation à l'inhumation. Mais celle-ci
fut rétablie par les Antonins[1].

Au surplus les novateurs, en proposant de revenir à l'incinération, se soucient fort peu de l'idée
religieuse dont elle est inséparable chez les divers
peuples qui l'ont employée. Nos mœurs chrétiennes
répugneraient profondément à l'usage de brûler les
corps. Mais pour les Hindous, par exemple, c'était
précisément le contraire. Dans l'Inde, le feu était
une divinité qu'on adorait sous le nom d'*Agni*[2].
Rien de plus pieux dès lors, rien de plus sacré que
son emploi dans les funérailles. Aux yeux de ces
idolâtres, le feu devait purifier le mort de ses souillures; et comme il tend toujours à monter vers le
ciel, il devait y porter l'âme avec lui. Bien plus :
non–seulement les Hindous brûlaient les corps,
mais encore ils en jetaient les cendres dans le Gange.

---

[1] Désobry, *Rome au siècle d'Auguste*, t. II.
[2] *Rig-Véda*, IV, 152.

Il ne faut pas s'en étonner. Ce fleuve était sacré ;
ses eaux étaient tenues pour pures et saintes. Aujourd'hui même, dans l'Inde surtout, c'est au bord
des fleuves qu'on a soin d'élever les bûchers. Les
brâhmanes recueillent les cendres dans des urnes, et
les versent ensuite dans le Gange ou dans le fleuve
le plus rapproché [1].

Si l'incinération a été longtemps la coutume de la
Grèce, il ne faut pas oublier qu'Héraclite y enseignait
que le feu est le principe de toutes choses ; et n'est-il
pas permis de penser que les Grecs, en brûlant les
restes de l'homme, croyaient le faire revenir à sa
véritable origine ?

Quelque fausse qu'elle soit, c'est toujours une idée
religieuse qui apparaît dans les funérailles antiques. Nous l'avons précédemment démontré. Ainsi
s'explique l'emploi du feu et de l'eau. La sépulture
dans les bois n'a pas d'autre motif. Les anciens
considéraient les bois comme sacrés et croyaient
que les dieux y faisaient leur séjour. Ils les consacraient à Apollon, à Diane ; ils les remplissaient
de dryades, de faunes et de satyres. Les bois sont
de véritables temples pour Virgile ; et Cicéron,
comme Platon, pense qu'on ne doit y déposer que

---

[1] Dubois, *Mœurs et Institutions des peuples de l'Inde*, t. II,
p. 28 et suiv.

les restes des hommes qui ont brillé par leurs vertus [1].

　Les partisans de l'incinération ignorent donc les
traditions des peuples, ou ils en méconnaissent l'esprit. Mais ils devraient au moins comprendre combien leur système froisse les sentiments les plus
intimes, les plus nobles, les plus respectables du
cœur humain. S'il y a en nous un désir puissant,
irrésistible, si nous éprouvons un besoin profond,
universel, c'est assurément celui de conserver ici-
bas le plus longtemps possible les personnes qui
nous sont chères. Et lorsque nous sommes obligés
de courber la tête devant l'inexorable loi de la mort
qui nous les ravit, n'est-il pas vrai que nous nous
attachons à leurs précieux restes, et que nous vou-
drions les préserver à jamais de la corruption du
tombeau? Mais devancer la nature dans cette œuvre
inévitable de destruction, brûler nous-mêmes ceux
que nous avons tant aimés, faire disparaître de
nos propres mains jusqu'aux derniers vestiges
de ceux pour lesquels nous aurions donné notre
vie, ne serait-ce pas un acte impie? Qui de nous
pourra jamais s'y résigner [2]?

[1] V. Muret, *Cérémonies funèbres*, p. 137.
[2] « Si la crémation, dit M. de Beauvoir, qui a été témoin de ces
affreuses funérailles dans le royaume de Siam, résout d'un seul coup
les questions d'insalubrité des cimetières, j'avoue qu'il est peu de

Un dernier mot. Les défenseurs de la crémation ne font pas seulement violence à la nature humaine; ils font plus, ils blessent notre dignité de chrétien. Que de motifs pour nous d'entourer de nos pieux respects les dépouilles mortelles! Un jour la mort ne sera plus, *mors ultra non erit*[1]. Ces débris se ranimeront; ils reviendront à la vie; car le divin architecte ne veut pas que le chef-d'œuvre de ses mains périsse. La résurrection des corps est un des dogmes du christianisme, l'un des plus doux à coup sûr et des plus consolants. Voyez en quels traits l'Apôtre des nations l'exprime : « Le corps, dit-il, comme une semence, est mis en terre plein de corruption, et il ressuscitera incorruptible ; il est mis en terre tout difforme, et il ressuscitera tout glorieux; il est mis en terre privé de mouvement, et il ressuscitera plein de force; il est mis en terre comme un corps tout animal, et il ressuscitera comme un corps tout spirituel[2]. » Avec saint Augustin nous croyons que « le corps appartient à Dieu, et qu'un jour il doit être rendu à la vie[3]; »

spectacles qui soient aussi horribles pour les vivants et qui fassen sur l'âme une impression plus destinée à revenir dans les nuits blanches comme un torturant cauchemar. » *(Java, Siam et Canton,* 4e éd., p. 298.)

[1] Apoc., XXI, 4.

[2] I Cor., XV.

[3] *De Civit. Dei*, liv. XII, ch. XIII.

avec Bossuet, qu' « il entrera pour un peu de temps dans l'empire de la mort, mais qu'il ne laissera rien entre ses mains, si ce n'est la mortalité [1]. ».

Toutefois, qu'on ne se méprenne pas sur notre pensée. Nous savons que la puissance de Dieu est infinie, et nous ne nions pas qu'il puisse nous ressusciter aussi bien après l'incinération qu'après l'inhumation. Mais n'est-on pas autorisé à croire que l'inhumation est plus conforme au plan divin, quand on sait que les corps de plusieurs saints ont eu le privilége d'une conservation miraculeuse? N'est-ce pas un devoir pour nous de ne point faire obstacle à la volonté du souverain maître, s'il lui plaît encore de rendre ainsi témoignage à la sainteté de ses élus ?

Enfin, quand on réfléchit que le corps de l'homme a été l'instrument divin de la Rédemption, que Dieu n'a pas dédaigné de prendre un corps semblable au nôtre pour opérer notre salut, *descendit de cœlis et incarnatus est* [2]; qu'il a été l'enveloppe glorieuse de tant de saints et de martyrs dont nous gardons les ossements vénérables ; qu'il peut devenir pour chacun de nous, grâce aux sacrements de l'Église, le temple de l'Esprit-Saint et le tabernacle du Dieu vivant, on ne s'étonne plus que l'idée de le réduire

---

[1] Sermon sur la mort.

[2] Symbole des apôtres.

en cendres nous soit odieuse et que le christianisme lui ait porté le dernier coup.

J'ai dit que notre législation moderne s'était efforcée de délimiter le mieux possible le domaine de l'État et le domaine de l'Église. En matière d'inhumation la ligne séparative du pouvoir civil et du pouvoir religieux est nettement tracée. C'est ainsi que l'article 77 du code civil dispose qu' « aucune inhumation ne sera faite sans une autorisation de l'officier de l'état civil, » lequel ne doit la donner que sur la déclaration d'un médecin chargé de constater la réalité et la cause du décès.

Le décret du 4 thermidor an XIII (23 juillet 1805) renouvelle cette défense en précisant les devoirs des ministres du culte. Il leur défend « d'aller lever aucun corps ou de les accompagner hors des églises et temples, qu'il ne leur apparaisse de l'autorisation donnée par l'officier de l'état civil, autorisation prescrite par l'article 77 du code civil. » La violation de cette règle tomberait sous l'application du code pénal de 1810, dont les articles 358 et suivants punissent les diverses infractions aux lois sur les inhumations.

Au reste, la séparation du spirituel et du temporel n'est pas formulée avec moins de rigueur pour les actes de mariage que pour les actes de décès. « Les curés, dit l'article 54 des lois organiques, ne donne-

ront la bénédiction nuptiale qu'à ceux qui justifie-
ront en bonne et due forme avoir contracté mariage
devant l'officier de l'état civil. »

La sanction de cette règle se trouve dans les articles 199 et 200 du code pénal, qui étend la disposition de l'article 54 à tous les ministres des cultes
reconnus[1].

Quelle que soit l'opinion qu'on se forme sur cette
législation, qui nous gouverne depuis plus d'un demi-
siècle, il faut reconnaître qu'elle est la conséquence
des principes nouveaux qui ont distingué la société
religieuse de la société civile. Mais c'est précisément
parce que les deux sociétés sont distinctes, indépen-
dantes, que je ne saurais adhérer à certaines dispositions légales qui, mal interprétées, constitueraient,
de la part du pouvoir civil, une immixtion dans la

---

[1] La question du mariage civil et du mariage religieux offre
une analogie frappante avec celle qui fait l'objet de nos études. Elle
présente la même actualité. Mais nous n'avons pas à l'examiner ici.
Au surplus, elle a été traitée par des hommes éminents qui ont
démontré que le mariage, tel que nos lois l'admettent, indépendant
de toute sanction religieuse, est un véritable piége tendu à la bonne
foi de l'un des époux. Remarquons que le mépris de la bénédiction
religieuse, qui n'était autrefois qu'un fait isolé, exceptionnel, tend
à devenir général, systématique. On affecte de s'en tenir au mariage
civil, comme on ne veut plus que l'enterrement civil. On quête à
l'un comme à l'autre au profit des détenus politiques et des écoles
libres et laïques (V. le *Petit Lyonnais*, numéros des 17 mai,
25 mai, 17 juillet, 4 septembre, 20 octobre 1873).

sphère religieuse, un véritable empiétement sur l'autorité ecclésiastique.

Ainsi, par exemple, l'article 19 du décret du 23 prairial an XII porte que « si le ministre du culte *se permet* de refuser son ministère, l'autorité civile, soit d'office, soit sur la réquisition de la famille, commettra un autre ministre du même culte. »

Sans doute il y a ici un aveu précieux à recueillir ; et nous ne pouvons laisser passer inaperçu un tel hommage rendu à nos croyances. Cet article prouve que, dans la pensée du législateur, les funérailles religieuses sont inséparables des funérailles civiles ; qu'ainsi le veulent les mœurs, les traditions, les coutumes les plus respectables du pays. Il prouve par là même combien nous sommes fondés à combattre les impiétés du jour et les violences faites à la foi des familles chrétiennes.

Mais qu'est-ce à dire ? L'autorité civile aurait-elle le droit d'enjoindre à un ministre du culte de prêter son ministère dans un cas quelconque, spécialement lorsqu'il s'agit des funérailles d'un citoyen ? Évidemment non. Car l'article 12 de la loi organique du 18 germinal an X « remet à la disposition des évêques toutes les églises métropolitaines, cathédrales, paroissiales et autres nécessaires au culte ; » et, aux termes de l'article 9 de la même loi, l'autorité civile est étrangère à la direction du culte, qui

est exclusivement confiée aux archevêques, aux évêques et aux curés. Comme les cérémonies religieuses
des obsèques en font incontestablement partie, c'est
à ces supérieurs ecclésiastiques qu'il appartient de
désigner le prêtre chargé de remplacer celui qui a
refusé son ministère. L'article 19 doit donc être entendu en ce sens, que l'autorité civile peut prier un
autre membre du clergé de fournir son ministère,
s'il le veut bien[1]. On voit par là combien est dépla-
cée, pour ne rien dire de plus, l'expression de l'article 19 « si le ministre du culte *se permet.* »

Le même article, en donnant à l'autorité civile
« le droit dans tous les cas de faire porter, présenter
et inhumer les corps, » a fait naître la question de
savoir si l'autorité civile a le droit de pénétrer dans
l'église sans l'assentiment du clergé. Cette étrange
question a été controversée. Pour l'affirmative on
s'est prévalu de ce que la propriété des églises n'appartient pas aux ministres du culte. Mais la négative n'est pas douteuse[2]. Il n'y a pas lieu, en effet,
d'examiner ici cette question de propriété. Il suffit
de faire observer que la police des monuments
religieux appartient à l'autorité ecclésiastique. Ne
sont-ils pas, en effet, destinés à l'exercice du culte,

---

[1] V. en ce sens Dalloz, V°. Culte, n° 765.
[2] *Ibid.*, n° 766.

et le culte, comme nous l'avons vu, n'est-il pas exclusivement sous la direction des archevêques, des
évêques et des curés ? Hâtons-nous d'ajouter que
l'article 19 a été interprété dans ce sens par une
délibération du Conseil d'État du 29 avril 1831,
par la décision du garde des sceaux du 28 juin 1838,
et par deux circulaires du ministre de la justice et
du ministre de l'intérieur des 15 et 16 juin 1847[1].

Au même point de vue de l'indépendance de
l'autorité religieuse, plusieurs dispositions légales,
encore en vigueur, ne sauraient échapper à une juste
critique. Que penser, par exemple, de l'article 4 du
décret du 18 mai 1806, qui veut que le service pour
les indigents soit fait gratuitement dans nos églises,
et qui « défend de détendre, si l'église est encore
tendue pour un convoi funèbre, jusqu'à ce que le
service de l'indigent soit fini ? » Non-seulement
l'État outre-passe son droit en réglementant le culte
dans l'intérieur du lieu saint, mais il est mal venu
à donner à l'Église des leçons de convenance et
d'égalité. L'Église n'a pas attendu le décret de 1806
pour connaître ses devoirs envers les pauvres, et ce
n'est point à leurs funérailles seulement qu'elle sait
les remplir. Le pauvre est sacré pour elle, puisque
sous ses haillons elle voit son divin fondateur, et

---

[1] Dalloz, *Recueil périod.*, 3, 128 et 173, 1847.

c'est du berceau à la tombe qu'elle le couvre de sa bonté maternelle et de son inépuisable charité. Enfin, en rappelant l'Église au respect de l'égalité, on oublie que c'est elle qui a donné au monde la notion de la véritable égalité, qu'elle ne cesse de l'enseigner à tous, et que c'est encore dans ses temples qu'on en voit la plus réelle application.

Les adversaires de la sépulture religieuse sont des partisans fanatiques de la séparation de l'Église et de l'État. On sait quelle est leur théorie en tout ce qui concerne le culte extérieur. Ils la répètent à satiété sur la question particulière des funérailles. Faites, disent-ils, tout ce que vous voudrez dans vos temples. Ils sont à vous ; personne n'ira vous y inquiéter. Mais que vos processions, vos cortéges religieux, votre clergé, cessent de paraître dans nos rues, dans nos chemins publics. Ces rues appartiennent à tous, et aucune loi ne vous accorde le privilége d'y déployer la pompe de vos cérémonies.

La séparation absolue de l'Église et de l'État, comme on le voit, sert de base à ce système. Or c'est précisément à ce point de départ qu'est l'erreur de nos adversaires. Non, nos lois n'ont point, grâce à Dieu, opéré cette séparation telle qu'ils l'entendent, séparation qui ne serait autre chose que la suppression du culte extérieur. On l'a essayé, il est vrai, dans des jours qui ont été pour la religion et la li-

berté des jours de deuil. Mais le Concordat du 18 germinal an X (8 avril 1802) a rendu à la France ses
droits séculaires, et il est toujours en vigueur. Or l'article 1ᵉʳ de cette loi réparatrice résout de la manière
la plus précise la question de la liberté et de la publicité du culte catholique. Le voici : « La religion
catholique, apostolique et romaine sera librement
exercée en France. Son culte sera public, en se
conformant aux règlements de police que le gouvernement jugera nécessaires pour la tranquillité
publique. »

Nos adversaires insistent, et, se plaçant à leur tour
sur le terrain du Concordat, ils invoquent l'article 45
de la loi du 18 germinal ainsi conçu : « Aucune cérémonie religieuse n'aura lieu hors des édifices
consacrés au culte catholique dans les villes où il
y a des temples destinés à différents cultes. » Ils
argumentent également de l'article 18 du décret du
23 prairial an XII, qui n'est que l'application du
précédent, et dont voici les termes : « Les cérémonies précédemment usitées pour les convois, suivant les différents cultes, seront rétablies, et il sera
libre aux familles d'en régler la dépense selon leurs
moyens et facultés ; mais, hors de l'enceinte des
églises et des lieux de sépulture, les cérémonies religieuses ne seront permises que dans les communes
où l'on ne professe qu'un culte, conformément à

l'article 45 de la loi du 18 germinal an X. » Donc,
dit-on, il suffit qu'il y ait dans une ville un temple
protestant, une synagogue, pour que la voie publique soit interdite au culte catholique.

Cette objection est sans valeur, et pas n'est besoin
d'être jurisconsulte pour la réfuter. La prohibition
n'a point été établie pour ceux qui ne professent
aucun culte; elle a été édictée dans l'intérêt de la
tranquillité publique pour éviter des conflits entre
les diverses communions religieuses, et il est évident que ceux-là seuls qui professent un culte dis-
sident, légalement reconnu, peuvent en demander
l'application. S'ils ne réclament pas, de quel droit
les libres penseurs élèveraient-ils la voix? Qu'ils
s'inclinent donc devant la règle générale. J'ajoute-
rai qu'aucun doute n'est possible, sur cette interprétation de l'article 45, puisque Portalis, qui
l'avait rédigé, en fixait ainsi le sens dans des instructions envoyées aux préfets l'année même où le
Concordat fut signé : « L'intention du gouvernement, en protégeant les différents cultes, disait-il,
n'a pas été de les paralyser l'un par l'autre, mais
de les faire tous servir au maintien du bon ordre, à
la propagation de la saine morale, en assurant à
chaque culte, selon les lieux et les temps, tout l'appareil, toute la dignité que le nombre de ceux qui le
professent et les autres circonstances locales com-

portent[1]. » Enfin cette interprétation a été confirmée
par diverses circulaires du ministre de l'intérieur
aux dates significatives des 21 mars et 21 juin
1848 et 3 mai 1849.

Nous venons d'exposer les rapports de l'Église et
de l'État sur la question de la sépulture. L'État ne
doit jamais sortir de son domaine ; la liberté de
conscience est à ce prix. Suit-il de là qu'il lui soit
interdit d'édicter des lois, de rendre des décrets, de
prendre des arrêtés qui réglementent, au point de
vue de l'ordre public, les funérailles des citoyens ?
Nullement. C'est le droit et le devoir de l'État d'employer toutes les mesures qui peuvent assurer le bon
ordre des convois funèbres. Cependant on a, dans
ces derniers temps, contesté la légalité de plusieurs
arrêtés que les préfets ou les maires avaient pris au
sujet des enterrements civils. Nous examinerons au
chapitre XIII ces diverses décisions de l'autorité administrative, et nous démontrerons qu'en fait et en
droit elles sont inattaquables. On verra que, laissant à
tous les citoyens la liberté de se faire inhumer avec ou
sans l'assistance des ministres du culte, elles ne sont
en réalité que des mesures d'ordre public, des moyens
de protection pour la grande majorité qui croit, et
qui a droit d'être protégée dans ses croyances.

L'État, dit-on, est incompétent en matière reli-

[1] Lettre du 14 prairial an X.1

gieuse ; on ne saurait admettre une religion d'État.
Mais faut-il en conclure qu'il doive être indifférent
au développement de l'athéisme et du matérialisme,
dont l'enterrement civil est ordinairement l'expression ? Évidemment non. On ne peut nier, en effet,
que l'État ait pour mission de défendre la société.
Or aucune société ne serait possible, si elle laissait
prévaloir dans son sein la négation de Dieu, de
l'âme, de la liberté, de la responsabilité humaines.
C'est pourquoi Portalis disait qu'il ne serait pas permis de faire profession publique d'irréligion et
d'athéisme. Qui ne voit que l'athéisme, en fermant
à nos yeux l'horizon des récompenses éternelles,
tarit du même coup la source de tous les dévoue-
ments ? Espère-t-on, par exemple, que nos soldats
affronteront avec le même courage une mort obscure sur le champ de bataille le jour où ils auront cessé de croire qu'en allant verser leur sang
pour la patrie, ils marchent sous le regard de Dieu
qui les bénit et qui les attend [1] ?

Il ne s'agit point ici, je le répète, de telle ou telle
croyance religieuse. Ce qui est en question, ce sont

---

[1] Dans la séance où l'on discutait l'interpellation relative au refus
des honneurs militaires à M. X..., qui avait été enterré civilement,
le général du Barrail, ministre de la guerre, s'est écrié, aux ap-
plaudissements de l'Assemblée nationale :

« Nous ne permettrons jamais que nos troupes soient mêlées à ces

les principes même sans lesquels, encore une fois,
toute société est fatalement condamnée à périr.
Quand donc comprendra-t-on qu'il n'y a point ici-
bas de liberté illimitée, absolue? Vouloir autre chose
qu'une liberté réglée et définie ne peut être que le rêve
d'un insensé. Autant vaudrait dire que les capri-
ces et les folies d'un individu pourraient prévaloir
contre les droits de tous. Accepterait-on chez nous
une religion qui permettrait d'élever des autels à
Jupiter et à Vénus, de sacrifier aux dieux à la manière antique, d'adorer le serpent, comme en Afrique, ou l'éléphant, comme dans le royaume de Siam,
de pratiquer l'inceste et la polygamie? Autoriserait-
on le culte des morts commé l'entendent encore
quelques peuplades sauvages? Souffrirait-on que la
veuve honorât les mânes de son époux en se brûlant
sur son bûcher, en lui immolant ses serviteurs et
ses enfants? Évidemment non. Dans la république
américaine, où l'on est cependant bon juge en fait de
liberté, on ne tolère rien de semblable. Les mesures

manifestations antireligieuses, à ces scènes d'impiété. Si vous ôtez
aux troupes, aux hommes de guerre, la croyance à une autre vie,
vous n'avez pas le droit d'exiger d'eux le sacrifice de leur existence »

Les croyance religieuses sont la source des plus mâles vertus. J'ai
essayé de le prouver dans la biographie du jeune P. Sauzet, tué à
la bataille de Champigny, le 30 novembre 1870 (Lyon, imprimerie
Perrin, 1871).

récemment prises contre le mormonisme en font foi.
Eh bien, pourquoi tolérerait-on plutôt l'athéisme,
la pire des erreurs, la source de tous les vices et de
tous les crimes ?

La liberté a pour limites nécessaires les droits de
tous, les droits de la société elle-même. Ne soyons
pas dupes de ceux qui ne demandent tant à être
libres que pour empêcher les autres de jouir du
même avantage. Les plus grands ennemis de la liberté sont ceux qui la confondent avec la licence.
Si le développement de la liberté dans l'ordre est
l'idéal de toute société régulière, il faut reconnaître
que de ces deux éléments de civilisation l'ordre est
le plus nécessaire. On a vu des nations se passer
de la liberté, et on en a gémi; on n'en a point vu
se passer de l'ordre. Qu'un peuple égaré viole ses
lois, il ne tarde pas à s'en repentir; et le plus souvent l'horreur de l'anarchie le jette dans les bras du
despotisme. C'est la démagogie, l'histoire le prouve,
qui a toujours perdu la liberté[1].

---

[1] « La démagogie, dit M. Wallon, est plus funeste encore à la liberté
que le despotisme, parce qu'elle l'étouffe en affectant de l'embrasser,
et qu'abattue elle-même, elle l'entraîne encore dans sa chute. Les
terroristes de 93 ont prétendu agir au nom de la liberté; mais la
liberté n'est pas leur complice : elle est leur victime et la plus sa-
crifiée, car c'est elle qui est restée responsable des violences sous
lesquelles elle-même la première a succombé.» *(La Terreur, Études
critiques sur l'histoire de la Révolution française, t. 1er, p. 9.)*

CHAPITRE V

RÈGLES GÉNÉRALES

Nous connaissons maintenant les droits et les devoirs de l'État au décès d'un citoyen ; nous connaissons également la mission de l'Église dans cette circonstance solennelle. Nous avons pénétré dans la sphère de la puissance civile, dans celle de l'autorité religieuse, et nous avons fait voir que, quels que soient les points de contact de ces deux pouvoirs, ils poursuivent un but essentiellement différent. Nous avons montré que, si l'État remplit alors un rôle assurément utile, si son intervention est même nécessaire, ses fonctions ne consistent après tout qu'à veiller aux exigences de l'hygiène et de l'ordre public. La religion, au contraire, en dissipant les terreurs du tombeau répond aux besoins de notre âme et satisfait ses plus légitimes aspirations. C'est ce qui explique le caractère religieux des funérailles chez tous les peuples.

Mais voici que, de nos jours, on s'insurge contre ces traditions universelles. S'emparant du silence de la loi sur la question de la sépulture religieuse, les sectaires matérialistes entendent nous placer sous le régime des obsèques purement civiles. Ni les croyances du pays, ni les intentions manifestes du défunt, ni la volonté de la famille, ne sont pour eux un obstacle. D'aucuns ne craignent pas d'affirmer qu'ils ont pour eux le droit strict; et, parce que la loi est muette, ils font en quelque sorte du législateur leur complice.

Qu'il n'y ait point de loi spéciale sur la question de la sépulture religieuse, il ne faut pas s'en étonner. L'enterrement civil, nous l'avons dit, est une des nouveautés de notre temps [1]. Il était inconnu de

---

[1] Le *Petit Lyonnais* en fait l'aveu. Nous lisons dans son numéro du 18 mai 1873 : « On écrit du Bourg-du-Péage : « C'est *la pre-*
« *mière fois* qu'un enterrement civil a lieu au Bourg-du-Péage. Le
« citoyen B. a été conduit au lieu du repos par ses nombreux amis,
« sans cérémonial religieux. Plus de mille personnes accompagnaient
« cet honnête citoyen qui a voulu témoigner jusqu'à ses derniers
« moments de sa foi philosophique. »

Le numéro du 9 juillet 1873 porte ce qui suit : « On écrit de Lons-le-Saunier : « Ce matin notre ville a joui *du spectacle tout à*
« *fait inusité* d'un enterrement civil. Une femme ex-catholique a
« été conduite civilement au cimetière. *C'est ici un fait sans précé-*
« *dent.* »

Lorient, 19 septembre 1873: « Nous avons eu hier *un premier*

nos pères. Que dis-je ? hier encore il n'aurait pas osé se montrer. Il est la honte non de notre siècle, dont les deux tiers s'étaient écoulés sans cette tache, mais de l'heure présente. Et voilà pourquoi

enterrement civil, celui du fils J., jeune homme de vingt-quatre ans, dont le père est président à vie du comité des élections démocratiques. *Personne de la famille*, sauf un oncle, n'assistait à la cérémonie. » (Journal le *Figaro* du 21 septembre 1873.)

« On s'étonnait qu'à Pézenas (Hérault), où fleurit le plus pur radicalisme, il n'y eût pas eu jusqu'ici d'enterrement civil. Cet étonnement doit cesser aujourd'hui. *Le premier* a eu lieu hier au soir 24 septembre. Le sujet de cette triste cérémonie a été une petite fille de cinq ans. » (*Décentralisation* du 30 septembre 1873.)

Mende, 4 octobre 1873. « Nous avons eu ces jours-ci notre *premier* enfouissement civil à Sainte-Croix de Vallée-Française, dans les Cévennes. C'est un cabaretier qui a été la cause de cet étalage d'athéisme. Sur sa tombe le maire d'une commune voisine a débité un discours insensé. Le maire et presque tous les conseillers de Sainte-Croix y assistaient. » (Journal le *Figaro* du 7 octobre 1873.)

« La population de Montpellier a vu avant-hier le *premier* enterrement civil qui s'y soit produit. » (*Décentralisation* du 12 octobre 1873.)

« Creil (Aisne) vient de subir la honte d'un scandale religieux, le *premier et le seul*, nous le croyons, dont le département ait jamais reçu l'affront. Un libre penseur de la localité a été enterré civilement. » (*Décentralisation* du 2 décembre 1873.)

« Saint-Germain en Laye. Le 26 mars 1874 a eu lieu ici le *premier* enterrement civil, celui de la demoiselle M., âgée de quinze ans. » (*Univers* du 1er avril 1874.)

« 13 mai 1874. Le *Patriote d'Angers* dit qu'a eu lieu à Beaufort (Maine-et-Loire), le *premier* enterrement civil. »

« Eure. Un enfouissement civil, spectacle qui, jusqu'ici, avait été épargné aux habitants du département de l'Eure, vient d'avoir lieu à Bernay. » (*Décentralisation* du 15 janvier 1875.)

nos lois ne s'en sont point occupées. Mais, pour
être venu tard, le mal n'en est pas moins redoutable ; et les faits prouvent combien sa contagion est
rapide. Sans parler des grandes cités comme Paris [1]
et Lyon [2], où le terrain était tout préparé, le fléau

[1] Dans les cinq premiers mois de l'année 1873, il y a eu à Paris
deux cent quatre vingt-huit enterrements civils.

[2] Avant l'arrêté de M. le préfet Ducros du 18 juin 1873, il y
avait à Lyon un, deux, trois et quelquefois quatre enterrements civils
par jour. Le *Petit Lyonnais*, qu'on avait appelé pour cela le *Moniteur des enterrements civils*, contenait quatre annonces de ce
genre dans son numéro du 4 mai 1873.

On peut juger de la sagesse de cet arrêté, qui du reste a servi de
type aux préfets des autres départements, par ce fait que depuis la
fixation d'une heure un peu matinale aux enterrements civils ils ont
diminué dans une proportion considérable.

Voici les indications de la statistique :

Lyon a six arrondissements. Or, pour le mois de décembre 1872
le quatrième arrondissement compte à lui seul neuf enterrements
civils, tandis que pour les six arrondissements réunis il n'y en a plus
que dix en décembre 1873 et huit seulement en décembre 1874.

En janvier 1873 ce quatrième arrondissement fournit à lui seul
onze convois civils; en janvier 1875 il n'y en a plus que cinq pour
toute la ville. — En février 1873 ce même quatrième arrondissement
donne treize enterrements civils; en février 1875 il n'y en a que
neuf pour la ville entière.

Autre comparaison non moins significative portant sur toute la
ville. Le second semestre de 1873 a vu enregistrer cent quatre-
vingt neuf convois civils; le second semestre de 1874 n'en voit
plus enregistrer que soixante-douze, plus de la moitié de moins.

Enfin, si l'on compare les deux premiers mois de 1875 aux deux
premiers mois de 1874, on trouve quarante-quatre convois civils
pour 1874 contre quatorze pour 1875, c'est-à-dire plus des deux
tiers de moins.

s'est répandu dans les villes de second et de troisième ordre, et il menace même les campagnes [1].

[1] « Depuis quelque temps, dit l'*Union nationale*, journal de Montpellier et de Nîmes, les enterrements civils se multiplient à Cette. Un comité de pourvoyeurs de cadavres s'est, dit-on, organisé, et plusieurs familles se demandent avec inquiétude quels seraient leurs droits, si quelques-uns de leurs membres, qui font partie de ce comité, venaient à mourir.» (Numéro du 8 mai 1873.)

On lit dans une correspondance de la Haute-Savoie du 5 août 1873 : « Dans ce moment-ci il se fait une propagande très-active pour introduire en Savoie la mode des enterrements civils, Les doctrines des libres penseurs sont propagées sous toutes les formes. On s'acharne à dénigrer le prêtre ; on veut tâcher de persuader que le prêtre n'est autre chose qu'un fonctionnaire nuisible, exerçant un métier, n'ayant d'autre but que de spéculer sur l'ignorance et la crédulité du peuple. » *(Décentralisation* du 9 août 1873.)

Extrait du *Petit Lyonnais* du 20 septembre 1873. — « On nous écrit de Villefranche : « Le mercredi 17 septembre a eu lieu à « Villefranche l'enterrement civil du citoyen B. D , mort à l'âge « de soixante-dix-huit ans.

« Après une vie active de travail, il a manifesté le désir de mou- « rir comme il avait vécu, en homme sensé, en libre penseur.

« Son convoi a été suivi par plusieurs centaines de personnes, sous « les yeux sympathiques de la population tout entière de notre ville.

« Notre conseil municipal y était représenté au complet; plu- « sieurs conseillers d'arrondissement et une foule nombreuse venaient « affirmer de nouveau par leur présence la vitalité et l'accroissement « de la libre pensée dans notre arrondissement. »

Ces manifestations viennent de se produire à Genève. (V. la correspondance du *Français*, septembre 1873, et la *Semaine catholique* de Lyon du 20 septembre 1873.)

La propagande s'étend jusqu'en Algérie. « Un journal de Constantine, *le Radical*, vient d'ouvrir une souscription pour l'acquisition d'un drap mortuaire spécialement affecté aux enterrements civils. » *(Français* du 6 octobre 1873.)

On a cherché le remède au mal dans une loi nouvelle. Des propositions dans ce sens ont été faites [1] ;
elles n'ont pas encore abouti. Je suis le premier à
reconnaître combien il serait utile, opportun, de ré-
glementèr par des dispositions formelles une matière si délicate. Mais, en attendant le bienfait d'une
législation spéciale, j'affirme, la loi actuelle et ses
textes à la main, qu'en face des excès de nos adversaires nous ne sommes pas désarmés. Non, la loi
n'a point abandonné au caprice, à l'arbitraire, au
droit du plus fort, cette grave question de savoir à
qui il appartient de se prononcer sur la sépulture
religieuse. Le bon sens suffit pour nous en convaincre. Quoi ! la loi a pris soin de régler dans tous ses
détails la succession du défunt, soit qu'il ait testé,
soit qu'il n'ait laissé aucun acte de dernière volonté ;
dans la foule des héritiers chacun est à sa place
et à son rang ; et, lorsqu'il s'agira de ces honneurs
funèbres, de ces pieux et derniers devoirs qui nous
sont si chers, la loi aura permis que les rangs soient
confondus, que le premier venu puisse élever la voix,
et que l'ordre qui règne pour partager les plus hum-

[1] Notamment par M. Beaussire, député à l'Assemblée nationale,
le 25 juin 1873. Son projet a été rejeté à la séance du 11 décembre
suivant.

. M. A. Gairal, avocat à la cour d'appel de Lyon, a publié sur ce
sujet une série d'études très-remarquables dans la *Revue catholique
des Institutions et du Droit* (Grenoble, 1873-1874).

bles vêtements du défunt fasse place à l'anarchie, dès qu'il s'agit de prononcer sur le sort de sa dépouille mortelle! Encore une fois cela est inadmissible.

On insiste en disant qu'après tout il n'y a pas de texte précis sur ce point, et qu'on ne peut y suppléer sans tomber dans le domaine des conjectures. Je réponds sans hésiter qu'à défaut de règles particulières nous avons ici des règles générales, qui s'imposent à nous avec autant de force et d'autorité que les textes d'une loi spéciale. L'un des principaux rédacteurs du code civil, l'illustre Portalis, s'est exprimé sur ce point avec tant de précision que je ne puis mieux faire que de reproduire ses paroles : « L'office de la loi, dit-il, est de fixer par de grandes vues les maximes générales du droit, d'établir des principes féconds en conséquences, et non de descendre dans le détail des questions qui peuvent naître sur chaque matière. C'est au magistrat et au jurisconsulte, pénétrés de l'esprit général des lois, à en diriger l'application [1]. »

Il explique que les rédacteurs du code ont voulu éviter deux écueils. « Nous n'avons pas cru devoir simplifier les lois au point de laisser les citoyens sans règle et sans garantie sur leurs plus grands intérêts.

---

[1] Fenet, *Recueil des travaux préparatoires du code civil*, t. , p. 470.

Nous nous sommes également préservés de la dangereuse ambition de vouloir tout régler et tout prévoir[1]. »

Enfin, précisant la mission du jurisconsulte, il déclare « qu'elle consiste à saisir le vrai sens des lois,
à les appliquer avec discernement et à les suppléer
dans les cas qu'elles n'ont pas réglés. »

« Quand la loi est claire, dit-il, il faut la suivre ;
quand elle est obscure, il faut en approfondir les
dispositions ; si l'on manque de loi, il faut consulter
l'usage ou l'équité. L'équité est le retour à la loi naturelle dans le silence, l'opposition ou l'obscurité
des lois positives[2]. »

C'est en nous inspirant de ces sages conseils, en
nous efforçant de rester fidèle aux devoirs qui nous
ont été tracés par une autorité si sûre, que nous
allons faire connaître les règles générales du droit
sur la sépulture religieuse. Nous les exposerons dans
l'ordre même où elles doivent être suivies.

---

[1] Fenet, *ibid.*, p. 471.

[2] *Ibid.*, p. 474. — La jurisprudence a précisément appliqué ces
principes à la solution des questions que soulève la sépulture religieuse.

« Attendu que la loi étant muette en ces matières, c'est à la conscience du juge de suppléer à son silence, en tenant compte des circonstances de chaque cause, de la position des parties, des usages de
la localité et de la famille, du vœu des parents, de leur degré de
parenté, et par-dessus tout de la volonté présumée du défunt. »
(Jugement du tribunal civil de Lyon du 29 juillet 1874. M. de La-
grevol, président.)

La première consiste à observer le droit commun toutes les fois qu'on n'est pas arrêté par la volonté valablement exprimée du défunt ou de la famille.

La deuxième commande d'écarter dans tous les cas les prétentions des étrangers.

La troisième nous impose l'obligation de respecter la volonté du défunt, lorsqu'elle s'est manifestée d'une manière légale.

La quatrième enfin veut qu'à défaut de disposition valable émanée du défunt, ses parents, ses héritiers soient appelés à se prononcer suivant le rang qu'ils occupent dans la famille. Nous essayerons de déterminer ce rang avec exactitude, et nous tâcherons de ne laisser place à aucun doute, à aucune équivoque.

En deux mots, et pour nous résumer avec le plus de précision possible, suivre : 1° la volonté du défunt ; 2° à défaut, celle de la famille ; 3° à défaut de l'une et de l'autre, le droit commun ; 4° exclure absolument les étrangers, voilà le droit en matière de sépulture religieuse.

C'est ce que nous allons démontrer dans les chapitres suivants.

CHAPITRE VI.

Une personne vient de mourir, sans manifester sa volonté à l'endroit de sa sépulture et sans laisser de famille. Comment la question de ses obsèques sera-t-elle résolue ?

Il faut décider dans ce cas qu'on inhumera le défunt suivant les rites de la religion à laquelle il appartenait.

Qu'est-ce, en effet, que le droit commun ?

Ce sont ces règles qui, pour n'être pas écrites dans un code, n'en sont pas moins vivantes dans un pays, parce qu'elles sont tracées en caractères ineffaçables au plus profond de la conscience de chacun.

C'est l'ensemble des traditions depuis longtemps observées chez un peuple ; c'est la coutume consa-crée par une possession constante, que nos ancêtres

nous ont léguée et dont nous transmettons religieusement l'héritage à nos enfants.

Il n'est ni vacillant, ni ambigu, ni obscur; au
contraire, il se reconnaît à sa vive lumière. Ce sont
les siècles qui l'ont fait. Sa durée explique sa force;
son universalité donne la raison de sa grandeur.

Il est tout simplement ce qui a fait vivre les nations, avant qu'il y eût des lois écrites. Aussi nos
mœurs, notre éducation, notre conscience, tout con-
court à maintenir le respect des traditions et des
coutumes de nos pères.

La loi écrite elle-même a soin de s'incliner de-
vant- elles. Déjà le droit romain avait consacré l'autorité qui s'attache aux usages transmis de génération
en génération. « *De quibus causis scriptis legibus
non utimur, id custodiri oportet quod moribus et
consuetudine inductum est.* Sur ce point nous n'avons
pas de lois écrites ; nous observons les règles que
les mœurs et l'usage ont introduites [1]. »

Les *Institutes* de Justinien formulent avec plus de
précision encore le même principe : « *Diuturni
mores, consensu utentium comprobati, legem imi-
tantur.* Les usages quotidiens, consacrés par l'assentiment général, ont force de loi [2]. »

---

[1] Dig., Loi 32, *de Legibus.*
[2] Liv. I, titre 3, § 9.

Il en était de même dans notre ancien droit.

Quelle est sur ce point la pensée du code civil ?

Portalis nous la fait connaître dans ces paroles que les novateurs feront bien de méditer :

« On raisonne trop souvent, dit-il, comme si le genre humain finissait et commençait à chaque instant, sans aucune sorte de communication entre une génération et celle qui la remplace. Un législateur isolerait ses institutions de tout ce qui peut les naturaliser sur la terre, s'il n'observait avec soin les rapports naturels qui lient toujours plus ou moins le présent au passé et l'avenir au présent, et qui font qu'un peuple, à moins d'être exterminé ou de tomber dans une dégradation pire que l'anéantissement, ne cesse jamais jusqu'à un certain point de se ressembler à lui-même. Nous avons trop aimé, dans nos temps modernes, les changements et les réformes. Si, en matière d'institutions et de lois, les siècles d'ignorance sont le théâtre des abus, les siècles de philosophie et de lumières ne sont que trop souvent le théâtre des excès[1]. »

Dans le même discours l'illustre rédacteur du code civil, s'inspirant du droit romain ou plutôt des principes éternels de la raison, justifie ainsi la première règle que nous avons posée sur la sépulture :

---

[1] *Discours préliminaire sur le projet du code civil*, Fenet, t. I, p. 481.

« Sans doute, dit-il, il serait désirable que toutes les matières pussent être réglées par des lois. Mais, à défaut de texte précis sur chaque matière, *un usage ancien, constant et bien établi*, une suite non interrompue de décisions semblables, une opinion ou une maxime reçue, *tiennent lieu de loi*. Quand on n'est dirigé par rien de ce qui est établi ou connu, quand il s'agit d'un fait absolument nouveau, on remonte aux principes du droit naturel[1]. »

Ailleurs, comme nous l'avons vu, il formule la même règle : « Si l'on manque de lois, il faut consulter l'usage ou l'équité[2]. »

Voilà pourquoi le code civil a plus d'une fois expressément consacré l'autorité qui s'attache aux usages du pays. Je me borne à renvoyer ici aux articles 671, 674, 1159, 1160, 1648, 1736.

Ainsi, à défaut de loi spéciale sur notre sujet, nous devons consulter le droit commun, c'est-à-dire les traditions, les usages, les coutumes séculaires de notre pays, puisque, suivant l'expression de Portalis, *ils tiennent lieu de loi*.

Eh bien, quel est donc le droit commun sur la question qui nous occupe ? En d'autres termes, quel est, relativement à sa sépulture, le droit d'une per-

---

[1] Fenet, *ibid.*, p. 471.
[2] Fenet, p. 474.

sonne décédée sans testament et sans famille ? A
quiconque ne veut pas fermer les yeux à la lumière
nous allons démontrer que le droit commun, c'est la
sépulture religieuse.

La France est un pays chrétien. Que vous l'em-
brassiez d'un regard ou que vous en fassiez une longue et patiente étude, vous reconnaîtrez qu'elle est
attachée au culte de ses ancêtres, au christianisme.
Je ne nie pas qu'il y ait dans les villes un certain
nombre de dissidents criant bien haut que la vieille
religion de nos pères a fait son temps, et saluant
déjà une ère nouvelle dans le règne de la libre pensée. Mais ces voix sont plus bruyantes que nombreuses, et, sauf de rares exceptions, elles sont sans écho
dans nos campagnes. Réunissez, groupez les adeptes
de la nouvelle doctrine, vous n'aurez devant vous
qu'une faible minorité, si vous les comparez à la
masse qui veut rester fidèle à ses croyances [1]. La

---

[1] L'enterrement civil est presque toujours le résultat d'un mot
d'ordre. Il est si opposé à nos mœurs chrétiennes, que souvent les
croyances religieuses se font jour au milieu même de son froid et
lugubre appareil. Je ne parle pas seulement de l'usage des fleurs
d'immortelles *rouges* et des couronnes, emblèmes qui sont en contradiction manifeste avec la pensée matérialiste de l'enterrement civil.
Je veux citer des faits plus significatifs.

On lit dans *la Décentralisation* du 2 juillet 1873 : «La citoyenne
M. G., âgée de dix-sept mois, était enterrée ce matin civilement.
Nous avons remarqué qu'une croix en bois précédait le convoi. Nous
nous sommes informés sur cette anomalie ; et l'un des assistants nous

France, répétons-le, est une nation chrétienne ; disons mieux : une nation catholique[1].

Sur son sol bouleversé par tant de révolutions et couvert de tant de ruines, la foi, semblable à ces colonnes des temples antiques, est peut-être la seule chose qui soit restée debout. On ne peut faire un pas dans nos cités ni pénétrer dans le dernier de nos hameaux, sans apercevoir la

---

a appris que la croix était destinée à être placée sur la tombe de l'enfant. »

On lit dans le numéro du 31 juillet 1873 du même journal : « On vient d'enterrer civilement à Trèbes, arrondissement de Carcassonne, un nommé B. D'après la feuille de l'endroit, quand la bière a été descendue dans la fosse, le sieur F. a pris la parole. Voici la conclusion de son discours : « Recueillons-nous autour de cette tombe à laquelle nous confions la dépouille mortelle d'un honnête homme, et que chacun du nous récite un *Pater*. »

[1] Le recensement de 1872 en fournit la preuve irrécusable. Voici le tableau officiel de ce recensement :

CULTES	NOMBRE	RAPPORT p. 100
Catholiques.	35,387,703	98,02
Protestants. { Calvinistes. . . 467,531 / Luthériens . . 80,117 / Autres sectes. . 33,109 }	580,757	1,60
Israélites.	49,439	0,14
Autres cultes non chrétiens	3,071	0,01 } 0,24
Individus qui ont déclaré ne suivre aucun culte, ou dont le culte n'a pu être constaté.	81,951	0,23 }
TOTAUX.	36,102,921	100,00

flèche radieuse de nos églises, sans entendre la
cloche aimée qui éveille en nous tant de souvenirs
et d'espérances. Le christianisme est encore la
source où vont puiser nos vrais artistes et nos
grands écrivains; nos mœurs comme nos lois gardent sa profonde empreinte, et les œuvres de charité
que son souffle fait tous les jours éclore attestent sa
merveilleuse vitalité.

Dire de la religion qu'elle s'impose d'elle-même,
comme une nécessité sociale, c'est le dire du culte ;
car il n'y a pas de religion sans culte. Philosophes
et jurisconsultes s'accordent pour le reconnaître.
« La religion naturelle, dit un des plus illustres
représentants de la philosophie à notre époque,
c'est-à-dire l'instinct de la pensée qui s'élance jusqu'à Dieu à travers le monde, n'est qu'un éclair
merveilleux mais fugitif dans la vie de l'homme. Cet
éclair illumine son âme comme l'idée du beau, l'idée du
juste, l'idée de l'utile. Mais dans ce monde tout tend
à obscurcir, à distraire, à égarer le sentiment religieux... En vérité, ce serait un sentiment religieux
bien impuissant que celui qui s'arrêterait à une con-
templation rare, vague et stérile. Le culte est le
développement, la réalisation du sentiment religieux, non sa limitation. Le triomphe de l'intui-
tion religieuse est dans la création du culte, comme
le triomphe de l'idée du beau est dans la création

de l'art, comme celui de l'idée du juste est dans la création de l'État[1]. »

Le savant rédacteur du Concordat avait bien vu, lui aussi, cette impérieuse nécessité du culte : « La vraie philosophie, dit-il, respecte les formes autant que l'orgueil les dédaigne. Nier l'utilité des actes et des pratiques religieuses, ce serait nier l'empire des notions sensibles sur des êtres qui ne sont pas de purs esprits... S'il y a quelque chose de stable et de convenu sur l'existence et l'unité de Dieu, sur la nature et la destinée de l'homme, n'est-ce pas au milieu de ceux qui professent un culte et qui sont unis entre eux par les liens d'une religion positive[2] ? »

Oui, c'est sous l'empire d'une loi générale, universelle, que le sentiment religieux s'épanche au dehors ; c'est parce que l'homme n'est pas un pur esprit qu'il éprouve le besoin de rendre hommage à la divinité par des signes extérieurs, par des marques sensibles ; et, depuis le chrétien qui adore le vrai Dieu sous les voûtes majestueuses de nos temples, jusqu'au sauvage prosterné dans la solitude de ses forêts devant ses idoles ou ses fétiches, l'humanité affirme sa foi par un culte public et solennel.

[1] M. Cousin, *Introduction à l'Histoire de la philosophie*, p. 17.
[2] Portalis, *loc. cit.*

Les croyances religieuses de la France sont aussi attestées par l'histoire de ses institutions politiques. Ne parlons pas du temps antérieur à la Révolution. On sait quel fut alors le rôle prépondérant du catholicisme. Ne remontons pas au delà de 1789. Pour quelques-uns la démonstration n'en sera que plus décisive. Or, rien n'est plus certain, la religion a dans notre pays des racines si profondes, elle est si bien mêlée à notre vie, et notre civilisation en est tellement inséparable, que les divers gouvernements qui se sont succédé chez nous depuis près d'un siècle lui ont tous assigné la première place dans leur charte constitutionnelle.

Reportons-nous au décret du 13 avril 1790. L'Assemblée constituante, tout en proclamant la liberté des cultes, témoigne hautement de « son attachement au culte catholique, apostolique et romain. »

Dans le décret du 12 juillet 1790 (tit. III, art. 1er), elle déclare que « les ministres de la religion exercent les premières et les plus importantes fonctions de la société. »

Cette assemblée, qui comptait tant de grands hommes et qui a fait de si grandes choses au début de son œuvre, nous a laissé une magnifique profession de foi qu'il importe de rappeler ici :

« Les représentants des Français, fortement attachés à la religion de leurs pères, à l'Église catholique, dont le pape est le chef visible sur la terre, ont placé au premier rang des dépenses de l'État celles de ses ministres et de son culte. Ils ont respecté ses dogmes; ils ont assuré la perpétuité de son enseignement. Convaincus que la doctrine et la foi catholique avaient leur fondement dans une autorité supérieure à celle des hommes, ils savaient qu'il n'était pas en leur pouvoir d'y porter la main, ni d'attenter à cette autorité toute spirituelle; ils savaient que Dieu même l'avait établie et qu'il l'avait confiée aux pasteurs pour conduire les âmes, leur procurer les secours que la religion assure aux hommes, perpétuer la chaîne de ses ministres, éclairer et diriger les consciences[1]. »

Nous avons vu que la liberté religieuse implique la liberté du culte. La *Déclaration des droits* de 1789 disait : « Nul ne doit être inquiété pour ses opinions, même religieuses, pourvu que leur manifestation ne trouble pas l'ordre public établi par la loi. »

La constitution de 1791 garantissait à tout homme, « comme un droit naturel, la liberté d'exercer le culte religieux auquel il est attaché[2]. » Elle repro-

[1] Instruction de l'Assemblée nationale sur la constitution civile du clergé, 21-26 janvier 1791.
[2] Tit. Ier.

duisait ensuite le principe de la *Déclaration des droits* que nous venons de citer.

La constitution du 23 juin 1793 reconnaissait elle-même le libre exercice des cultes. L'article 7 était ainsi conçu : « Le droit de manifester sa pensée et ses opinions soit par la voie de la presse, soit par toute autre manière, le droit de s'assembler paisiblement, *le libre exercice des cultes*, ne peuvent être interdits. »

Dans l'article 1er du décret du 18 frimaire-1er nivôse an II (8-21 décembre 1793), la Convention faisait la déclaration suivante : « Toutes violences et mesures contraires à la liberté des cultes sont défendues. »

« La liberté des cultes est maintenue, » disait-elle encore dans l'article 11 du décret du 18 floréal an II (7 mai 1794)[1].

La constitution du 5 fructidor an III (22 août 1795) portait : « Nul ne peut être empêché d'exercer, en se conformant aux lois, le culte qu'il a choisi. »

---

[1] Ce n'étaient là toutefois que des déclarations hypocrites de la part de la Convention, contrastant douloureusement avec ses actes. « Les vainqueurs des Girondins, dit M. Wallon, n'ont mis la liberté dans la constitution de 1793 que pour la suspendre avec elle..... Elle ne reparaîtra qu'après leur chute, mais mutilée, frappée au cœur et déshonorée aux yeux de l'opinion publique par son commerce avec ces hommes de sang. » (P. 342 du t. II de son livre sur *la Terreur*.)

Sans doute la liberté religieuse a eu ses mauvais jours. Mais ils n'ont pas été longs, car l'humanité ne peut se passer de culte. Dans les temps de vertige elle a été jusqu'au culte de la déesse Raison[1]. Mais ces excès même prouvent la vérité de notre thèse, puisque « l'homme ne chassa Dieu de ses autels que pour y prendre sa place[2]. »

On sait que Robespierre, effrayé de la marche de la Révolution et comprenant qu'une société sans Dieu est impossible, fit proclamer par la Convention l'existence de l'Être suprême et l'immortalité de l'âme. Il fit instituer les fêtes décadaires; le 20 prairial an II, il brûla solennellement aux Tuileries le monstre de l'athéisme et se rendit au Champ de Mars pour invoquer l'auteur de la nature.

Portalis a écrit qu' « on n'afflige jamais plus profondément les hommes que quand on proscrit les objets de leur respect ou les articles de leurs croyances; on leur fait éprouver alors la plus insupportable et la plus humiliante de toutes les contradictions. »

---

[1] Le 20 brumaire an II, la basilique de Notre-Dame de Paris devint le temple de la Raison. « Une femme en costume de déesse, avec un bonnet rouge, un manteau bleu et une pique à la main, était portée sur un trône. On la fit asseoir au chœur de Notre-Dame et la procession défila devant elle, pendant que la vieille basilique retentissait de l'hymne de la Raison. » (M. Dareste de la Chavanne, *Histoire de France depuis ses origines jusqu'à nos jours*, t. VII, p. 541.)

[2] M. Wallon, t. Ier, p. 261 de son livre déjà cité.

Aussi ne la supportent-ils pas longtemps[1]. La persécution religieuse de la Révolution a autant fait pour la dictature impériale que les plus brillantes victoires; et lorsque la France s'est jetée dans les bras du premier consul, ce n'était pas seulement un soldat glorieux qu'elle acclamait, c'était encore un libérateur.

Napoléon lui rendit en effet la liberté de son culte dix-huit fois séculaire, auquel le Directoire venait d'attenter[2]. Le préambule du concordat du 18 germinal an X (8 avril 1802) s'exprime ainsi : « Le gouvernement de la République française reconnaît que la religion catholique, apostolique et romaine est la religion de la grande majorité des citoyens français. »

Le premier article de cette loi célèbre, qui nous régit encore aujourd'hui, proclame la liberté de la

[1] « L'indignation publique, dit encore M. Dareste de la Chavanne, s'était tue en présence de la guillotine. Elle se souleva devant la profession de l'athéisme et la violation des consciences. Le pays, qui avait tout supporté, ne supporta pas l'insulte faite à la religion. » (T. VII, p. 542 de son *Histoire de France*.)

[2] V. le décret du 3 ventôse an III (21 février 1794), qui interdit les cérémonies de tout culte hors de l'enceinte choisie pour leur exercice (art. 4) ; qui ne reconnaît aucun ministre du culte, et défend à qui que ce soit de paraître en public avec les habits, ornements et costumes affectés à des cérémonies religieuses (art. 5).

V. aussi la loi du 22 germinal an IV (11 avril 1796) qui interdit l'usage des cloches et de toute autre espèce de convocation publique pour l'exercice du culte.

religion catholique et la publicité de son culte dans les termes suivants : « La religion catholique, apostolique et romaine sera librement exercée en France. Son culte sera public, en se conformant aux règlements de police que le gouvernement jugera nécessaires pour la tranquillité publique. »

La charte de 1814 déclare dans son article 5 que « chacun professe sa religion avec une égale liberté et obtient pour son culte la même protection. »

L'article 6 ajoute que « la religion catholique, apostolique et romaine est la religion de l'État. »

La charte de 1830 proclame de nouveau la liberté des cultes (art. 5). La religion catholique est reconnue comme étant « professée par la majorité des Français » (art. 6).

La constitution du 4 novembre 1848 est fidèle aux mêmes principes. C'est « en présence de Dieu et au nom du peuple français qu'elle déclare, dans son préambule, qu'il y a des droits et des devoirs antérieurs et supérieurs aux lois positives (art. 3), et que la République doit protéger le citoyen dans sa personne, sa famille, *sa religion*, son travail » (art. 8).

Dans l'article 7 de cette constitution républicaine nous lisons, comme dans la charte de 1814 : « Chacun professe librement sa religion et reçoit de l'État pour l'exercice de son culte une égale protection. »

Enfin la constitution impériale du 14 janvier 1852, en disant dans son article 1er que « la constitution reconnaît, confirme et garantit les grands principes proclamés en 1789, qui sont la base du droit public des Français, » a, par là même, consacré le principe de la liberté religieuse inscrit, comme nous l'avons vu, sur tous les monuments de cette célèbre époque. L'article 26 dit d'ailleurs expressément : « Le Sénat s'oppose à la promulgation des lois qui porteraient atteinte à la constitution, à la morale ou *à la liberté des cultes.* »

Ainsi, dans notre pays si changeant et si mobile, il y a une chose qui ne change pas : c'est le respect des croyances religieuses. Rousseau a écrit « qu'aucun État ne fut fondé que la religion ne lui servît de base [1]. » Il aurait pu ajouter qu'aucun État ne s'est maintenu sans son secours. En France, nous l'avons vu, tous les pouvoirs qui se succèdent l'appellent à leur aide, parce qu'ils comprennent bien qu'elle est l'appui le plus solide des États, et qu'elle seule peut encore opposer une digue au flot révolutionnaire. La religion et le culte public, qui n'en est que l'expression, loin d'avoir chez nous une existence précaire et incertaine, reposent sur d'indestructibles assises, parce qu'ils répondent à une nécessité permanente de l'ordre social. Les gouver-

---

[1] *Contrat social*, liv. IV, ch. VIII.

15

nements ne peuvent pas plus supprimer que décréter les croyances religieuses. Ils les trouvent exerçant sur les âmes un souverain empire et n'ont qu'à s'incliner devant leur majesté séculaire. C'est pour nous un droit imprescriptible et sacré d'affirmer la religion de nos pères dans un culte public. Ce droit n'est point le privilége de quelques-uns; il appartient à tous, et voilà pourquoi il s'appelle le droit commun.

Or le culte, de l'aveu de tous les jurisconsultes qui ont écrit sur ce point, comprend les cérémonies funèbres[1]. Il en est ainsi chez tous les peuples. En France, la sépulture religieuse est tellement de droit commun que, lorsque l'Église la refuse pour des raisons dont elle seule devrait être juge, on se récrie, on réclame, on va jusqu'à traduire le clergé en justice par *l'appel comme d'abus*. De fait, l'abus a été déclaré quelquefois par application de l'article 6 de la loi du 18 germinal an X, quand le refus de sépulture religieuse n'a pas paru suffisamment justifié[2]. Et cependant le prêtre ne refuse son ministère que lorsque sa conscience lui en fait un rigoureux devoir. Aucun soupçon d'arbitraire ne saurait l'atteindre, puisque, sous le regard de son évêque, il obéit à des règles canoniques qui ont

---

[1] Dalloz, *Répert.*, v° Culte, n° 158.

[2] V. notamment la décision du conseil d'État du 30 décembre 1838, dans la célèbre affaire de M. de Montlosier.

prévu tous les cas. Mais non : les obsèques religieuses répondent à un besoin si général, si absolu ;
elles sont si profondément entrées dans nos mœurs,
qu'elles revêtent à nos yeux le caractère d'un droit
sacré, et qu'on va jusqu'à soutenir, par une exagération manifeste, que ce droit ne comporte pas même
les exceptions les plus naturelles, les plus légitimes.

Concluons de ce qui précède qu'aucun doute n'est
possible sur la règle à suivre aux obsèques de nos
concitoyens. Puisque c'est une tradition constante,
un usage universel, disons mieux, un droit acquis
de ne point séparer les funérailles religieuses des
funérailles civiles, nous devons rendre au défunt
les derniers devoirs en faisant appel aux ministres
de la religion dans laquelle il est né, dans laquelle
il a voulu mourir [1]. Prenons pour exemple le cas le

[1] Les libres penseurs ne respectent pas plus la religion protes-
tante que la religion catholique.

On écrit de Cette (Hérault), le 24 novembre 1873, au *Messager
du Midi* :

« Nous avons eu hier l'enterrement civil du nommé T... Les
circonstances qui ont entouré cet enterrement portent à croire qu'il
a été fait contre la volonté du décédé. T... était de la religion pro-
testante. En apprenant son décès, notre digne pasteur se rendit
aussitôt à son domicile. Non-seulement il ne trouva pas le cadavre,
qui avait été transporté au logis d'un autre membre de la famille,
mais encore il fut assez mal reçu. Le pasteur a dû se contenter de
suivre le convoi dans la foule, prouvant ainsi que la force seule l'empê-
chait de lui rendre les devoirs religieux, et que tout le blâme devait
être infligé à ceux qui l'avaient empêché de remplir sa mission. »

plus ordinaire, celui d'un homme appartenant à la religion catholique. Il lui appartient, puisqu'il a reçu le
baptême qui est le sceau dont elle marque ses fidèles, et qu'il n'a point abjuré la foi de son berceau.
Supposons qu'à ses derniers moments il n'ait par
aucun acte manifesté ses croyances religieuses. Mais
aussi rien ne prouve qu'il les a répudiées. Est-ce
que la présomption n'est pas que cet homme a voulu
pour lui les honneurs funèbres qui sont réservés à
tous les catholiques? Un mot suffisait pour le rejeter du sein de l'Église. Puisqu'il ne l'a pas prononcé, de quel droit mettrait-on la main sur ses dépouilles mortelles pour les arracher à la bénédiction
suprême? Écarter la Religion de ce cercueil sur
lequel elle vient prier, ne serait-ce pas insulter à la
conscience publique et fouler aux pieds le droit
commun [1]? Pour le faire respecter, l'autorité a le

---

[1] Nous pouvons citer de nombreux faits de violation du droit
commun.

Dans son numéro du 24 avril 1873, le *Petit Lyonnais* contient
l'invitation à l'enterrement civil du sieur P..., artiste lyrique. Or,
quelques jours après, la famille du défunt, absente au moment du
décès, faisait célébrer dans l'église de Saint-Nizier un service solennel pour le repos de son âme.

On lit dans *la Décentralisation* du 29 juin 1873 :

« Un de nos concitoyens nous écrit : « Hier matin 27 juin, on a
« enterré civilement un nommé F..., rue de Vauban. Comme il est
« mort subitement, il n'a pu faire exécuter ses dernières volontés.
« Seulement je puis vous affirmer que ce n'était pas dans ses inten-

le devoir d'intervenir. Son action ferme, énergique, peut seule empêcher le retour des abus dont nous avons été témoins.

« tions, car je le connaissais, non pas pour un grand dévot, mais « pour un croyant. »

A propos de l'enterrement civil de M. Abd-el-Rhaman, ben-Soliman Kotja, la *Gazette du Midi* a reçu la lettre suivante :

« Correns, 17 juillet 1873.

« Quand Soliman se convertit au catholicisme, M. et Mme du R... l'assistèrent en qualité de parrain et de marraine ; plus tard il se maria ; son mariage religieux fut célébré dans l'église de Correns et la messe fut dite à cette intention, sur la demande des jeunes époux... Soliman était catholique ; et si Dieu, dans ses décrets impénétrables, n'avait enlevé à notre pauvre ami l'usage de la raison, fidèle aux principes qui l'ont dirigé pendant la meilleure partie de sa vie, il n'eût pas déserté son poste de combat au dernier moment ; mais, tenant la croix du divin Maître de la même main qui tenait l'épée à la bataille de Solférino, il serait mort en soldat du Christ, sans peur et sans reproche, n'en déplaise à ceux qui font de son corps une réclame. »

« A Lunel, le citoyen K... étant mort subitement, les frères et amis se sont précipités sur son cadavre, et, sans que le prêtre ait eu le temps d'arriver jusqu'à lui, ils l'ont promené dans tout Lunel, suivis de quatre cents libres penseurs, arrivés à la hâte de Marsillargues, de Lausargues, etc. Un rédacteur de *la République* de Montpellier est allé présider cette cérémonie et a cru devoir prendre la parole pour insulter les pèlerinages, les processions et le clergé catholique. » (Journal *l'Union nationale*, juillet 1873.)

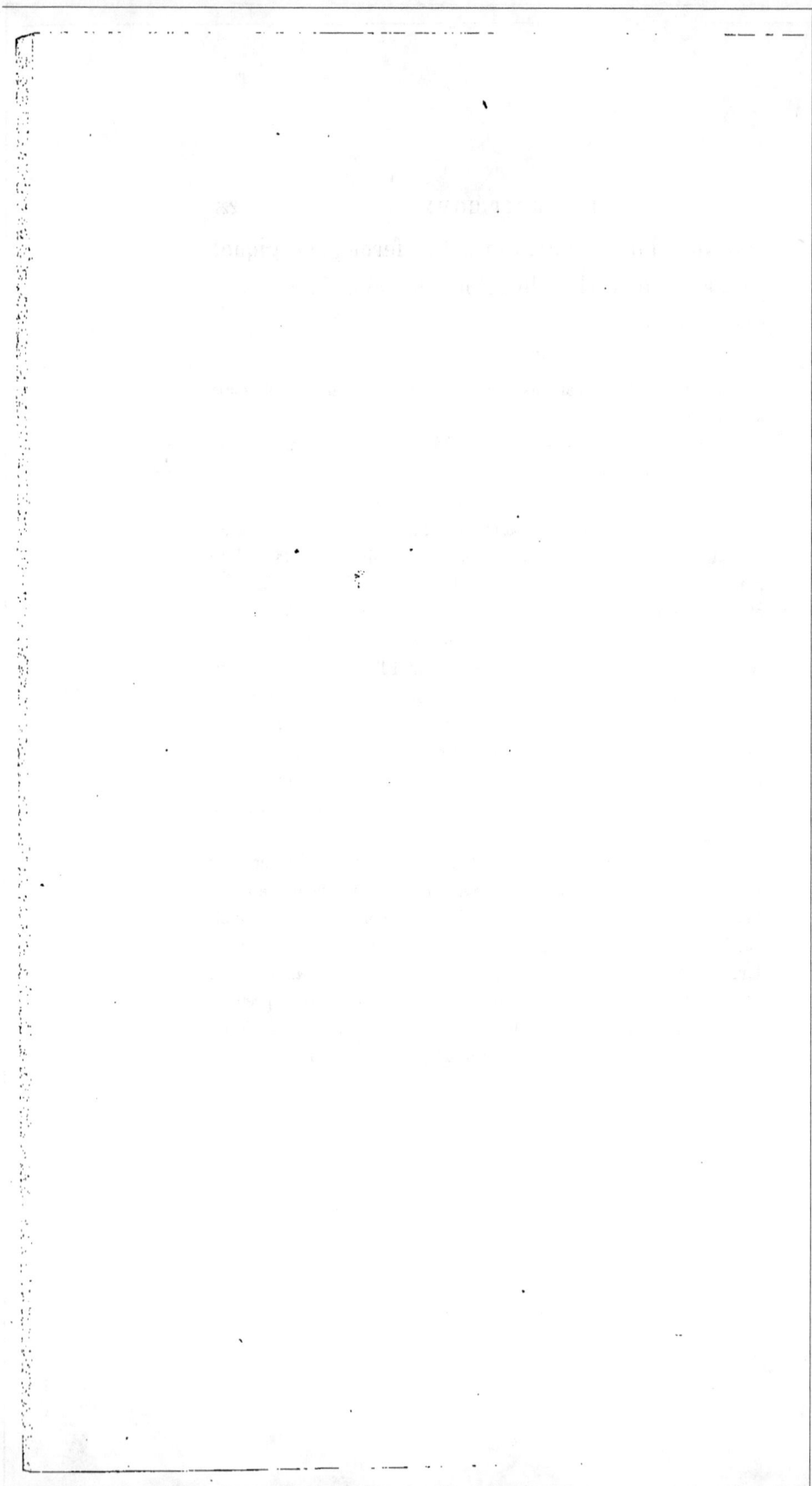

CHAPITRE VII

LES ÉTRANGERS

Lorsqu'on arrête ses regards sur un convoi purement civil, on voit tout de suite que le désir de rendre hommage au défunt n'est pas la pensée principale qui inspire la plupart des assistants. Il s'agit avant tout, pour le plus grand nombre, de se livrer à une manifestation irréligieuse. C'est un spectacle qui est offert au public. On veut étaler au grand jour le mépris de toute croyance et faire parade d'athéisme. On se préoccupe surtout d'être nombreux. Plus il y aura d'assistants, plus la démonstration sera imposante, plus l'effet sera grand sur cette population qui a encore la faiblesse de croire à l'immortalité de l'âme. C'est ainsi qu'à Lyon, contrairement à tous les usages, *les dames et les demoiselles* sont invitées à assister aux funérailles, même à celles d'un homme marié ou célibataire. Ainsi

encore les lettres d'invitation portent en gros caractères la formule solennelle : *Enterrement civil*[1].
La même formule se retrouve dans les annonces de
certains journaux, qui ouvrent avec empressement
leurs colonnes à ces manifestations systématiques[2].

L'heure de l'inhumation venue, la foule se presse
au domicile mortuaire. Mais quels sont les sentiments qui l'animent ? Contraste saisissant entre les
funérailles civiles et les funérailles religieuses. Ici,

---

[1] Ces lettres sont ainsi conçues :

ENTERREMENT CIVIL

$$M$$

Madame veuve X..., Monsieur X... et leurs amis ont la douleur
de vous faire part de la perte qu'ils viennent d'éprouver en la
personne de

Monsieur X...

Leur époux, père, etc; décédé le... dans sa trente-unième
année.
Ils vous prient de vouloir bien assister à ses funérailles, qui
auront lieu le...
Le convoi partira du domicile du défunt pour se rendre directement au cimetière de...

Un Souvenir !

Lyon, le...

LES DAMES ET LES DEMOISELLES SONT PRIÉES D'Y ASSISTER.

[2] Citons entre autres le *Petit Lyonnais*, qui, avant l'arrêté du
18 juin 1873, contenait tous les jours des annonces de ce genre.

le souvenir du défunt, de ses vertus, du bien qu'il a fait ; le regret de l'avoir perdu, tempéré par l'espérance de le revoir dans un monde meilleur ; la douleur trouvant un pieux épanchement dans la prière ; enfin ce retour qu'on fait sur soi-même, ces réflexions salutaires sur la rapidité de la vie et sur l'éternel avenir : voilà les pensées qui s'imposent à tous. On peut craindre qu'il n'en soit pas ainsi dans les obsèques d'où l'on a banni toute idée religieuse. Ne voyons-nous pas qu'elles sont exploitées par les agitateurs du jour, et que le plus souvent les passions politiques s'y donnent rendez-vous[1] ?

Suivez des yeux le convoi laïque, vous le verrez, précédé d'un commissaire, s'avançant sur deux longues files qui marchent avec la régularité de la consigne[2]. Il traverse fièrement les rues de la cité au milieu d'une population chrétienne, qui ne peut que protester en silence contre ces démonstrations impies. Mais l'étonnement et la douleur se peignent sur plus d'un visage[3]. On arrive ainsi au cimetière,

[1] V. les faits cités au ch. XIII.

[2] « Un enterrement civil, dit *l'Ordre et la Liberté* de Valence, a eu lieu mardi à Romans. Cent trente à cent quarante personnes composaient le cortége. En entrant au cimetière, un de ceux qui tenaient les cordons du poêle s'est écrié : « Citoyens ! chapeau bas ! » Les citoyens ont obéi. » (Reproduit par *la Décentralisation* du 17 janvier 1875.)

[3] Plusieurs arrêtés constatent l'impression pénible produite sur

où le dernier acte de cette lugubre scène appartient au fossoyeur.

Tout cela est profondément triste; mais tout cela est légal. J'ai hâte d'examiner ce qui ne l'est pas.

Le droit des étrangers, de ceux qui ne font point partie de la famille, est des plus restreints dans la matière qui nous occupe. Il se borne à l'assistance aux obsèques ; il ne va pas au delà.

Malheureusement il n'est pas rare de voir ici les plus graves abus. Trop souvent les familles sont victimes de gens qui commencent par d'inconvenantes démarches, pour aboutir à des sollicitations indignes et quelquefois à la menace. La personne dont ils guettent la dépouille a-t-elle rendu le dernier soupir, ils apparaissent à son foyer. Tous les moyens leur sont bons pour s'emparer de ce corps à peine refroidi. Ils affirmeront qu'ils étaient les amis du dé-

les populations par les enterrements civils. Je cite, entre autres, l'arrêté du maire de Saint-Macaire (Gironde) :

« Considérant que plusieurs sépultures, qui ont eu lieu sans l'assistance de ministre d'aucun culte, ont *froissé les sentiments religieux de la population de Saint-Macaire ;* considérant que les personnes qui ont dirigé ces sortes de sépulture ont même cherché à faire enlever, sans autorisation de l'autorité municipale, le corps des décédés, donnant ainsi un exemple de mépris pour l'autorité, etc. » Suivent plusieurs dispositions relatives notamment à la fixation des heures de l'enterrement.

Même considérant dans l'arrêté du maire de Toulon, reproduit au chapitre XIII.

funt, les confidents de ses pensées, les témoins des
derniers actes de sa vie. Ils attesteront qu'il a voulu
mourir sans recevoir les sacrements, et qu'il a demandé lui-même une sépulture purement civile.
Parfois, ils iront jusqu'à produire un engagement
dans ce sens, que le malheureux a consenti dans un
moment d'égarement ou de faiblesse. Souvent on
promettra des secours, sans crainte de mettre la
misère aux prises avec le devoir[1]. On spéculera sur

---

[1] On lit dans *le Citoyen*, journal de Marseille : « Des agents sans
vergogne ne se bornent pas à aller à domicile tromper des malheureux qui ignorent ce qu'on exige d'eux. Ils poussent l'impudence
jusqu'à se tenir dans la salle de la mairie pour faire leurs offres de
service aux personnes qui viennent déclarer le décès de quelqu'un. »
(Juin 1873).

Voyez *la Décentralisation* du 2 juillet 1873. Cette feuille cite les
journaux du Midi qui attestent sur ce point les plus honteux
trafics.

Dans son numéro du 24 septembre 1873, elle reproduit l'article
suivant de la *Gazette de Nimes* :

« Nous savons de source certaine que des agents des sociétés secrètes pénétrèrent, il y a quelques semaines, dans une famille pauvre,
dont le chef était malade depuis longtemps. Ils offrirent à ce malheureux de lui donner aussitôt la somme de quarante francs, lui
promettant un secours régulier, par semaine, d'une somme à peu
près égale, à la seule condition qu'il déclarerait par écrit vouloir
être enterré civilement. Fort heureusement cette proposition s'adres-
sait cette fois à un excellent catholique, qui sut trouver dans sa foi
l'énergie nécessaire pour la repousser. »

Dira-t-on que des renseignements de journaux sont insuffisants
pour prouver ces faits odieux ? Mais ils ont été attestés par M. le

la faiblesse d'une femme, sur l'ignorance d'un enfant, sur la détresse d'un vieillard ; et l'on ne tardera pas à parler en maître dans cette maison qu'on ne connaissait peut-être pas avant que la mort l'eût visitée [1].

Il faut mettre un frein à cette audace et s'opposer à cet empiétement indigne. Il faut arrêter l'étranger sur le seuil du foyer domestique ; car il n'a

Ministre de l'Intérieur dans son discours du 24 juin 1873, et à l'appui de son affirmation il a produit un grand nombre de procès-verbaux régulièrement dressés.

[1] Je prends au hasard quelques faits, au milieu de tous ceux que je pourrais citer.

On lit dans le *Courrier de Lyon* du 31 mars 1873 : « Isère. Un enfouissement solidaire, celui du sieur T..., a eu lieu hier à Saint-Quentin d'Isère, avec le concours de notabilités libres penseuses de Voiron, Moirans, Grenoble. Lesdites notabilités, affirmant que le sieur T... avait désiré être enfoui civilement, ont passé outre aux protestations de *sa mère*, femme très-âgée et très-respectable, pour laquelle une pareille chose était une humiliation et un chagrin profond. »

La même feuille, dans son numéro du 8 juillet 1873, contient une protestation de la famille du sieur C..., qui venait d'être inhumé civilement. La protestation se termine ainsi : « Il est tellement vrai que la famille a été éloignée du malade, que *la sœur* de M. C..., indignée de ce qu'elle n'avait pu pénétrer chez *son frère*, est allée avertir de ce qui se passait un des membres de l'autorité de Lyon. »

Le *Télégraphe* rapporte le fait suivant qui s'est passé dans une petite localité du département du Rhône : « Un brave homme venait de mourir réconcilié avec Dieu, et le prêtre était présent pour l'accompagner à sa dernière demeure ; mais il comptait sans les libres penseurs. Ils étaient là entourant le cadavre et maudissant le curé. Il était leur, disaient-ils. En vain *la fille* du défunt propas le droit de le franchir (art. 184 du code pénal).

A Athènes et à Rome il en était ainsi. Les funérailles ne pouvaient être accomplies que par les
parents les plus proches. C'étaient eux qui fer-
maient les yeux au défunt sur son lit de mort, eux
qui les lui ouvraient sur le bûcher funèbre pour
qu'il pût regarder une dernière fois le ciel, eux qui
allumaient le bûcher[1], eux enfin qui recueillaient

---

testait-elle, et refusait-elle de laisser enterrer *son père* comme un
chien. Ils ne voulaient pas lâcher leur proie. Le prêtre était parti
et le scandale allait grandissant. On fut querir le maire. Alors nos
individus exhibèrent à ce fonctionnaire un papier-testament, qu'ils
prétendirent avoir trouvé derrière l'oreiller, et sur lequel le signa-
taire demandait à être enterré civilement. Il n'y avait qu'un malheur : le défunt ne savait pas écrire. C'est ce que prouva sa fille. Le
maire alors envoya chercher le prêtre ; et, comme les libres penseurs hurlaient toujours, la gendarmerie vint escorter le prêtre et
le défunt. » (*Décentralisation* du 3 juillet 1873.)

Le *Télégraphe* du 1er octobre 1873 contient la lettre suivante :
« C'est au nom de toute la famille de M. S... que je vous solli-
cite d'avoir l'obligeance d'insérer ceci : M. S..., conseiller municipal, a été enterré civilement, sans que sa famille en ait été préve-
nue ; nous avons même ignoré qu'il était aussi mal. Tous chrétiens,
nous répudions son enfouissement.

« Recevez, etc.   B. »
Même fait à Lyon, le 26 septembre 1873. (*Courrier de Lyon*
du 28.)

Même fait à Tours. (*Journal d'Indre-et-Loire* du 24 janvier 1874.)

Même fait à Monceau-sur-Oise, près Guise. (*Univers* du 29 décembre 1874).

[1] Cicéron, *Tusculanes*, I, 35. — Pline, VII, 44 ; XI, 37, cités
par Désobry dans son livre : *Rome au siècle d'Auguste.*

les cendres [1]. Chez les Hébreux c'était aussi le
fils ou le plus proche parent du défunt qui lui fermait les yeux[2]. Quant au repas funèbre, qui se re-
nouvelait ensuite à des époques déterminées, la
famille seule avait le droit d'y assister, et tout étranger en était sévèrement exclu. On croyait que le
mort n'acceptait l'offrande que de la main des siens,
et ne voulait de culte que de ses descendants. La
présence d'un homme qui n'était pas de la famille
troublait le repos des mânes. Aussi la loi interdi-
sait-elle à l'étranger d'approcher d'un tombeau[3].
Dans l'Inde, comme en Grèce, l'offrande ne pouvait
être faite à un mort que par ceux qui descendaient
de lui. La loi des Hindous, comme la loi athénienne,
défendait d'admettre un étranger, fût-ce un ami,
au repas funèbre[4].

Nulle part, dans aucun texte, le Droit français ne
permet à l'étranger de s'immiscer dans la succession du défunt, d'intervenir de près ou de loin dans
le règlement des droits auxquels le décès donne ou-
verture. La loi ne reconnaît ici d'autorité qu'à la
famille. C'est à elle seule qu'il appartient de tran-

---

[1] Homère, *Iliade*, liv. XXIII, v. 352 ; liv. XXIV, v. 793.

[2] *Genèse*, XLVI, 4.

[3] M. Fustel de Coulanges, *la Cité antique*, p. 32. — Il cite à
cet égard Varron, Plutarque et surtout Cicéron.

[4] M. Fustel de Coulanges, p. 33.

cher la question des funérailles, suivant les distinctions que nous ferons bientôt connaître.

C'est qu'en effet la famille est l'élément essentiel de toute organisation sociale. La constitution du
4 novembre 1848 le dit dans l'article 4 de son
préambule : « La République a pour base *la famille*,
le travail, la propriété, l'ordre public. » Le paragraphe 7 parle des lois qui régissent *la famille*. Le
paragraphe 8 dit que « la République doit protéger
le citoyen dans sa personne, *sa famille*, sa religion. »
Enfin l'article 13 de la même constitution déclare
que l'État ne donne l'assistance qu'à ceux que *leurs
familles* ne peuvent secourir.

Ouvrons le décret du 23 prairial an XII (12 juin
1804), qui est encore aujourd'hui notre loi fondamentale en matière de sépulture. L'article 18 dit :
« Les cérémonies précédemment usitées pour les
convois, suivant les différents cultes, seront rétablies,
et il sera libre aux *familles* d'en régler la dépense
selon leurs moyens et facultés. » Les articles 19
et 20 s'occupent des services religieux et disposent
qu'ils sont *requis par les familles*[1].

De même, le décret du 18 mai 1806 dispose que
« *les familles* qui voudront quelque pompe traite-

---

[1] *Requis !* Cette expression n'est point exacte; on a voulu dire
demandés par les familles.

ront avec l'entrepreneur suivant un tarif qui sera
dressé à cet effet. » (Art. 11.) Le décret du 18 août
1811 divise en six classes le service des inhumations
à Paris. L'article 1er dit que la classe *est demandée
par la famille*. L'article 2 doit surtout fixer notre
attention, car il met encore plus en relief, s'il est
possible, le droit exclusif de la famille : « L'entrepreneur général du service, dit cet article, fera im-
primer des modèles d'ordre ; c'est uniquement sur
ces modèles imprimés que *les familles ou leurs
fondés de pouvoirs* expliqueront *leurs volontés*. »

Enfin le code pénal de 1810, traitant des peines
en matière criminelle, ordonne (art. 14) que « les
corps des suppliciés seront délivrés *à leurs familles*,
si elles les réclament, à la charge par elles de les
faire inhumer sans aucun appareil. » Jamais, comme
on le voit, les étrangers n'interviennent en leur nom
personnel. On ne les écoute que lorsqu'ils sont *fondés de pouvoirs* de la famille.

Vainement l'étranger essayerait-il de se parer du
titre plus ou moins vrai d'ami du défunt. L'amitié ne
crée aucun droit dans notre législation. Une fois seulement le décret de prairial an XII la mentionne, en
décidant qu' « il n'est point dérogé au droit qu'a
chaque particulier, sans besoin d'autorisation, de
faire placer sur la fosse de son parent ou de *son ami*
une pierre sépulcrale ou autre signe indicatif de

sépulture, ainsi qu'il a été pratiqué jusqu'à présent. »
C'est là, il faut en convenir, un droit des plus mo-
destes, vieux souvenir, vieille tradition du passé.
Nul doute, d'ailleurs, que les droits de la famille ne
priment ici ceux de l'amitié.

On sait que le code civil n'établit aucune différence, au point de vue successoral, entre les meilleurs
amis du défunt et ceux qui ne le connaissaient pas.
L'amitié n'est rien pour le législateur. Il n'en parle
que dans un seul cas, en matière de tutelle. Quand
il n'y a pas sur les lieux des parents ou alliés en
nombre suffisant pour compléter le conseil de famille d'un mineur, le juge de paix peut appeler à en
faire partie des citoyens connus pour avoir eu des
relations habituelles d'amitié avec le père ou la
mère du mineur (art. 409 du code civil). Il est bien
évident qu'on ne peut de cette disposition unique,
exceptionnelle, inférer aucun droit pour le cas qui
nous occupe. Il ne s'agit ici, en effet, que d'un pri-
vilège très-subsidiaire, uniquement accordé pour que
le mineur ne reste pas sans défenseur. Mais, en matière de sépulture, c'est le droit héréditaire lui-
même qui apparaît. L'héritier légitime, nous le verrons, succède à tous les droits du défunt ; il continue
sa personne, et par conséquent c'est à lui qu'in-
combent tous les devoirs de succession et de famille.
Allons plus loin. A défaut de parents et d'époux

16

survivants, c'est l'État qui hérite (art. 768). Or l'État veut la sépulture religieuse. Il se l'est imposée à lui-même comme une règle fondamentale, en prescrivant que dans les cimetières chaque culte doit avoir un lieu d'inhumation séparé. Ainsi, à quelque point de vue qu'on se place, on doit conclure à l'exclusion absolue des étrangers[1].

[1] C'est donc à tort que M. le maire d'Angers, dans son arrêté du 12 avril 1874 réglementant, d'une manière d'ailleurs fort sage, les enterrements civils, a cru devoir accorder aux *amis* du défunt la place que voici : « Art. 1. — Lorsqu'un enterrement civil devra avoir lieu, les parents du défunt, ou, à défaut de parents, *ses amis* seront tenus d'en faire la déclaration à la mairie vingt-quatre heures à l'avance. »

Les principes que nous venons d'exposer sont placés sous la sauvegarde de l'autorité publique. C'est à elle qu'il appartient de les faire respecter. Voici un exemple de la fermeté avec laquelle on les a appliqués :

On lit dans le *Petit Lyonnais* du 23 septembre 1873 : « Nous avons reçu la lettre suivante, avec prière de l'insérer :

« Monsieur le rédacteur en chef,

« Un vieillard de soixante-dix-sept ans est décédé hier à l'hôpital de la Croix-Rousse. *Ses voisins* ont voulu le faire inhumer civilement, selon sa volonté plusieurs fois exprimée. L'employé de la mairie du quatrième arrondissement, chargé de recevoir les déclarations de décès, a exigé l'autorisation écrite de l'économe de l'hospice. Cette autorisation a été refusée, et le refus motivé par l'absence du plus proche parent du défunt. C'est en vain que nous avons déclaré *qu'il n'existe aucun parent à Lyon* et prendre toute responsabilité pour nous ; que nous avons donné comme preuve des dispositions du défunt ses refus catégoriques de recevoir les derniers sacrements.

« Recevez, etc.   P. C. »

De quoi ces voisins se plaignent-ils ? Est-ce qu'ils ont un droit quelconque en pareil cas ? Nous avons démontré qu'ils n'en ont aucun, pas plus celui d'exciper des derniers actes du défunt, que tout autre. C'est aux ministres du culte seuls qu'il appartient d'apprécier ce prétendu refus des sacrements, et on sait quelles sont à cet égard les justes sévérités de l'Église. En l'absence de tout parent du défunt, on devait donc, conformément à la règle générale que nous venons d'exposer, suivre le droit commun et procéder à la sépulture religieuse.

Autre exemple que nous fournit également le *Petit Lyonnais* du 28 septembre 1873 :

« Hier matin avait lieu rue Bugeaud l'enterrement du citoyen B..., que nous avions annoncé être un enterrement civil. Environ cinq cents personnes s'étaient rendues à la maison mortuaire, avec l'intention d'accompagner ce digne citoyen jusqu'à sa dernière demeure. Quel ne fut pas l'étonnement des personnes rassemblées dans la rue, en voyant arriver un prêtre suivi d'un commissaire de police ceint de son écharpe et accompagné de gardes urbains. L'enterrement n'était donc plus civil, malgré la déclaration faite à la mairie.

« Les *amis* du mort protestèrent, car B..., avant de mourir, avait formellement refusé les secours de la religion et déclaré qu'il voulait être enterré civilement. Qu'était-il donc arrivé ? Simplement ceci : c'est que le *frère* du mort, un sieur B..., cordonnier, porte d'Anse, à Villefranche, bien connu pour ses opinions cléricales, était allé trouver le curé de la paroisse et le commissaire de police du quartier, et, se prévalant de sa qualité d'héritier direct du mort, avait déclaré vouloir faire enterrer son frère religieusement, et pour cela avait réclamé l'aide de la police.

« Donc, à six heures, le curé vint procéder à l'enlèvement du corps. Les cinq cents personnes ne voulurent pas suivre le cercueil et protestèrent en se retirant. Quatre personnes seulement suivirent le cercueil : le frère du défunt, le commissaire de police et deux gardes urbains. »

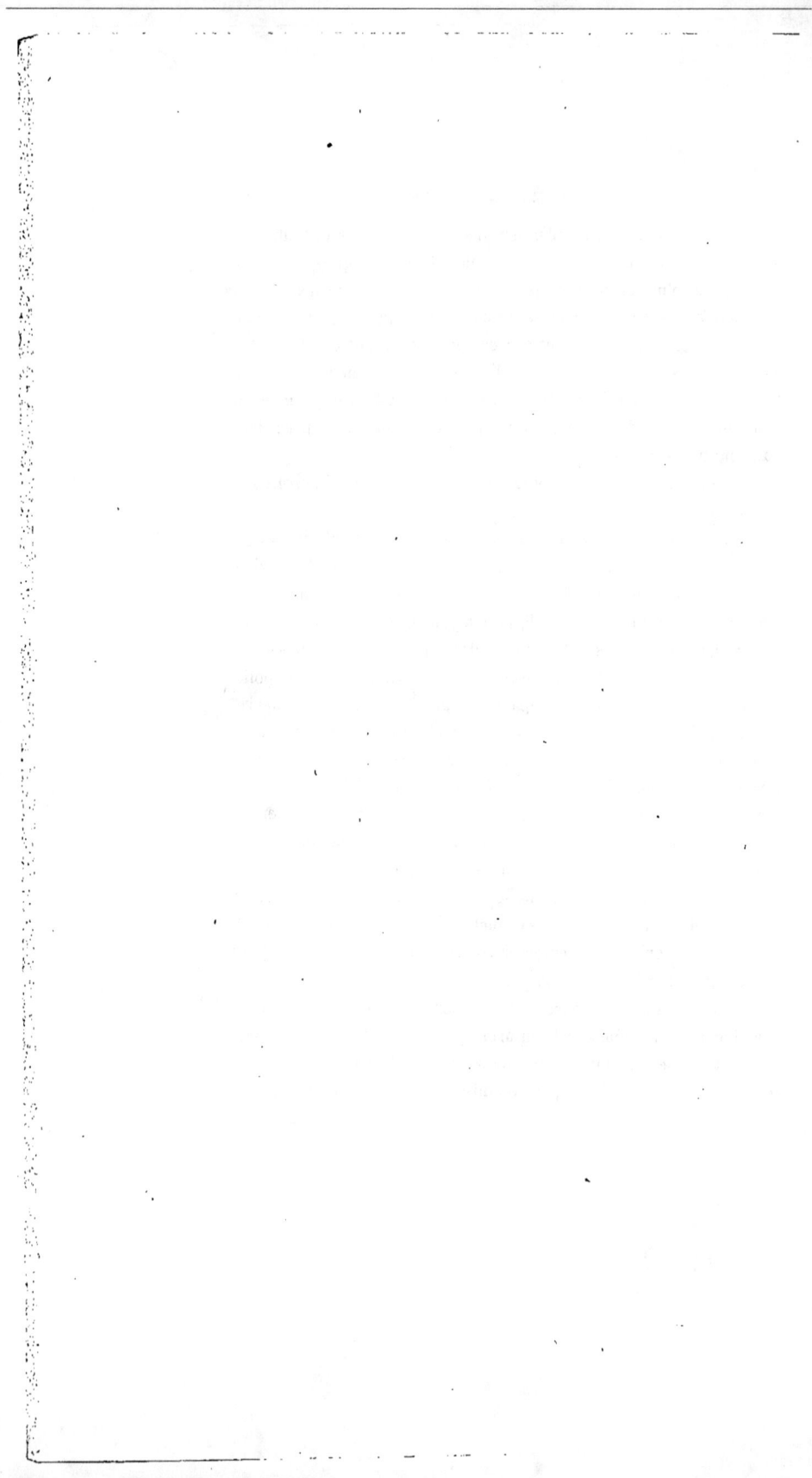

CHAPITRE VIII

LA VOLONTÉ DU DÉFUNT

Le respect de la volonté du défunt, telle est la première règle que nous avons posée en matière de sépulture. Ce n'est que dans le cas où cette volonté n'a pas été manifestée, ou n'a aucune valeur légale, qu'il est permis d'en appeler à la famille, ou d'appliquer le droit commun, s'il n'y a pas de famille.

Cette règle est capitale. Si on la suivait avec impartialité, avec bonne foi, toutes les difficultés s'aplaniraient bien vite, et l'étude juridique à laquelle nous nous livrons deviendrait presque inutile. Mais ce principe fondamental est méconnu. Sans doute on n'a garde de le nier ouvertement. Souvent même on lui rend un public hommage [1]; sauf à n'en tenir

---

[1] Je pourrais citer plusieurs annonces d'enterrements civils se terminant ainsi : *Telle a été la dernière volonté du défunt.*

aucun compte quand il s'agit de l'appliquer. L'Église catholique, au contraire, nous ne saurions trop le remarquer, est la première à proclamer la sagesse de cette règle et à la mettre en pratique ; elle ne s'en écarte jamais. Ici, comme partout, elle répudie toute violence et ne connaît d'autre arme que la persuasion. Montrant à nos libres penseurs comment il faut entendre la vraie liberté, elle ne contraint personne, pas plus les morts que les vivants, à entrer sous les voûtes de ses temples, et elle laisse à chacun l'entière disposition de lui-même. On verra bientôt combien on se soucie peu de suivre son exemple[1].

Et cependant, respecter la volonté légitime des mourants est, je le répète, un principe si simple, si évident, que, lorsque vous l'énoncez, personne n'ose vous contredire en face. Tout le monde sent ce qu'il y a de solennel et de touchant dans les vœux et les prières de ceux qui nous quittent. Les fouler aux pieds, c'est se rendre coupable d'une impiété flétrie par la conscience publique. « La volonté de l'homme, dit M. Troplong, quand elle a été idéa-

---

[1] V. les faits cités au chapitre XI. A tous ces faits joignons encore celui-ci : « Maine-et-Loire. Une jeune fille de Nantilly vient d'être enterrée civilement, malgré ses habitudes pieuses et ses sentiments catholiques odieux à ceux qui se sont emparés de son cadavre. » (*Écho Saumurois*, du 19 décembre 1874.)

lisée par la mort, est une des grandes puissances
morales de ce monde[1]. »

Ce sentiment de respect est en quelque sorte
inné dans nos cœurs. Voilà pourquoi il est universel, pourquoi il s'est fait jour dans tous les
temps, dans tous les lieux. Partout et toujours on a
considéré comme un rigoureux devoir de se conformer aux désirs légitimes des mourants. Les traditions sur ce point sont unanimes.

Les lois, à leur tour, ont donné leur consécration
à ce sentiment si intime, à ces pieuses traditions. Le
testament, qui fera bientôt l'objet d'un examen spécial, en est la preuve. Assurément il découle du
droit de propriété, il en est la conséquence, il en
est l'expression la plus énergique. Mais qui ne voit
que le droit de tester a sa racine dans le sentiment
de respect dont nous parlons[2]? Qui peut douter que
le jour où ce sentiment s'affaiblirait chez nous, l'autorité du testament ne fût ébranlée et ne tardât pas à
disparaître ?

De toutes les manifestations de la volonté humaine, il n'en est point de plus digne de nos égards,
de nos scrupuleuses déférences que celle qui a trait

[1] Préface du *Traité des Donations et des Testaments.*
[2] C'est ce qu'exprime très-bien Ulpien dans ce texte : *Non ex
rigore juris civilis proficiscitur, sed ex voluntate datur relin-
quentis (Frag., xxv, 1).*

à la sépulture. Lorsqu'une personne a voulu pour elle les dernières prières qu'il appartient à la religion seule de prononcer, c'est alors surtout que ses vœux revêtent un caractère de véritable grandeur, et deviennent à la lettre une loi pour nous. Nous louons celui qui en est l'observateur fidèle ; nous n'avons pas de paroles assez sévères pour celui qui les méconnaît.

Ce devoir envers les morts est si saint, qu'à nos yeux personne ne saurait s'y soustraire. Oui, toutes les fois que nous sommes en présence d'une *justa voluntas*, comme disait le droit romain, c'est-à-dire d'une volonté qui s'est exprimée d'une manière légale, elle s'impose souverainement à nous, et nous n'admettons pas qu'on puisse s'en affranchir. Cette règle ne fléchit que dans le cas d'incapacité légale, alors qu'il n'y a pas à proprement parler de volonté, ou qu'il y a une volonté entachée d'un vice radical.

La nécessité d'une *justa voluntas*, d'une volonté légalement exprimée, fait naître plusieurs questions délicates, qu'il importe de résoudre parce qu'elles peuvent se présenter tous les jours.

Que déciderons-nous, par exemple, relativement au mineur ? Le simple bon sens n'exige-t-il pas de distinguer entre le premier âge et celui où le défunt est sur le point d'atteindre sa majorité ? Quelle règle observer alors, pour échapper à la fantaisie et à l'arbitraire? Suivant nous, en raisonnant par analogie, on arrive à la vérité. L'âge de seize ans révolus nous paraît être l'époque où, dans la pensée de la loi, la volonté du mineur, au point de vue de ses obsèques, doit être prise en décisive considération.

En principe le mineur, l'individu de l'un et de l'autre sexe, qui n'a pas encore l'âge de vingt et un ans accomplis, est incapable (art. 450, 1124 du code civil). Et cependant, s'il est âgé de seize ans, il peut tester, c'est-à-dire régler la dévolution de ses biens pour le temps où il ne sera plus (art. 904). A dater de ce moment, la loi le reconnaît capable d'avoir une volonté. Le code pénal le considère comme agissant avec discernement ; il répond de ses délits et de ses crimes; il peut être condamné à mort. Sans doute il ne peut alors disposer que de la moitié de ses biens; mais, dans cette limite, sa volonté vaut celle d'un majeur, et elle doit être obéie. C'est là assurément un droit très-remarquable; car ce que le mineur peut faire par testament, il ne pourrait le faire par donation entre-vifs. Une telle faveur a son explication dans les sentiments de respect que nous éprouvons pour les volontés dernières. Quelle en sera la conséquence? Nous n'hésitons pas à dire que ce sera, pour le mineur parvenu à l'âge de seize ans, le droit d'avoir une volonté entière,

absolue, à l'endroit de sa sépulture. Comment en serait-il autrement ? Le testament, aux termes de l'article 895, est le droit de disposer de ses biens. Il entraîne donc la faculté de déterminer le sort des dépouilles mortelles ; car pour l'homme, dont la personnalité se compose d'un corps et d'une âme, disposer
de son corps, c'est disposer du premier de ses biens.
Or il tombe sous le sens qu'on ne peut disposer de
la moitié de son corps. Ainsi nous concluons qu'à
partir de l'âge de seize ans, la volonté bien établie
du mineur de l'un ou de l'autre sexe doit faire loi
pour ses funérailles, alors même qu'elle ne serait
pas exprimée dans un testament. Devant elle, le tuteur, même le père ou la mère, est obligé de s'incliner.

Nous suivrons un raisonnement analogue pour
l'interdit, pour celui qui est dans un état habituel
d'imbécillité, de démence ou de fureur. L'interdit est
incapable (art. 509). Mais la jurisprudence décide
qu'il peut tester dans les intervalles lucides [1]. Donc,
si dans un de ces intervalles il a manifesté l'intention de mourir chrétiennement, il a exprimé valablement sa volonté, et la religion doit être appelée
à ses obsèques.

---

[1] V. M. Demolombe, *Traité de la Minorité*, t. II, nº 640, et
Traité des Donations et des Testaments, t. I, nº 371.

La femme mariée relève de l'autorité de son mari.
Suit-il de là que sa voix doive rester impuissante et
méconnue, lorsque, sans employer la forme solennelle du testament, elle demande les bénédictions
suprêmes de l'Église ? La question de savoir jusqu'où s'étend la puissance du mari, si elle lui permet de substituer sa volonté à celle de son épouse, et
de lui faire subir le déshonneur d'un enterrement
civil, contre lequel protestent les actes de toute sa
vie, est une question des plus graves, parce qu'elle
a une portée pratique considérable. Tous les jours,
entraînés par l'ardeur de leurs passions politiques,
esclaves d'un mot d'ordre donné par les sociétés secrètes, les sectaires nous offrent le spectacle de
leurs impiétés, de leurs attentats à la liberté religieuse de leurs épouses. Prenons l'exemple si fréquent d'une femme morte, comme elle a vécu, en
vraie chrétienne. Le mari lui-même ne peut nier
qu'elle ait repoussé avec horreur la sépulture athée,
et qu'elle ait voulu sortir de la vie, comme elle y est
entrée, marquée du sceau de l'Église. Les parents
de la défunte sont là, suivis du ministre des autels.
Tous s'apprêtent à lui rendre les devoirs sacrés que
la religion nous impose envers les morts. Le mari
pourra-t-il les arrêter sur le seuil de son foyer, en
invoquant ses droits d'époux, ses droits de citoyen
dont le domicile est inviolable ? Je ne le pense pas,

et je crois qu'en recourant à l'autorité judiciaire on doit avoir raison de sa résistance.

Pour le démontrer, on aurait tort, suivant nous, de soutenir, comme on l'a fait quelquefois, que la mort fait disparaître la puissance conjugale, et qu'au décès de la femme il ne subsiste entre les mains du mari aucun vestige de l'autorité dont il était revêtu. On verra bientôt que c'est précisément cette qualité d'époux qui lui donne le droit de disposer des restes de sa femme à l'exclusion des parents de celle-ci, lorsque d'ailleurs elle n'a pas fait connaître sa volonté. La véritable raison à opposer aux prétentions du mari, dans le cas qui nous occupe, c'est celle que nous avons donnée en traitant de la sépulture du mineur âgé de seize ans. Comme lui, et même mieux que lui, la femme mariée est ici armée d'une volonté légale.

Sans doute l'effet du mariage est de soumettre la femme à l'autorité maritale, et, en lisant les articles 213 et suivants du code civil, on reconnaît que la loi l'en a bien rarement affranchie. Mais, dès qu'il s'agit de la dévolution de ses biens après sa mort, elle recouvre toute sa liberté, et les articles 226 et 905 déclarent qu'elle peut tester sans le consentement de son mari. C'est là, répétons-le, une satisfaction donnée par le législateur aux besoins les plus vrais de notre cœur, en même temps qu'un hommage rendu aux plus constantes traditions. Or, nous l'avons dit, pouvoir disposer de ses biens, c'est à plus forte raison pouvoir disposer de ses restes. Le second droit s'induit nécessairement du premier. La décision de la femme est donc souveraine en cette matière, et, comme tout autre, le mari est tenu de la respecter. La liberté de conscience est à ce prix. Si étroits que soient les liens du mariage, ils n'enchaînent jamais la liberté religieuse des époux, et la loi protége la femme dans ses croyances tout aussi bien que le mari.

La jurisprudence s'est prononcée en ce sens. La cour de Lyon, dans un arrêt fort important, sur lequel nous aurons à revenir, a décidé que le droit du mari touchant la sépulture de sa femme ne s'exerce que *lorsque la volonté de celle-ci est restée muette sur ce point*[1]. La question vient de se présenter très-nettement, dégagée de tout accessoire, devant le tribunal des référés de Lille, et elle y a été résolue conformément à la doctrine que nous soutenons. Le débat pouvant se reproduire à chaque instant sous nos yeux dans des circonstances de fait identiques, il n'est pas inutile de les faire connaître.

Le 9 novembre 1874, à Roubaix (Nord), on glis-

[1] Arrêt du 5 avril 1851 (*Recueil de la Jurisprudence de la Cour de Lyon*, année 1851, p. 224).

sait sous les portes et on distribuait aux passants
dans les rues un billet mortuaire ainsi conçu :

« Vous êtes prié d'assister à *l'enterrement civil* de
dame F. T..., épouse de M. J. T..., propriétaire, décédée
à Roubaix, le 9 novembre 1874, à l'âge de vingt-sept ans.

   « Roubaix, le 9 novembre 1874. »

Vers l'heure fixée, un certain nombre de personnes stationnaient devant la maison mortuaire. Aux
abords de la rue de France, rue de Tourcoing et rue
du Collège, des groupes de curieux attendaient.

Le père et la mère, d'autres parents de la défunte,
s'opposèrent à l'enterrement civil, en faisant remarquer que Mme T... avait été baptisée, qu'elle avait
toujours appartenu à la religion catholique, qu'elle
s'était mariée à l'église, et que rien ne prouvait qu'elle
eût refusé de recevoir les sacrements.

La famille s'était rendue à Lille et avait remis
entre les mains de M. le président du tribunal civil
une requête, le priant d'ordonner que l'enterrement
se fît selon les rites de la religion catholique.

En attendant la réponse de ce magistrat, l'autorité
locale fit surseoir à l'enlèvement du corps.

Le mari et quelques-uns de ses amis essayèrent
de passer outre ; il fallut l'intervention de la police
et de la gendarmerie pour les en empêcher.

On prétendait que le mari avait toujours violenté

la conscience de sa femme, au point de l'empêcher
d'assister à la messe le dimanche.

Lorsque le médecin qui la soignait lui eut déclaré
qu'elle était en danger, qu'il était temps de penser à
Dieu, Mme T... dit à son mari devant témoins : « Le
médecin croit qu'il faut me faire administrer. »

Le mari répondit par une observation qui signifiait qu'il n'en ferait rien. La mourante n'insista pas ;
mais, un peu plus tard, elle dit à sa mère : « Je
sens que je vais mourir. Quand il ne sera plus là, il
faudra faire venir un prêtre. » Il ne fut pas possible d'exaucer ce vœu suprême.

Dans ces circonstances, la famille de Mme T... a
exposé à M. le président :

« Que la dame F. T..., leur fille et nièce, était
décédée en son domicile, à Roubaix, le 9 novembre
1874, épouse du sieur J. T..., avec lequel elle de-
meurait, et que deux enfants, encore mineurs,
étaient issus de ce mariage ;

« Qu'ils entendaient que la dame T..., leur fille et
nièce, née chrétienne, élevée chrétiennement, fût
inhumée avec le secours de la religion, conformément
aux lois et usages ;

« Que le sieur T... s'opposait à ce que l'enterrement eût lieu dans les formes voulues et prétendait
faire conduire le corps au cimetière sans l'assistance
de la religion et sans le concours du clergé ;

« Que les funérailles, dans un intérêt d'ordre public, ne pouvaient être différées. »

En conséquence, la famille demandait que M. le président ordonnât qu'il fût procédé aux service et funérailles de la dame T..., conformément aux usages, avec le secours de la religion et le concours du clergé.

Devant M. le président, le défendeur protesta contre la prétention des demandeurs, et dit que la défunte avait manifesté le désir d'être inhumée civilement.

Les demandeurs contestèrent formellement cette allégation.

Dans ces circonstances, M. le président du tribunal civil de Lille a rendu l'ordonnance suivante :

« Attendu que la puissance maritale ne donne aucun pouvoir au mari, en ce qui concerne les croyances et les pratiques religieuses de sa femme ; que d'ailleurs le décès de celle-ci met fin à cette puissance ;

« Attendu que F. T..., femme T..., appartient au culte catholique ;

« Qu'il n'est pas établi qu'elle ait manifesté, avant de mourir, la volonté formelle d'être enterrée sans les prières et les cérémonies d'usage de la religion ;

« Qu'il y a lieu, en conséquence, de faire droit à

la demande de sa famille, notamment de ses père et mère;

« Autorisons les demandeurs à faire procéder à l'enterrement de la femme T... avec le concours des ministres du culte catholique ;

« Les autorisons, à cet effet, à se faire prêter main forte par tous commissaires de police et agents de la force publique.

« Ordonnons l'exécution des présentes[1]. »

J'ai cité ce procès dans tous ses détails, parce qu'il présente un enseignement remarquable. Le mari lui-même paraît avoir reconnu qu'en recherchant quelle avait été la volonté de sa femme, on posait la question sur son véritable terrain. On a vu, en effet, qu'il s'était borné à protester contre la demande de la famille en soutenant que la défunte avait manifesté le désir d'être inhumée civilement. De son propre aveu il fallait conclure que, si elle avait manifesté un désir contraire, on devait procéder aux obsèques reli-

---

[1] Extrait du *Moniteur judiciaire de Lyon*, du 19 novembre 1874. L'ordonnance a été exécutée le lendemain sans difficulté. Les violents ayant eu l'intention d'enlever le corps, on a dû faire garder la maison mortuaire pendant la nuit. Mais, grâce aux précautions prises par l'administration, les funérailles ont pu s'accomplir avec le plus grand calme, au milieu d'une foule immense, qu'on a évaluée à plus de dix mille personnes. Quant au mari, il n'est pas entré à l'église ; il s'est rendu directement au cimetière avec ses deux petits enfants (V. le même journal et la correspondance du journal *le Figaro*, du 16 novembre 1874).

gieuses. Il a été constant pour le tribunal que les faits étaient contraires à son allégation.

Nous ne saurions trop le répéter, la question de savoir quelle a été la volonté du défunt domine la matière de la sépulture. Sans doute, comme nous le verrons, c'est surtout la volonté dernière qui est l'élé-ment capital de la décision. Mais, si on ne peut la saisir et en quelque sorte la toucher du doigt, il n'est pas seulement permis, il est d'un rigoureux devoir d'interroger la volonté, telle qu'elle s'est manifestée dans les divers âctes de la vie. Toute preuve ici est admissible, tous témoins peuvent être entendus pour éclairer la justice. Aucun débat n'est plus digne de la haute sollicitude et du zèle éprouvé de nos magistrats, car il a pour objet le plus grand intérêt que nous ayons en ce monde : la liberté re-ligieuse. Les excès déplorables dont nous sommes témoins ne se renouvelleront plus le jour où l'on sera bien convaincu que le respect des croyances est obli-gatoire pour tous, pour le père à l'égard de son enfant comme pour l'époux à l'égard de son épouse, et qu'il y a au besoin des tribunaux chargés de le faire observer.

CHAPITRE IX

LA VOLONTÉ DU DÉFUNT (SUITE)

SES ENGAGEMENTS

Si claire, si certaine que soit la volonté du défunt, il faut encore, avons-nous dit, pour qu'elle
soit décisive, qu'elle se manifeste d'une manière
légale.

Déjà nous avons dû la considérer comme inefficace, lorsqu'elle émane d'une personne âgée de
moins de seize ans, ou d'un majeur dont la raison a
disparu sans retour.

Mais il est des individus majeurs qui, sans être
interdits, sans avoir le moins du monde perdu l'intelligence et la responsabilité de leurs actes, prennent à l'égard de leur sépulture des résolutions qui
n'ont aucune valeur.

Tel est le cas où, sous la forme d'un contrat, d'un

engagement synallagmatique, un individu a déclaré qu'il repoussait la religion de ses obsèques.

Étudions sous cet aspect nouveau la volonté humaine.

Nous sommes en présence d'une convention *sui generis*, d'un engagement écrit, par lequel le défunt, en échange de prétendus avantages qui lui étaient promis, a stipulé qu'il ne voulait plus désormais d'aucun culte, et qu'il répudiait notamment la sépulture religieuse. Un tel contrat paraît impossible. Et cependant on n'a que trop souvent essayé de paralyser par ce moyen la piété des familles[1]. Ce pacte est toujours l'œuvre des sociétés secrètes, de ces as-

[1] Dans une consultation publiée par le journal *le Monde* le 20 septembre 1871 et reproduite par la *Revue catholique des Institutions et du Droit* (février 1873), M. Bressolles, professeur à la Faculté de droit de Toulouse, s'exprime ainsi : « J'ai été récemment consulté par une fille dont le père avait souscrit devant notaire (le croirait-on?) l'engagement d'exclure le prêtre de son foyer et de ses obsèques. » Et le savant professeur n'hésite pas, comme on le pense bien, à se prononcer pour la nullité d'un tel engagement.

Le Châtiment, journal de Nîmes (numéro du 31 août 1873), cite l'exemple du sieur B..., qui voulut être enterré civilement, parce que, disait-il, *il s'y était engagé.*

L'Écho de la Dordogne (novembre 1873) rapporte qu'à Périgueux une députation de libres penseurs s'est présentée au domicile d'un habitant de cette ville, encore plein de vie et de santé, pour lui faire signer un engagement portant que, nonobstant toute déclaration qui pourrait être faite par lui au moment de son décès, il demande dès à présent à être enterré sans l'intervention de l'Église.

Ce n'est pas seulement chez nous que se forment des engagements

sociations mystérieuses qui n'ont aucune existence légale, et qui tombent sous le coup de la loi pénale, parce qu'elles sont pour le pays un perpétuel danger. Étrange aveuglement de tant d'hommes dont le pied a glissé dans ces sociétés implacables, et qui maintenant, saisis par leur redoutable engrenage, ne s'aperçoivent même pas qu'ils ont échangé leur indépendance et leur liberté contre la plus honteuse servitude. Là, au milieu de cérémonies souvent puériles et ridicules, avec la mise en scène de symboles égalitaires, sous le voile d'une égalité menteuse, se cache la plus odieuse tyrannie. Là, les affiliés prê-

de ce genre : en Belgique il en est de même. On le voit par le spécimen suivant que donne la *Gazette des Tribunaux* (octobre 1873), en le reproduisant, dit-elle, textuellement :

LES SOLIDAIRES   Bruxelles, 8 octobre.

Association pour l'enterrement civil

—

Caisse d'assurance mutuelle, d'assistance fraternelle et de propagande.

—

FONDÉE LE 29 JUILLET 1857

M

Le Comité d'administration de l'association *les Solidaires* a l'honneur de vous faire part de la perte sensible que viennent d'éprouver les rationalistes dans la personne du citoyen J. B. J..., né le... à..., et décédé à Bruxelles le 7 octobre 1873.

L'enterrement aura lieu le jeudi, 9 du même mois, à quatre heures de relevée, au cimetière communal de Josse-ten-Noode. On se réunira à l'heure susdite, à l'hôpital Jean, rue Pachéco. Les libres penseurs sont priés de prendre part à cette funèbre cérémonie.

Les Directeurs des funérailles,
V. R. ET V.

tent serment sur des poignards, avertis qu'aucun
lieu de la terre n'offrira à l'infidèle un abri contre
ces armes vengeresses ; et on a vu des solidaires,
revenus à des sentiments chrétiens pendant une ma-
ladie grave, ne pas désirer guérir, tant était grande
la terreur que leur inspirait l'inévitable vengeance
de leurs anciens camarades [1].

Combien nous sommes loin de ces engagements

[1] V. *La Franc-maçonnerie dévoilée* (Paris, Albanel ; Lyon,
Josserand, 1872).

Je lis dans l'*Initiation à la philosophie de la Franc-maçonnerie* par le F. J. C. A. Fisch :

Le F.·. Terrible conduit le récipiendaire à l'Autel ; il le fait mettre
à genoux de sorte qu'il ait le genou droit sur un coussin sur lequel
est tracée une équerre, le genou gauche levé ; on lui met la main
gauche sur un glaive et un compas, et la main droite sur la Bible.

Voici le serment dont la formule, dit le F. Fisch, varie suivant
les rites, mais dont les principes sont toujours les mêmes :

« Moi (N. N.), libre de ma volonté et sans contrainte aucune, en
présence du Grand Architecte de l'Univers, qui est Dieu, et de cette
respectable assemblée de Maçons, sur le livre sacré de la loi et sur
le glaive symbole de l'honneur, je jure et promets solennellement
de garder inviolablement tous les secrets qui me seront confiés par
cette respectable Loge, ainsi que tout ce que j'aurai pu faire, voir,
entendre et découvrir parmi vous ; de n'en jamais rien écrire, tracer,
graver ni buriner, que je n'en aie reçu la permission expresse et
par écrit, et de la manière qui pourra m'être indiquée. Je promets
d'aimer mes Frères, de les secourir selon mes facultés ; je promets
en outre de me conformer sans restriction aux statuts généraux de
l'Ordre et aux règlements particuliers de cette resp.·. Loge. Je
consens à avoir la gorge coupée, le cœur arraché, être enterré dans
les sables de la mer, afin que le flux et le reflux m'emportent dans
un éternel oubli, si je manque à ce serment. Que le Grand Architecte

contractés par les premiers chrétiens, dont parle Pline
dans sa fameuse lettre à Trajan! « Ils s'assemblaient
à jour marqué avant le lever du soleil; ils chantaient
tour à tour des vers à la louange du Christ, comme
d'un Dieu. Ils s'engageaient par serment non à quelque crime, mais à ne point commettre de vol, de bri-
gandage, d'adultère; à ne point manquer à leurs promesses, à ne point nier un dépôt. Après cela, ils avaient
coutume de se séparer, et se rassemblaient de nouveau
pour manger des mets communs et innocents[1]. »

L'engagement d'écarter la religion des obsèques
ne peut être pris qu'en violation manifeste de la liberté religieuse. La liberté, en effet, consiste essentiellement dans le droit de chaque individu de remplir les devoirs que lui impose sa conscience. Le sens
intime nous apprend avec une irrésistible évidence
que nous sommes doués de liberté, et par conséquent
que nous avons la responsabilité de nos actes. Et
comme les devoirs de l'homme sont divers suivant
qu'on le considère dans ses rapports avec Dieu, avec

---

de l'Univers me soit en aide et me préserve d'un tel malheur. » (Paris, Pillet fils aîné imprimeur, 1862.)

Remarquons que l'équerre est précisément le signe qui remplace
aujourd'hui la croix sur la tombe de ceux qui sont enterrés civilement.

V. aussi dans le journal le *Français* du 16 février 1872 les
serments *de la Charbonnerie, des Voraces, de la Marianne*, etc.
Ils offrent tous des traits frappants de ressemblance.

[1] Lettres de Pline, traduction de Sacy, l. X, xcvii.

lui-même, avec la famille, avec la société, la liberté
se subdivise elle-même en liberté religieuse, civile,
politique. Mais si vif que soit en nous le sentiment
de nos droits civils, si jaloux que nous soyons de
nos droits politiques, rien n'égale l'amour dont nous
nous sentons enflammés pour la liberté religieuse ;
et l'histoire atteste que c'est pour elle que l'humanité
a le plus souffert et le plus combattu.

Or que fait le solidaire en signant le contrat
dont nous parlons ? Il renonce à toute idée religieuse, s'oblige à déserter toute espèce de culte, se lie
à jamais aux ennemis de sa foi, leur livre sa volonté
et s'interdit toute espérance. Il fait plus, et voyez
jusqu'où va son égarement. Cette lourde chaîne qu'il
s'impose pendant la vie, la mort elle-même ne pourra
pas la briser, et le malheureux devra la traîner jusqu'au tombeau !

Que dire d'un acte aussi étrange? Est-ce que la
conscience ne se soulève pas contre ce trafic insensé
de l'âme et de ses plus nobles prérogatives ? Qui donc
n'éprouve pas un sentiment d'indignation et de dé -
goût à la vue d'un pareil asservissement? En vérité,
ce n'était pas la peine que le christianisme apportât
la liberté au monde, il y a dix-huit siècles, pour que
l'humanité tombât dans une servitude qui peut être
volontaire, mais qui n'en est pas moins lourde et
honteuse.

Il est temps de se demander ce que vaut en droit le contrat des solidaires. Démontrons qu'aux yeux de la loi il est entaché d'une nullité radicale.

Il y a des choses qui sont au-dessus des conventions privées. Il y a des principes qui régissent les sociétés, et que les législations de tous les peuples civilisés placent dans une sphère supérieure, à l'abri de tous les changements, de toutes les vicissitudes des lois. De ce nombre est le principe de la liberté humaine.

Déjà le droit romain qui, par la sagesse de ses décisions sur certains points, a eu l'honneur d'être appelé *la raison écrite*, avait formulé les règles fondamentales en cette matière : « *Pacta, quœ contra leges constitutionesque, vel contra bonos mores fiunt, nullam vim habere indubitati juris est;* il est de toute certitude en droit que les conventions contraires aux lois, aux constitutions ou aux bonnes mœurs n'ont aucune valeur [1]. »

Et ailleurs : « *Privatorum conventio juri publico non derogat [2]; jus publicum privatorum pactis mutari non potest [3];* les conventions privées ne peuvent déroger au droit public. »

Or à cette époque, où le souffle du christianisme

[1] Loi 6, C., *de Pactis.*
[2] Loi 45, *de Regulis juris.*
[3] Loi 38, D., *de Pactis.*

commençait à se répandre dans le droit romain, on disait de la liberté : « *Libertas non privata, sed publica res est ;* la liberté n'appartient pas au droit privé, mais au droit public[1].» Et pourquoi cela ? C'est, nous disent les jurisconsultes éclairés déjà par la lumière de l'Évangile, parce que « rien ne mérite plus de faveur que la liberté, *libertas omnibus rebus favorabilior*[2] ; parce que la liberté est un bien inappréciable, *libertas inœstimabilis res est*[3] ; parce qu'elle a un prix infini, *infinita œstimatio est libertatis*[4].»

Ces principes reçurent la consécration de notre ancienne législation. En France, comme à Rome, la convention privée devait s'incliner devant le droit public. La liberté, la liberté religieuse notamment, ne pouvait faire l'objet d'aucun pacte, d'aucune stipulation. La loi des 5-12 septembre 1791 portait que « toute clause impérative ou prohibitive, qui serait contraire aux lois et aux bonnes mœurs, *qui porterait atteinte à la liberté religieuse du donataire, héritier ou légataire*, est réputée non écrite. » La même disposition fut reproduite dans l'article 1er de la loi du 5 brumaire an II, et dans l'article 12 de la loi du 17 nivôse an II.

[1] Loi 53, *de Fideicom. libert.*
[2] Loi 222, *de Regulis juris.*
[3] Loi 106, *ibid.*
[4] Loi 176, *ibid.*

Venons à la loi qui nous régit, au code civil. Lors de la discussion du titre préliminaire, des efforts furent faits pour qu'on n'y insérât point de règles générales. On prétendit qu'elles n'y seraient pas à leur place, parce qu'un code ne devait pas être un recueil de maximes de morale ou de législation[1]. Mais le conseiller d'État Portalis répondit que les Romains n'avaient pas dédaigné d'écrire dans leurs lois un titre spécial sur les règles du droit, *de regulis juris*, et qu'après tout rien n'était plus utile que de formuler pour l'instruction de tous ces règles générales, qui « éclairent et commandent tout à la fois, et rassurent la société contre les fluctuations de la science[2]. » On rédigea donc ainsi l'article 6 du code civil : « On ne peut déroger par des conventions particulières aux lois qui intéressent l'ordre public et les bonnes mœurs. » Dans son exposé des motifs, Portalis nous présente cet article « comme la sauvegarde de la morale et de la législation[3]. » L'orateur du tribunat devant le corps législatif déclare que « le législateur s'est inspiré ici des principes du droit naturel. Les règles qu'il a tracées en sont la plus pure expression ; et il est bien remarquable qu'au milieu de la discordance de nos lois et

[1] Rapport du tribun Andrieux : Fenet, t. VI, p. 241.
[2] Fenet, t. VI, p. 252.
[3] *Ibid.*, p. 52.

de nos coutumes sur tant d'autres objets, toutes
les parties de la France n'aient eu, à l'égard des
conventions ou des contrats, qu'une doctrine uniforme [1]. »

Le législateur ne s'est pas contenté d'inscrire en
quelque sorte au frontispice de nos lois cet axiome
que « toute convention est nulle, quand elle déroge
à l'ordre public. » Arrivé au titre *des contrats ou
des obligations conventionnelles en général* [2], il a
cru devoir le reproduire avec une précision rigoureuse à cause de son importance capitale.

Ainsi l'article 1108, énumérant les conditions
essentielles pour la validité d'une convention, exige
« une cause licite dans l'obligation. »

L'article 1131 insiste en disant : « L'obligation
sans cause, ou sur une fausse cause, *ou sur une
cause illicite*, ne peut avoir aucun effet. »

Et que faut-il entendre par la cause illicite ? L'article 1133 la définit ainsi : « La cause est illicite,
quand elle est prohibée par la loi, quand elle est
contraire aux bonnes mœurs ou à l'ordre public. »

Enfin, l'article 1172 complète ces dispositions en
prononçant que « toute condition d'une chose impossible, ou contraire aux bonnes mœurs, *ou pro-*

[1] Fenet, t. XIII, p. 414.
[2] Titre 3 du code civil.

hibée par la loi est nulle et rend nulle la convention qui en dépend. »

Ainsi le pacte est nul quand il est immoral; cela va de soi. Il est nul également, quand il porte atteinte à l'ordre public. Or, comme le contrat des solidaires que nous examinons rentre précisément dans ce cas, quelques explications sont ici nécessaires.

Qu'est-ce que violer l'ordre public ? C'est toucher aux lois qui ont réglé les droits des citoyens, l'état des personnes, la constitution de la propriété. Tout le monde comprend, par exemple, qu'une convention qui rétablirait le régime féodal avec ses priviléges tels que le droit de masculinité, le droit d'aînesse, serait radicalement nulle.

Qui ne voit également que les droits d'époux, de père, d'enfant légitime, la situation de majeur, de mineur, ou d'interdit, échappent à toute espèce de stipulation ? Il est évident que les époux ne pourraient dissoudre leur mariage et rétablir le divorce, convenir qu'ils ne resteront mariés que pendant un certain temps, prononcer eux-mêmes leur séparation de corps ou même seulement leur séparation de biens [1].

Ainsi encore il est interdit au père d'abdiquer,

---

[1] La loi a cru devoir néanmoins le dire expressément pour la séparation de corps et pour la séparation de biens. — Art. 307, 1443 du code civil.

même momentanément, la puissance qu'il tient de la
loi à l'égard de ses enfants. Aucune convention particulière ne peut faire qu'un mineur devienne majeur, ou réciproquement qu'un majeur redevienne
mineur, ou soit interdit. Il n'appartient à personne
de faire naître la capacité ou l'incapacité. La loi
seule a ce droit, et quiconque le méconnaît viole
l'ordre public.

Eh bien, de même qu'il n'est pas permis à un
majeur de dire : Je veux être incapable ; de même
il ne lui est pas permis de dire: Je veux cesser d'être
libre. L'ordre public s'y oppose.

La liberté est un droit sacré qu'on ne peut altérer
par aucune convention. Tout pacte qui porterait
atteinte à ce droit tomberait sous l'application des
articles de loi que nous avons cités, et serait entaché d'une nullité absolue[1]. Et cela est tout aussi
vrai de la liberté religieuse que de la liberté civile.

Il est d'évidence que si, par impossible, un homme
se vendait à un autre, se constituait son esclave,
cette étrange convention n'aurait aucune valeur.
C'est en vertu du même principe qu'il n'est pas permis de stipuler des services à vie. « On ne peut
engager ses services qu'à temps, » dit l'article 1780.
Et en effet, un contrat qui aurait pour objet les

---

[1] V. M. Dalloz, *Répert.*, vᵒ Obligation, nᵒ 604.

services d'une personne pour toute la durée de son existence aurait en réalité pour objet la liberté même de cette personne.

La faculté d'aller et de venir, de se mouvoir à son gré, est tellement de droit naturel, qu'un testateur ne peut imposer à son légataire l'obligation de demeurer dans un lieu déterminé. Une semblable condition devrait être déclarée nulle [1].

Il en serait de même de la condition de ne pas aliéner qui serait stipulée d'une manière absolue et indéfinie, sans restriction et sans limite [2].

Les professions sont libres. La loi en garantit à tous les citoyens le libre exercice. En vertu de ce principe on a décidé que l'engagement pris par un employé envers son patron de ne pas exercer la même industrie est nul, s'il est général et absolu. Il n'est valable qu'à la condition d'être limité quant au temps et quant au lieu.

Nous n'en finirions pas, si nous voulions énumérer tous les cas dans lesquels la jurisprudence a vu une atteinte au principe de la liberté individuelle, et par conséquent une nullité d'ordre public.

C'est surtout lorsque le pacte méconnaît la liberté morale de l'individu, lorsqu'il ne tend à rien moins qu'à enchaîner l'âme elle-même, qu'il faut observer

---

[1] *Sic* M. Demolombe, n° 270, sur l'art. 900 du code civil.
[2] *Ibid.*, n° 292.

les règles si sages tracées par la loi. Suivant les paroles de M. Bigot-Préameneu, « elles sont prises dans la nature même des choses, c'est-à-dire dans l'inspiration de l'équité[1]. » La question, par exemple, s'est souvent présentée de savoir ce que valent les promesses de mariage ; et la Cour de cassation n'a pas hésité à décider qu'elles sont nulles, ainsi que les clauses pénales qui y sont attachées, parce qu'elles portent atteinte à la liberté absolue qui doit présider aux mariages ; que, par conséquent, l'inexécution de ces promesses ne peut par elle-même donner lieu à des dommages-intérêts, sauf toutefois la réparation du préjudice réellement éprouvé[2].

Par application des mêmes principes, on a déclaré nul l'engagement de ne pas se remarier ; nulle également la condition absolue de ne pas se marier imposée par un testateur à son légataire[3], excepté le cas où elle serait imposée par un époux à l'autre dans l'intérêt de sa mémoire.

De l'examen des actes qui portent atteinte à la liberté en général, passons maintenant à l'appréciation de ceux qui touchent à la liberté religieuse.

Et d'abord précisons bien le caractère de la liberté

---

[1] Exposé des motifs du titre *des Contrats ou des Obligation conventionnelles*.

[2] Cassation, 30 mai 1838.

[3] V. M. Demolombe, nº 240 sur l'art. 900 du code civil.

religieuse. Par cette expression nous n'entendons pas le droit qu'a chaque individu d'admettre ou de rejeter dans son for intérieur telle ou telle croyance. La prière, qui s'élève silencieuse et solitaire de nos âmes comme une ardente aspiration vers le ciel, échappe à toute entrave et défie toute contrainte. Que pourrait-on contre les élans secrets de nos pensées, contre les hommages profonds que Dieu reçoit de nos cœurs et que lui seul connaît? Renfermées dans la conscience comme dans un sanctuaire impénétrable, nos croyances sont libres, et la loi ni le prince ne peuvent rien contre cette liberté.

Mais, nous l'avons vu, le culte intérieur ne suffit pas à l'homme. Il ne peut se contenter de cette adoration intime et mystérieuse qui se cache à tous les regards. Il éprouve un invincible besoin de manifester extérieurement ses croyances, et il ne se sent libre que lorsqu'il peut s'incliner publiquement devant Dieu. Il n'y a pas de religion, l'histoire le prouve, sans un culte extérieur et public, et par conséquent la liberté religieuse ne serait pour nous qu'un mot vide de sens, si elle ne signifiait le droit de pratiquer les actes et les cérémonies de notre culte.

La liberté religieuse ainsi définie ne réside-t-elle pas dans la région supérieure de l'ordre public, que protégent les articles 6, 1131, 1133, 1172 du code civil? Qui pourrait en douter? Quoi! cette liberté,

18

inappréciable déjà aux yeux des Romains, *res inæs-*
timabilis, que nous pouvons bien appeler une chose
sainte, puisque tant de martyrs ont donné leur sang
pour elle, cette liberté qui à travers les siècles fut
le cri des plus nobles âmes, que vous ne pourriez
voiler un seul instant sans exiler le droit et la justice, cette liberté religieuse enfin cent fois plus précieuse que la vie, vous la feriez descendre des hauteurs où la main de Dieu lui-même l'a placée, pour
en faire l'objet du plus vulgaire contrat, disons mieux,
du plus odieux trafic ! Non, j'en atteste la conscience
de tous, cela ne se peut.

La liberté religieuse fait tellement partie de notre
droit public, que toutes nos constitutions, depuis un
siècle, lui ont rendu un solennel hommage. J'en ai
présenté le tableau au chapitre VI. On a vu que la
constitution de 1791 « garantissait à tout homme,
comme un droit naturel, la liberté d'exercer le culte
religieux auquel il est attaché, » et on a pu se convaincre que, depuis lors, ce droit naturel a été consacré par toutes nos chartes politiques[1].

Ainsi aucun doute n'est possible : tout pacte qui

---

[1] L'Assemblée constituante, par la loi des 13-19 février 1790,
supprima les vœux monastiques, en ce sens qu'au point de vue
civil ils ne peuvent désormais avoir aucune force obligatoire. Aujourd'hui ce sont les vœux d'athéisme que les solidaires voudraient
rendre obligatoires.

porte atteinte à la liberté religieuse viole les prescriptions formelles du code civil; il est radicalement
nul[1]. L'engagement de vivre et de mourir en dehors
de toute religion, tel que certaines sociétés secrètes ne
craignent pas de l'imposer à leurs membres, n'a donc
aucune valeur. Le malheureux qui a la faiblesse de le
contracter sur la foi des promesses les plus décevan-
tes, fait le sacrifice de son bien le plus cher. Pour le
prix d'avantages illusoires, il vend ses croyances, sa
dignité d'homme libre : il prononce sa propre dé-
chéance. Sans doute il dépend de lui de briser le
pacte impie qui l'enchaîne. Mais le fera-t-il? en
aura-t-il toujours le temps? en aura-t-il surtout le
courage? sera-t-il assez fort pour braver les menaces de mort suspendues sur sa tête? Il est permis
d'en douter. Il mourra donc dans les liens de la servitude volontaire qu'il s'est créée. Mais c'est en vain
qu'on voudra les faire peser sur sa famille, en venant
au jour de la sépulture réclamer l'exécution de cet
étrange contrat. La famille le déchirera; car celui qui
l'a signé a aliéné une chose inaliénable, sa liberté.

[1] Plusieurs sociétés de secours mutuels imposent à leurs membres
l'obligation, sous peine d'amende, d'assister aux funérailles d'un
sociétaire décédé. Nous tenons pour certain que, lorsque l'enterrement est purement civil, les associés, blessés dans leurs croyances
par cette manifestation antireligieuse, ont le droit de refuser leur
assistance. Toute clause des statuts qui les frapperait dans ce cas
serait nulle et ne pourrait recevoir aucune application.

Nul parce qu'il viole la liberté religieuse, et par conséquent l'ordre public, le contrat des solidaires l'est aussi parce qu'il porte atteinte à *la morale publique et religieuse*, que nos lois ne permettent pas d'attaquer. La loi du 17 mai 1819, qui est notre loi fondamentale en matière de presse, porte que « tout outrage à *la morale publique et religieuse* sera puni d'un emprisonnement d'un mois à un an et d'une amende de 16 francs à 500 francs » (Art. 8.)

Or, la morale publique et religieuse consiste essentiellement, comme l'a dit l'illustre garde des sceaux de Serre, « dans la notion d'un Dieu vengeur et rémunérateur du juste et de l'injuste, du vice et de la vertu. » Quiconque outrage la croyance à l'immortalité de l'âme et à la responsabilité de nos actes dans l'autre vie, commet donc le délit prévu et puni par l'article 8 de la loi du 17 mai 1819. Comment dès lors serait-il permis de faire un contrat civil dont le but serait précisément de fouler aux pieds ces principes éternels qu'on ne peut attaquer sans commettre un délit ? Comment pourrait-on valablement s'engager à des actes dont la prédication blessante est frappée par la loi pénale ?

N'oublions pas enfin les termes de la loi du 23 mars 1872. « Toute association internationale, qui sous quelque dénomination que ce soit a pour but de provoquer à *l'abolition de la religion ou du libre exer-*

cice des cultes, constitue, par le seul fait de son existence et de ses ramifications sur le territoire français, un attentat contre la paix publique. » (Art. 1er.) « L'affilié est puni d'un emprisonnement de trois mois à deux ans, et d'une amende de 50 francs à 1,000 francs. » (Art. 2.) Notre argumentation est corroborée par cette loi nouvelle.

Ainsi, à quelque point de vue que nous examinions le contrat des solidaires, nous le trouvons entaché d'une nullité radicale et absolue.

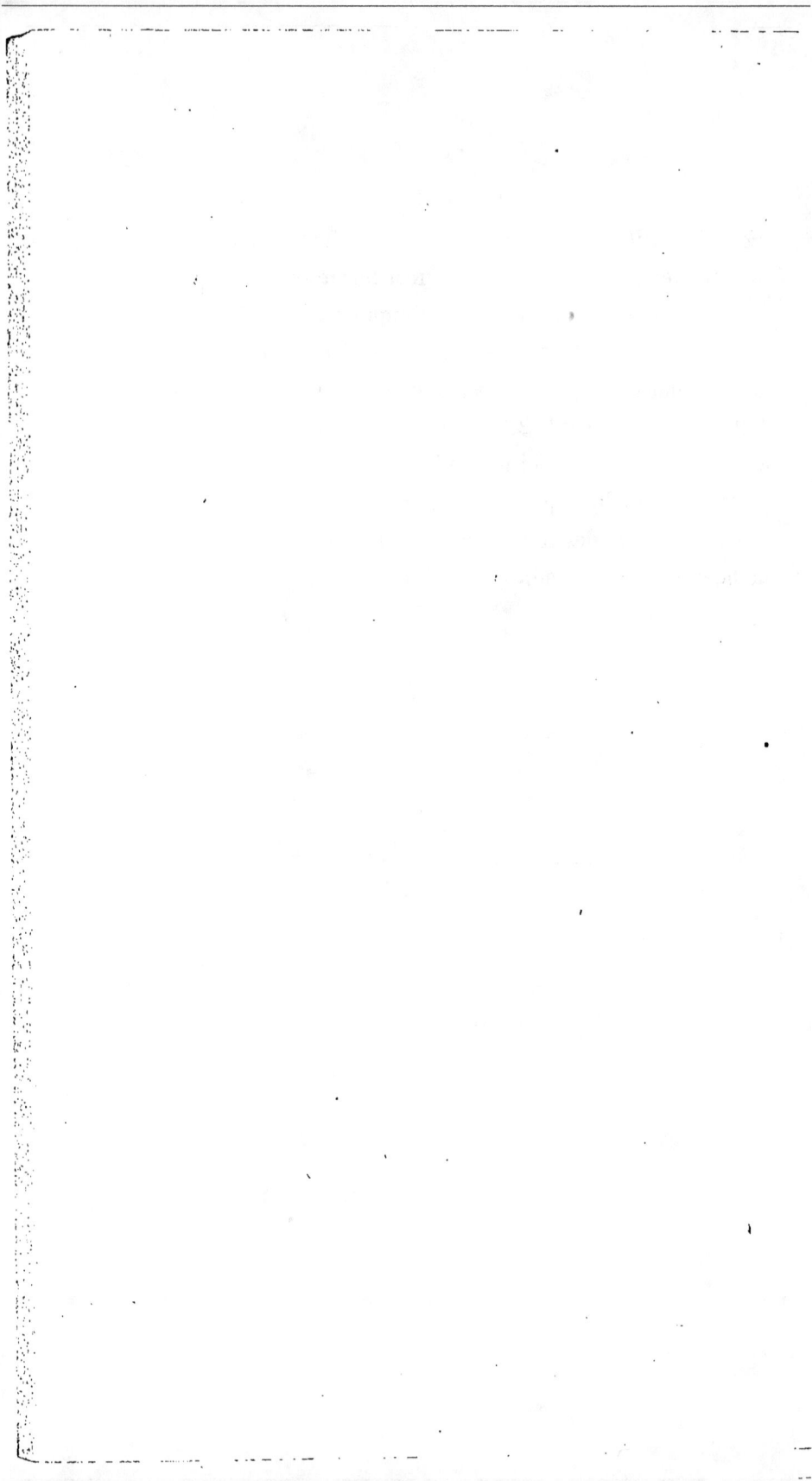

CHAPITRE X

LA VOLONTÉ DU DÉFUNT (SUITE). — LE TESTAMENT
LE MANDAT

Notre respect pour la liberté humaine ne nous a pas permis d'admettre la validité d'un pacte par lequel une personne prend des engagements à l'égard d'un tiers au sujet de ses funérailles. Le même principe nous oblige, au contraire, à nous incliner devant la pensée clairement exprimée dans un testament, dans cet acte qui, à l'inverse de celui que nous venons d'examiner, a précisément pour caractère essentiel d'être l'œuvre de la volonté du défunt et de sa seule volonté.

Déjà, au chapitre VIII, nous avons proclamé d'une manière générale l'autorité du testament en cette matière, et nous l'avons justifiée par la définition même du testament, telle que nous la trouvons dans l'article 895 du code civil.

Le moment est venu d'exposer ce point de droit avec quelques détails, et de résoudre les questions diverses qui se rattachent à la question principale du testament. Plaçons-nous donc en face de ces dispositions suprèmes; étudions cette manifestation solennelle des vœux d'un mourant, et, quel que soit le mobile qui les fait naître, que la religion les inspire ou que l'incrédulité en soit la source, examinons-les avec la plus rigoureuse impartialité.

Si l'on veut se rendre bien compte de ce qu'est le testament, il faut se reporter à la définition donnée par le droit romain, que le code civil a essayé de reproduire : « *Testamentum est voluntatis nostræ justa sententia de eo quod quis post mortem suam fieri velit*[1]; le testament est l'expression légale de notre volonté sur ce qu'on doit faire après notre mort. » Les dispositions qu'une personne prend relativement à ses obsèques rentrent évidemment mieux dans les termes de la loi romaine que dans ceux de la loi française. Mais, comme on l'a très-judicieusement remarqué, le mot lui-même définit la chose. Le testament, *testamentum*, c'est

---

[1] *Dig.*, loi 1, *Qui testamenta facere possunt.*

l'attestation de notre pensée, *testatio mentis;* c'est pour ainsi dire notre propre témoin.

Le testament ayant au point de vue qui nous occupe une décisive autorité, il importe d'examiner les fondements sur lesquels cette autorité repose. Il n'est pas rare de rencontrer des égalitaires qui, tout en se piquant d'être libéraux, professent l'omnipotence de l'État, c'est-à-dire le plus absolu despotisme. A les entendre, la possession finit avec la vie, *mors omnia solvit;* et il est absurde de parler de la volonté d'un homme désormais réduit en poussière. Le testament est donc pour eux de droit civil. Il est parce qu'il a plu à la loi de décréter son existence, et un trait de plume suffirait pour le faire disparaître jusque dans ses derniers vestiges. Ainsi, par exemple, tout ce que nous croyons devoir prescrire au sujet de nos dépouilles mortelles dépend du bon plaisir du législateur; et le jour où il jugera à propos de nous courber tous sous l'inexorable loi de la sépulture athée, rien ne lui sera plus facile; car il lui suffira de dire : Il est interdit de tester.

Ce sont là des idées fausses et pleines de danger. Elles conduisent par des conséquences inévitables à la négation du droit de propriété, et en définitive elles aboutissent au communisme. Nous ne pouvons les laisser passer sans les combattre.

Non, la faculté de tester n'est point de droit ci-

vil en ce sens qu'elle serait une concession, une
faveur, un bienfait du législateur qu'il donne aujourd'hui et qu'il peut retirer demain. Il n'intervient pas pour la créer, mais seulement pour la réglementer et en déterminer les formes. Au fond, en
lui-même, ce droit s'impose à tous, parce que, avec
le droit de propriété dont il émane, il a sa source
dans une loi antérieure et supérieure à toutes les lois
humaines : la loi divine.

Ce n'est pas ici le lieu d'établir la légitimité du
droit de propriété. Cette démonstration a été si souvent et si bien faite, qu'on doit la considérer comme
irrévocablement acquise. Mais qui ne voit qu'elle
implique nécessairement la justification du droit de
tester? Pour nier la légitimité du testament, il faudrait nier la légitimité de la propriété. L'une ne va
pas sans l'autre. Les sophistes disent : La mort brise
tout, *mors omnia solvit*. Mais le sentiment universel et la loi positive elle-même protestent qu'il n'en
est pas ainsi. Quoi ! l'homme peut, de droit naturel,
aliéner et même détruire sa chose, et il ne pourrait
en régler le sort après lui ! Sa volonté lui survit,
quand il a loué, échangé, vendu, donné ses biens,
et elle ne lui survivrait pas quand il en a disposé
par testament ! Après lui tous ses actes subsistent
et sont respectés, parce qu'ils portent en quelque
sorte le sceau de sa personnalité. La mort ne peut

rien contre sa volonté, qui s'est exprimée dans une donation ou une vente ; et elle serait toute puissante contre cette même volonté lorsque, pour se faire entendre, elle a pris la forme solennelle du testament! Cela ne se peut, car cela est contradictoire.

Tenons donc pour certain, quoi qu'en disent Rousseau (dans *le Contrat social)* et tous ceux qui se sont égarés à sa suite, que le testament est de droit naturel.

Il faut bien qu'il en soit ainsi, puisque depuis la plus haute antiquité il apparaît chez tous les peuples. A la vérité Platon ne voulait pas qu'on pût faire de testament dans sa république ; mais cela ne l'a pas empêché de nous laisser le sien. Nous possédons aussi celui d'Aristote, qui ordonne « de placer dans le temple de Cérès l'image de sa mère, et dans son tombeau les restes de sa femme, » et celui non moins touchant d'Épicure, préoccupé du sort de ceux « qui avaient vieilli avec lui dans l'étude des sciences [1]. »

Chez les Romains le testament remonte à l'époque la plus reculée. Il empruntait sa force et sa majesté à la religion elle-même, qui tenait, comme

---

[1] Ils sont cités par M. Troplong dans la belle préface de son *Traité des Donations et des Testaments.*

nous l'avons vu, une si grande place à Rome. Était-on en temps de paix, le peuple se réunissait deux fois par an dans ses comices. Là, en présence des pontifes, le citoyen romain dictait ses dernières volontés. Sanctionnées par le peuple, elles s'élevaient à la hauteur d'une véritable loi. Aussi les *Douze Tables* s'exprimaient-elles ainsi : « *Paterfamilias uti legassit, ita jus esto. — Dicat testator, et erit lex.* Le testament du père de famille fait loi. »

La guerre était-elle déclarée, était-on en présence de l'ennemi : le soldat, reportant tout à coup sa pensée vers le foyer domestique, pouvait aussi faire son testament. La religion descendait en quelque sorte sur le champ de bataille, et recueillait les volontés suprêmes de celui qui allait mourir pour la patrie. « A Rome, dit M. Troplong, le soldat était comme dévoué aux dieux. L'armée tout entière était placée sous la protection des auspices qui dirigeaient ses pas. Elle avait sans cesse avec elle les pontifes, les augures et les aruspices qui excitaient son courage par les prières, les consécrations, les prédictions et les formules sacrées du dévouement ; en sorte que le testament du soldat, placé sous cette protection divine, puisait dans la présence des pontifes un caractère aussi élevé que s'il eût été ratifié par le peuple [1]. »

---

[1] *Traité des Donations et des Testaments.*

Les Romains voyaient dans le testament un acte religieux, un acte de droit public et non de droit privé[1]. Il était tellement entré dans les mœurs qu'on attachait la plus grande importance à ne pas mourir intestat. On avait pour les dernières volontés du défunt un profond respect. Mais je doute fort qu'on fût inspiré par ce motif bien médiocre, quoi qu'en dise Quintilien, que « les mourants n'ont pas d'autre consolation[2]. » Si les Romains s'inclinaient devant le testament, c'est que nul acte à leurs yeux ne portait mieux l'empreinte de la majesté du droit.

Ces traditions de la Grèce et de Rome ne se sont jamais effacées chez nous. Nos ancêtres avaient conservé au testament son caractère religieux, et il est très-remarquable que les dispositions pieuses en étaient presque toujours l'objet principal. Le plus souvent, en effet, le testateur commençait par une invocation à la sainte Trinité. Puis il recommandait son âme à Dieu, désignait le lieu de sa sépulture, ordonnait de réparer le tort qu'il avait pu causer au prochain, prescrivait des prières et des aumônes pour le salut de son âme, récompensait ses vieux serviteurs et nommait des exécuteurs testamen-

---

[1] Papinien, loi 3, *Dig.*, *Qui testam. facere possunt.*
[2] *Idque non mediocri ratione ; neque enim aliud videtur solatium mortis quam voluntas ultra mortem.*

taires chargés d'assurer la réalisation de ses volontés [1].

De tout temps nous avons considéré comme naturel et légitime le droit de disposer au delà des limites de la vie. De tout temps nous avons professé le
plus grand respect pour les volontés suprêmes de
ceux que nous avons perdus. Leur accomplissement
ne cesserait de s'imposer à nous que si elles s'écar-
taient des règles éternelles de la justice. Tel serait
le cas, par exemple, où le testateur, étouffant la voix
de la nature et substituant sa propre sagesse, disons
plutôt sa passion ou son caprice, à la sagesse de la
loi, ne craindrait pas de porter la main sur la légitime de ses enfants, sur cette réserve légale déjà
sacrée aux yeux des jurisconsultes romains, bien
plus sacrée encore aux yeux du législateur français
imbu de l'esprit du christianisme [2].

Le code civil a été l'écho fidèle de nos antiques
traditions. Après avoir défini la propriété « le droit de
jouir et de disposer des choses de la manière la plus

---

[1] M. Troplong, loc. cit.

[2] « Il y a, dit M. Troplong, un beau texte du jurisconsulte Paul
pour poser le droit des enfants sur la base immuable du droit naturel : *Cum ratio naturalis, quasi lex quædam tacita, liberis
parentum hæreditatem atldiceret, velut* AD DEBITAM SUCCESSIONEM
nos vocando, propter quod et in jure civili SUORUM HÆREDUM
nomen eis indictum est (Dig., l. 1, *de Bonis damnat.).* La raison
naturelle est une espèce de loi tacite qui attribue aux enfants l'héri-

absolue, pourvu qu'on n'en fasse pas un usage pro-
hibé par les lois ou par les règlements » (art. 544),
le législateur consacre en ces termes l'autorité du testament, comme une conséquence du droit de disposer
qui est inhérent à la propriété : « Le testament est
un acte par lequel le testateur dispose, pour le temps
où il ne sera plus, de tout ou partie de ses biens, et
qu'il peut révoquer. » (Art. 895.)

Cette définition suffit, suivant nous, pour légiti-
mer les ordres donnés par un testateur à l'endroit de
ses funérailles ; car, nous l'avons déjà dit, en dispo-
sant de son corps, l'homme dispose du premier de ses
biens après son âme qui n'appartient qu'à Dieu.

Lors donc qu'une personne, dans un testament
régulier, a fait connaître son intention sur ses obsèques, on doit s'y conformer. S'il lui plaît d'écarter
de sa main défaillante la religion qui aimerait à

tage de leurs parents en les appelant à une succession *qui leur est
due* en quelque sorte ; voilà pourquoi dans le droit civil on leur
donne le nom d'*héritiers siens.* »

Les *Coutumes* à leur tour disaient que *la légitime est due par
droit de nature (Chartres*, art. 88 ; *Dreux*, art. 76).

Les rédacteurs du code civil ne pouvaient faire moins que le droit
romain et le droit coutumier. « Il eût été déplorable, ajoute M. Troplong, que des législateurs chrétiens eussent méconnu des vérités
naturelles appréciées et proclamées par des jurisconsultes païens. Il
eût été triste pour une œuvre aussi travaillée que le code Napoléon
de s'écarter d'une vérité consacrée par le bon sens des **Coutumes.** »
(*Traité des Donations et des Testaments*, t. II, nos 737 et 757.)

prier sur son cercueil, sa volonté doit être obéie. Ses parents et ses amis, qui seront blessés dans leur foi, ne pourront que gémir en silence de son égarement ou de sa faiblesse. Réciproquement, si, redoutant l'esprit antireligieux de ceux qui l'entourent, le défunt a aussi par testament demandé que l'Église bénît ses restes mortels, quelle impiété, quelle injustice ne serait-ce pas que de rester sourd à sa voix? Je m'adresse ici aux adversaires de nos croyances et je fais appel à leur loyauté. Est-il possible d'hésiter ? Si le droit est d'un côté, n'est-il pas également de l'autre ? On veut la liberté. Mais, si je puis m'exprimer ainsi, elle n'admet pas deux poids et deux mesures. C'est la liberté que vous invoquez pour bannir la religion de vos solennités funèbres; qu'il nous soit permis de placer aussi nos morts sous son égide, lorsqu'ils ont voulu que l'Église les accompagne à leur dernière demeure [1].

Le principe de la légitimité des dispositions testa-

---

[1] Mais, nous le répétons, on ne doit respecter qu'une volonté respectable, et, pour parler le langage si expressif de la loi romaine, qui dit tout dans un mot, une *justa voluntas*. Les conditions étranges, bizarres, inspirées par une sotte vanité ou par des superstitions grossières, à plus forte raison celles qui seraient empreintes d'un caractère d'irréligion et d'impiété, n'obligeraient pas l'héritier. Papinien dans le droit romain, Furgole dans notre ancien droit, enseignaient qu'on doit les considérer comme non écrites. (V. M. Demolombe, *Traité des Donations et des Testaments*, t. Ier, n° 319.

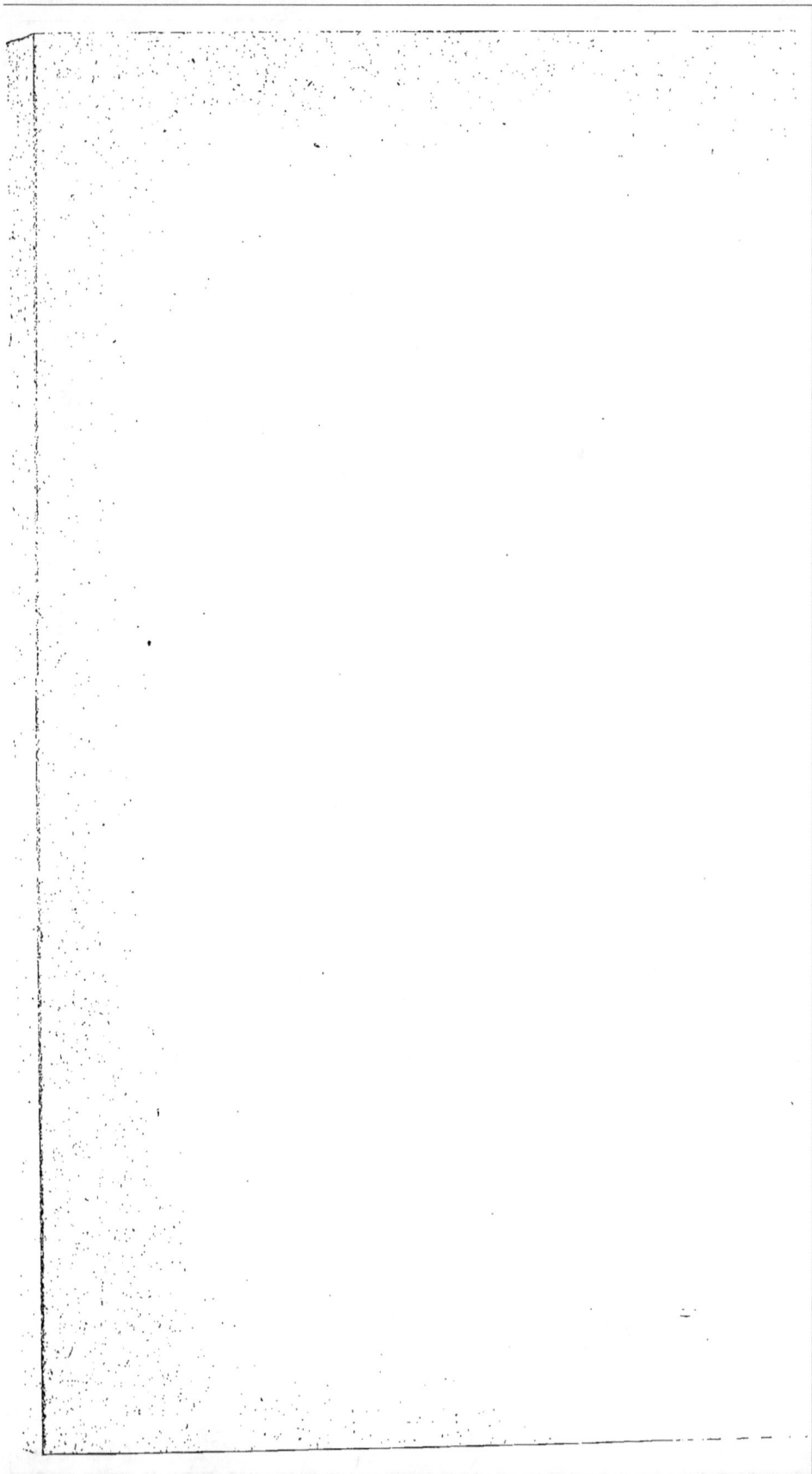

emploi est évidemment préférable pour ceux qui auraient à redouter de leurs proches la suppression
de l'acte contenant leurs dernières volontés[1]. Mais
ce danger pourrait être conjuré par le dépôt du testament olographe dans l'étude d'un notaire, ou entre
les mains d'un parent ou d'un ami sûr, chargé au
besoin des fonctions d'exécuteur testamentaire (art.
1025 du code civil).

Ces fonctions, en droit, ont le caractère d'un
mandat. Nous sommes ainsi amenés à nous demander quelle est la valeur du mandat donné par le
défunt à un tiers touchant sa sépulture. L'étranger,
nous l'avons vu, n'a pas qualité pour intervenir dans
le règlement des obsèques. Mais il peut arriver qu'il
se présente porteur d'un mandat du *de cujus*, et il
s'agit de savoir s'il a le droit d'en requérir l'exécution.

J'écarte d'abord sans hésiter le mandat purement
verbal. Dans une matière aussi grave, lorsque les
passions sont si vivement surexcitées, il est impossible de donner créance à la parole du premier venu,
et de faire dépendre de sa bonne ou de sa mauvaise
foi le sort de ces restes si chers aux familles. Déjà
l'article 1er de l'ordonnance de 1735 avait dit : « Toutes dispositions testamentaires ou à cause de mort,

---

[1] V. M. Gairal : *La Sépulture civile et la Sépulture catholique*,
dans la *Revue des Institutions et du Droit*, de Grenoble, déjà citée.

de quelque nature qu'elles soient, seront faites par écrit. Déclarons nulles toutes celles qui ne seront faites que *verbalement*, et défendons d'en admettre la preuve par témoins, même sous prétexte de la modicité de la somme. » Le code civil n'admet pas plus que l'ordonnance de 1735 le testament verbal (art. 895); et, si l'article 1985 dit que le mandat peut être donné verbalement, il s'empresse d'ajouter que « la preuve testimoniale n'en est reçue que conformément au titre des contrats ou des obligations conventionnelles en général. » Or, aux termes de l'article 1341, il suffit que la preuve testimoniale demandée porte sur un intérêt supérieur à cent cinquante francs pour qu'elle ne soit pas recevable. Comme il s'agit ici d'un intérêt indéterminé, inappréciable, toute preuve par témoins est évidemment inadmissible, et par conséquent le mandat purement verbal ne peut produire aucun effet.

J'en dirai autant du mandat écrit qui ne serait pas donné sous la forme testamentaire. Les principes du droit exigent cette solution. En effet, le mandat est un contrat, sinon parfaitement synallagmatique comme la vente, l'échange, le louage, etc., au moins bilatéral, c'est-à-dire supposant l'adhésion, le concours de deux volontés vers un même but; concours et adhésion qui seraient impossibles dans l'espèce, puisqu'au moment où le mandataire exé-

qu'elles ne se rattachent à aucun legs universel ou particulier. « Considérant, dit la cour de Caen, que le testateur n'a eu nullement pour objet direct l'institution d'un légataire, *mais qu'il a disposé dans son propre intérêt* [1]... »

« Attendu, dit la cour de cassation, que le testateur, usant de la latitude qui lui était accordée par la loi pour la manifestation de ses dernières volontés, a pu, sans faire de légataires particuliers, imposer à sa succession certaines charges, et en confier l'accomplissement à son exécuteur testamentaire [2]. »

L'héritier du défunt est donc obligé d'exécuter sa volonté. Mais s'il est seul, ou s'il y a plusieurs héritiers d'accord pour la méconnaître, il est évident qu'elle ne sera point obéie et que le testament restera à l'état de lettre morte. Voilà pourquoi il est sage, dans cette prévision, de recourir à la désignation d'un exécuteur testamentaire. Ce mandataire, par lequel le testateur se survit en quelque sorte à lui-même, sera investi d'une autorité légale, consacrée et définie par les articles 1025 et suivants du code civil. Il pourra faire prévaloir à l'égard d'héritiers récalcitrants la volonté formelle du dé-

---

[1] 10 février 1831. — *Add.* Cassation, 16 juillet 1834 ; Dalloz, 1834, I, 390. — V. M. Demolombe, t. V, n° 81.

[2] 27 juin 1859 ; Sirey, 1859, I, 653. — M. Demolombe, *ibid.*

funt à l'égard de sa sépulture. L'article 1031 dit que « l'exécuteur testamentaire veillera à ce que le testament soit exécuté, et qu'il pourra, en cas de contestation, intervenir pour en soutenir la validité. » Nul doute qu'il ait le droit de prendre ici l'initiative, s'il le juge nécessaire, et d'agir en justice pour obtenir l'exécution de la volonté du testateur [1].

Mais ne perdons pas de vue ce point essentiel : c'est la dernière volonté qui doit être respectée. Si le défunt a ouvertement changé d'intention, si, d'une manière expresse ou même tacite, il a révoqué les dispositions qu'il avait prises pour ses obsèques, tous, héritiers ou exécuteurs testamentaires, doivent s'incliner devant cette manifestation suprême. Nous le démontrerons dans le chapitre suivant.

[1] M. Demolombe, *ibid.*

CHAPITRE XI

LA VOLONTÉ DU DÉFUNT (SUITE).
LES DERNIERS ACTES DE SA VIE.

Nous voici parvenus au point vif de notre sujet. Cette partie de notre étude a une importance capitale. Ce n'est plus l'engagement ou le testament du défunt qui doit appeler notre attention ; ce sont les derniers actes de sa vie et ses dernières pensées que nous allons interroger. L'heure est grave et solennelle. Le sceptique fait le brave pendant la vie ; mais, lorsque vient le jour fatal, la mort a raison de ce fier scepticisme. Quel est celui, je le demande, qui, arrivé au moment suprême, et le pied déjà placé sur le seuil de l'éternité, peut jeter un regard indifférent sur l'inconnu redoutable qui s'ouvre de-

vant lui ? Bien rares sont les exemples d'une telle
témérité, d'un tel aveuglement.

Si cependant nous avions devant nous un malheureux coupable d'un si grand égarement, nous ne saurions hésiter sur la marche à suivre. A qui refuse
obstinément les secours divins, à qui repousse de
parti pris les consolations de la religion, comment
pourrait-il être question d'accorder les honneurs de
la sépulture religieuse ? Au surplus, dans cette circonstance, l'Église ne nous demande pas notre avis.
On oublie trop qu'on relève ici d'elle, et qu'on ne peut
pas plus méconnaître son initiative que sa souveraineté. Or, en cette matière, elle a des règles pleines
d'harmonie et de sagesse, et l'une d'elles consiste
à ne pas venir aux obsèques du défunt malgré lui.

Le débat doit donc se concentrer sur le cas heureusement le plus général, celui d'une mort chrétienne. Est-elle le digne couronnement d'une vie
consacrée à l'accomplissement de tous les devoirs
que la religion nous impose, le défunt a-t-il no-
toirement vécu dans la pratique des lois de l'Église,
son baptême, sa première communion, son mariage,
l'éducation de ses enfants, sont-ils là comme autant de témoins irrécusables de sa foi : notre argumentation n'en sera que plus décisive. Mais ces
précédents ne sont point nécessaires, et, quelle qu'ait
été la vie du défunt, quelque irréligieuse qu'on la

Il semble cependant que la majesté de la croix qui s'élève sur l'asile sacré de la misère et le rayonnement seul de la charité chrétienne devraient suffire à écarter l'impie, l'ennemi de toute foi, de toute

qui avait été une profession de foi fermement catholique. Elle se félicitait souvent d'avoir pu donner à ses enfants une éducation chrétienne. Une crainte obsédait pourtant la moribonde. Elle redoutait que son corps ne devînt la proie des libres penseurs qui l'entouraient. Cette crainte s'est malheureusement réalisée. Le dernier et légitime désir de Mme R... n'a pas été respecté. On lui a infligé la honte de cet enfouissement civil pour lequel elle témoignait une si invincible répugnance. Autrefois nous avions la traite des vivants ; nous avons maintenant la traite des morts. »

On lit dans le *Courrier de Lyon* du 12 juin 1873 :

« Le 8 de ce mois, M. P. D., menuisier, domicilié rue des Remparts-d'Ainay et membre de la compagnie des sapeurs-pompiers de notre ville, est décédé à l'Hôtel-Dieu, après avoir rempli avec édification tous ses devoirs religieux. Or, hier mardi, à cinq heures du soir, un enterrement civil a été infligé à M. P... Nous devons ajouter, à l'honneur de la compagnie des sapeurs-pompiers, que plusieurs de ses membres ont protesté contre l'enterrement civil de M. P... et l'ont considéré comme un outrage fait à ses principes et à ses sentiments bien connus. »

« On a enterré avant-hier civilement, à Valence (Drôme), un homme de trente-sept ans, qui avait été administré la veille, en présence de son propre père. » *(Décentralisation* du 24 août 1873.)

Quelquefois ces odieuses pratiques échouent devant une volonté ferme et énergique.

On lit dans la *Décentralisation* du 18 juillet 1873 : « Bouches-du-Rhône. — Un de ces derniers jours, un honnête travailleur, âgé de cinquante-trois ans, est mort à l'hospice de la Conception. Un prétendu *cousin* du défunt se présente et annonce à l'hospice que *sa famille* veut faire procéder à un enterrement civil.

« Les libres penseurs n'avaient pas la main heureuse; car le décroyance. Il n'en est point ainsi. Rien n'arrête le libre penseur. Il ne recule devant aucun scandale, et il prétend arracher aux humbles servantes de Jésus-Christ la dépouille de ce pauvre qui leur doit d'avoir connu la douceur d'une mort chrétienne.

Mais, comme nous l'avons dit, ce n'est point assez

funt avait réclamé et reçu les secours de la religion, et ils durent céder la place à l'enterrement religieux qui répondait aux véritables sentiments de l'honnête ouvrier. »

Le *Petit Lyonnais* du 27 août 1873 annonce pour le 28 l'enterrement civil de la citoyenne M. T., femme R..., décédée à l'Hôtel-Dieu. — Or on lit dans le *Courrier de Lyon* du 28 août : « Nous sommes en mesure d'affirmer que la femme R... est morte en chrétienne et en catholique, après l'accomplissement de tous ses devoirs religieux. » Et il ajoute : « C'est ainsi que les libres penseurs entendent et pratiquent la liberté de conscience. »

Même fait à Grane (Drôme), le 2 novembre 1874 (*l'Ordre et la Liberté* de Valence du 4 novembre 1874).

Toulon, 15 décembre 1874. — « On est fort impressionné ici d'une démonstration radicale sans précédents faite, dimanche, par les ouvriers de l'arsenal. Un jeune homme, nommé G..., est mort à l'hospice maritime, après avoir reçu les derniers sacrements, et témoigné ainsi de ses sentiments religieux. Les parents et les amis se sont emparés du cadavre pour une manifestation. Trois mille ouvriers, appartenant presque exclusivement à l'arsenal, ont formé le cortége. C'est donc en violation de ses croyances que l'enterrement civil a eu lieu. On se demande comment M. le préfet maritime a pu tolérer cette menaçante procession, averti qu'il avait été par M. l'abbé G.... des sentiments dans lesquels était mort G... » *(Sentinelle du Midi* du 17 décembre 1874.)

C'est à la suite de ces faits que M. le maire de Toulon a pris un arrêté pour réglementer les enterrements civils.

On lit dans un *Communiqué* du 24 mars 1874 de M. le préfet de la Loire-Inférieure, adressé au *Phare de la Loire* : « Le *Phare*

qui n'a pas besoin d'être démontré. L'article 1035 le dit, et il ajoute qu'on peut obtenir le même résultat au moyen d'un acte notarié. Si donc le défunt a employé l'une de ces deux formes, aucune difficulté ne pourra se présenter.

La question est plus délicate, si le défunt, sans faire aucune attribution de biens, aucun legs, s'est borné à écrire en entier de sa main, à dater et à signer un acte par lequel il déclare révoquer son testament antérieur. Cet acte sous seing privé est-il suffisant pour opérer la révocation ? On a soutenu la négative en se fondant sur les termes de l'article 1035 [1]. Je crois au contraire, avec le savant professeur de Caen [2], que cet article n'est point limitatif, et qu'une simple déclaration attestant le changement de volonté doit être accueillie par la justice. Nous allons établir qu'on doit admettre la révocation tacite. Comment dès lors ne pas s'incliner devant la révocation expresse ? Qui peut le plus peut le moins. Cette opinion est consacrée par de nombreux arrêts [3].

Abordons la question la plus importante, celle de la révocation tacite. Il peut arriver qu'un individu,

[1] V. M. Gairal, *loc. cit.*
[2] V. M. Demolombe, t. V, nᵒ 141.
[3] V. notamment les arrêts de cassation du 7 juin 1832 (Sirey, 1832, I, 542), et de Bordeaux du 27 mars 1846 (Sirey, 1846, II, 524).

qui aura eu le malheur de repousser dans son testament la sépulture religieuse, en perde le souvenir
à ses derniers moments, ou qu'il ne puisse, par un
motif quelconque, rédiger l'écrit destiné à effacer sa
faute. Et cependant aucun doute ne peut s'élever
sur les sentiments dont cet homme était animé avant
sa mort. Ses croyances se sont affirmées par les plus
décisives paroles ; sa volonté de mourir dans le sein
de l'Église est attestée par la foi avec laquelle il
a reçu les plus augustes sacrements. N'est-il pas
évident que les intentions de cet homme ont changé,
et, à moins d'entreprendre une conciliation absurde,
impossible, n'est-il pas certain qu'il a déchiré son
testament de ses propres mains ?

On insiste, et on nous oppose de nouveau l'article 1035 du code civil qui exige, dit-on, un testament ou un acte notarié pour la révocation d'un testament antérieur. Nos adversaires n'admettent ici
que la révocation expresse ; ils rejettent la révoca-
cation tacite. En droit cette thèse n'est pas exacte ;
il est facile de le démontrer.

Le droit romain, auquel nous avons emprunté un
si grand nombre de décisions juridiques, avait reconnu qu'un legs peut être tacitement révoqué.
« *Posteriora derogant prioribus*, disent plusieurs
textes, *Voluntas posterior potior haberi debet;*
c'est la dernière volonté qui doit prévaloir, » dit une

loi[1]. Papinien enseigne qu'on ne doit consulter que la dernière volonté du défunt, *supremam defuncti voluntatem*. A l'appui de leurs décisions, les juris-consultes romains nous donnent un exemple que l'article 1038 du code civil s'est approprié. Je vous lègue un immeuble, puis je le vends. Il y a révocation tacite du legs, alors même que la vente serait nulle. Pourquoi? C'est que je ne peux manifester plus énergiquement le changement de ma volonté qu'en vendant ce que je vous ai légué[2].

Il en était de même dans l'ancien droit français. Pothier nous l'apprend, en plaçant sous nos yeux une espèce qui est bien saisissante. Dans mon testament, j'ai nommé Pierre mon exécuteur testamentaire, et je lui ai fait un legs, pour le récompenser des soins et des peines qu'exigera ce mandat. Plus tard, je nomme un autre exécuteur testamentaire. Le legs que j'ai fait à Pierre est tacitement révoqué[3].

Le code civil à son tour admet-il la révocation tacite, celle qui a lieu *re*, de même qu'il admet la révocation expresse, celle qui s'opère *verbis?* On ne peut en douter. Et d'abord l'article 1036 la consacre évidemment, en décidant que les dispositions d'un

---

[1] Loi 90, *de condict. et demonst.*

[2] Paul, loi 15, *Dig., de adim. legat.* —Papinien, loi 24, par. 1. *Dig.*, eod. tit.

[3] *Des Donations et des Testaments*, ch. VI, sect. 2.

testament antérieur tombent devant les dispositions
d'un testament postérieur, toutes les fois qu'il y a
contrariété ou seulement incompatibilité entre elles,
bien qu'il n'y ait pas de clause expresse de révocation. Ensuite l'article 1038 veut, comme nous l'a-
vons dit, à l'exemple du droit romain, que l'aliéna-
nation même nulle de la chose léguée emporte révocation du legs. Voilà, à coup sûr, la preuve que la
loi admet la révocation tacite.

Mais sont-ce là les seuls modes de révocation tacite reconnus par le code civil? Non. Et M. Jaubert,
dans son rapport au Tribunat, en parlant de l'article 1038, a pris soin de dire que « le code n'a fait
ici que proposer un cas important[1]. »

Laissons encore ici la parole à l'éminent professeur de Caen. « Les questions de révocation testamentaire, dit M. Demolombe, sont avant tout des
questions de volonté... Chaque jour il se présente
dans la pratique des preuves de révocation tacite
tellement significatives, en dehors même de celles
qui ont été prévues, qu'une théorie qui entrepren-
drait de les méconnaître, se briserait inévitablement
contre l'éclatante vérité des faits[2]. »

M. Troplong enseigne la même doctrine dans

[1] Fenet, t. XII, p. 611.
[2] T. V, n° 243.

son *Traité des Donations et des Testaments*[1]. Telle est aussi sur ce point la jurisprudence de la Cour suprême[2].

Nous pensons, avec ces puissantes autorités, que lorsqu'on se trouvera en présence de faits positifs, indiscutables, révélant avec certitude un changement de volonté chez le testateur, il faudra décider qu'il y a révocation. On n'aura pas seulement alors ces présomptions graves, précises, concordantes, dont parle l'article 1353, et qui, suivant M. Demolombe[3], suffiraient au besoin au juge pour se prononcer; on aura la preuve même du changement de volonté.

En voici un exemple bien saillant. Dans mon testament j'ai exprimé la volonté d'être inhumé en tel endroit déterminé. Plus tard je me fais construire un tombeau dans une localité différente. Il est de toute évidence que, bien que je n'aie pas expressément révoqué la disposition de mon testament, j'ai entendu qu'elle soit considérée comme non avenue.

Tout le monde comprend, par exemple, que la destruction de l'acte testamentaire vaut révocation. Il est évident que celui qui lacère, déchire, brûle son testament, ne peut pas manifester d'une manière

[1] T. IV, n° 2102.
[2] Arrêt du 5 mai 1824 (Dalloz, 1824, I, 185).
[3] N° 253.

plus énergique le changement de sa volonté. Il en
faut dire autant de toute autre modification volontaire. Lorsque le testament a été sciemment bâtonné,
raturé dans certaines parties par son propre auteur,
personne ne doute que ces ratures ne soient équivalen-
tes à une déclaration expresse, parce qu'elles prouvent
clairement que les intentions du testateur, en ce point
tout au moins, ne sont plus les mêmes. Et voilà pourquoi il n'en serait plus ainsi, s'il était établi que ces
faits sont l'œuvre d'une main étrangère. Les magistrats ont ici un pouvoir souverain d'appréciation.
Ils étudieront les faits, ils pèseront les circonstances, ils verront si, dans les actes qui leur sont soumis,
il y a ou il n'y a pas un changement de volonté.
Surtout ils n'oublieront pas que l'incompatibilité,
même purement intentionnelle, suffit pour entraîner
la révocation tacite[1]; et, plaçant le débat sur son véritable terrain, l'intention dernière du défunt, c'est
à elle seule qu'ils donneront la consécration de la
justice. On restera ainsi fidèle aux prescriptions de
la loi, qui, dans la définition même du testament
(art. 895), nous défend de porter atteinte au principe essentiel de la révocabilité.

S'agit-il d'un mandat confié à un exécuteur testamentaire? la mission qui lui est donnée d'écarter

[1] M. Demolombe, *loc. cit.*, n° 169.

la religion des obsèques est-elle aussi nette, aussi précise que possible ? la solution de la question sera exactement la même. Car ici le mandat est régi par les mêmes principes que le testament. Comme le testament, le mandat est essentiellement révocable ; et « à côté de la révocation expresse, il y a, dit M. Troplong, des révocations tacites qui résultent des faits et des circonstances... Elles ont dans le droit une autorité égale à celle de la révocation expresse[1]. » L'article 2006, qui est emprunté au droit romain, nous en fournit la preuve en décidant que « la constitution d'un nouveau mandataire pour la même affaire vaut révocation du premier. » Mais ce n'est pas là le seul cas dans lequel le mandat est tacitement révoqué. « Cet article, dit M. Troplong, procède par forme d'exemple ; il est la conséquence d'une règle plus haute virtuellement sous-entendue. Mais cet exemple n'est pas limitatif ; il n'enlève pas au juge le droit de rechercher dans d'autres faits, reconnus constants, l'intention révocatoire qu'ils recèlent réellement[2]. » Il n'est pas même nécessaire de présenter au juge un grand nombre de faits pour entraîner sa conviction. « Il suffit, ajoute notre savant auteur, d'un simple fait, sans déclaration de

---

[1] *Traité du mandat*, nᵒˢ 777, 780.
[2] *Ibid.*, nᵒ 781.

volonté, pour assurer à la révocation du mandat toute sa légitimité et toute son énergie [1]. »

Vainement, dans le cas qui nous occupe, l'exécuteur testamentaire prétendrait ignorer le fait révocatoire, et se servir de ce prétexte pour mettre à exécution son mandat. Il suffirait de porter le fait à sa connaissance pour le contraindre à obéir à la dernière volonté du défunt [2].

Le respect de la volonté suprème des mourants est donc une règle absolue qui s'impose à tous. Oui, tous, parents ou étrangers, croyants ou incrédules, nous devons nous incliner devant les intentions manifestes de ceux qui nous quittent, et prouver ainsi que la liberté de conscience n'est pas un vain mot pour nous.

---

[1] *Traité du mandat*, n° 778.
[2] *Ibid.*, n°s 213 et 787.

CHAPITRE XII

LA FAMILLE

Le respect de la dernière volonté du défunt, telle est, nous venons de le voir, la règle fondamentale en matière de sépulture. Mais si l'on suppose que cette volonté a été muette, qu'elle n'a pas pu se manifester, ou que son expression n'a aucune valeur légale, alors apparaît le droit de la famille.

Et d'abord précisons le sens de ce mot au point de vue juridique. La famille, c'est l'ensemble des personnes unies par les liens du sang et descendant d'auteurs communs, dont l'union a été consacrée par le mariage. C'est ainsi qu'elle comprend le père et la mère, les enfants, les frères et sœurs, les aïeuls, les oncles et tantes, les neveux et nièces, les cousins et cousines, etc.

Le mariage est donc la source des familles. « Elles

se forment, dit Portalis, par le mariage, et elles
sont la pépinière de l'État. Chaque famille est une
société particulière et distincte, dont le gouvernement
importe à la grande famille qui les comprend toutes [1]. » Aussi toutes les législations ont-elles cherché à l'organiser, en fixant les droits et les devoirs de
ceux qui en font partie. Au père appartient ce gouvernement de la famille, comme l'appelle Portalis ;
car il en est le chef. De là la puissance paternelle.
Une autorité non moins grande dont il est revêtu
par le mariage, c'est l'autorité conjugale. La loi a
énuméré les prérogatives de cette magistrature domestique ; elle a dit les obligations qui lui sont im-
posées. Elle a ensuite tracé le rôle de l'épouse et de la
mère. Enfin elle a déterminé la situation des enfants,
des ascendants et des collatéraux, en suivant cette
règle rationnelle qui veut que les devoirs et les droits
diminuènt en même temps que les liens du sang s'af-
faiblissent. Tel est notamment le principe qui domine
dans la loi successorale.

Nous avons, au chapitre v, indiqué les règles générales qu'on doit suivre pour résoudre les questions auxquelles la sépulture donne lieu. L'une
d'elles, avons-nous dit, consiste à respecter le droit
de la famille. Ce droit peut-il être contesté? En rai-

[1] Discours préliminaire. Fenet, t. Ier, p. 498.

son, en équité, personne ne l'oserait assurément.
Quiconque essayerait de soutenir que l'étranger, le
premier venu, a sur nos restes mortels le même droit
que nos parents, froisserait évidemment nos sentiments les plus intimes et soulèverait les protestations de la conscience publique.

On a vu, au chapitre VII, que les peuples ont été
unanimes pour proclamer les droits des parents et
pour exclure les étrangers. Partout, dans l'Inde
comme en Judée, à Athènes comme à Rome, c'était
le plus proche parent du défunt qui lui fermait les
yeux, et qui présidait à ses funérailles. Au surplus,
ce droit ne résulte pas seulement des données du
sens commun et des traditions les plus anciennes ;
nous avons établi qu'il est écrit dans la loi, et il
nous suffit de renvoyer aux textes que nous avons
cités [1].

Mais, il faut bien le reconnaître, le législateur
s'est borné à énoncer ici d'une manière générale les
prérogatives de la famille. Il n'a pas indiqué le droit
de chacun des membres dont elle se compose ; il n'a
pas expressément fixé l'ordre dans lequel les parents
et les alliés sont appelés à se prononcer. Nous avons
donc à préciser le rang que chacun doit occuper, en
montrant qu'il est déterminé par les règles fonda-

[1] Ch. VII.

mentales que la loi a édictées sur l'autorité conjugale, la puissance paternelle et les successions.

§ 1ᵉʳ

L'Époux survivant.

Le droit de l'époux sur la dépouille mortelle de son
conjoint prédécédé, lorsque celui-ci n'a pas fait connaître sa volonté, ne peut être l'objet d'aucun doute.
Supposons d'abord que ce soit le mari qui survive
à sa femme. Je dis qu'il tranchera souverainement
la question de ses funérailles, alors même qu'il
verrait s'élever devant lui l'opposition du père et
de la mère de son épouse et celle de ses propres
enfants.

Pour nous en convaincre, demandons-nous ce
qu'est le mariage ; interrogeons ce contrat solennel,
cette association intime qui se forme entre deux êtres
sous les yeux de Celui qui les a créés. Dans l'exposé
des motifs, Portalis l'a défini : « La société de
l'homme et de la femme qui s'unissent pour perpétuer leur espèce, pour s'aider par des secours mutuels à porter le poids de la vie, et pour partager
leur commune destinée[1]. » Ce noble langage ne

---

[1] Fenet, t. IX, p. 140.

nous donne pas cependant une idée complète de la
société conjugale. Le mariage n'est pas seulement
l'union des âmes; il est aussi l'union des corps. Si
loin que nous remontions dans l'histoire, nous pouvons constater que le mariage ne se comprend pas
sans le principe de la tradition corporelle. Il ne
faut pas s'en étonner. Dieu n'avait-il pas présidé
lui-même à l'union du premier homme et de la première femme, et ne l'avait-il pas définie par ces
mémorables paroles : « *Erunt duo in carne una*, ils
seront deux dans une seule chair[1] ? » Le précepte
divin de la tradition réciproque s'altère, il est vrai,
au milieu des ténèbres du paganisme. Le droit romain voit dans le mariage une vente de la femme au
mari, acquérant ainsi sur elle droit de vie et de
mort. Mais le christianisme, qui, suivant la belle
expression de M. Troplong, « a été à la lettre
une descente de l'esprit d'en haut[2], » rend au monde
la lumière obscurcie par les passions des hommes.
Jésus-Christ nous enseigne qu'il n'est point venu
détruire la loi, mais l'accomplir, la compléter : *Non
veni solvere legem, sed adimplere.* Il rappelle en
conséquence la définition sublime de la Genèse, et il
y joint ces décisives paroles : « *Quod ergo Deus con-*

---

[1] Genèse, ii, 24.
[2] *De l'Influence du Christianisme sur le droit romain*, ch. iv.

junxit homo non separet; que l'homme donc ne
sépare pas ce que Dieu a uni[1]. »

Sans doute la religion chrétienne, cette grande
école du spiritualisme, nous montre dans le mariage
l'union des âmes ; mais elle y voit aussi la tradition
corporelle et réciproque, l'union des corps qu'elle
épure et sanctifie, en élevant le mariage à la dignité
de sacrement[2].

S'il en est ainsi, si le mari, en parlant de sa
femme, peut dire comme Adam : « Voici l'os de mes
os et la chair de ma chair[3], » il est évident que la
mort n'a point fait disparaître son droit, qu'elle l'a
seulement modifié. Vainement lui objecterait-on que
la mort a dissous le mariage et brisé pour lui tout
lien avec de froides dépouilles. Il répondrait qu'elles
sont encore à ses yeux bien précieuses, car ce sont
les restes de celle qu'entre toutes il avait choisie,
qui avait uni sa destinée à la sienne, qui portait son nom, partageait son foyer et vivait de la
même foi et des mêmes espérances. Le pouvoir que
le mariage lui avait donné sur son épouse, il l'exer-
cera donc encore sur celle-ci, *telle que la mort l'a*

---

[1] Saint Matth., xix, 6.

[2] L'Église définit le mariage : « *Novæ legis sacramentum quo vir
et mulier baptizati corporum suorum dominium mutuo tradunt
et accipiunt.* »

[3] Genèse, ii, 23.

faite, comme dit Bossuet. Il ne s'en remettra qu'à lui-même du soin de veiller sur ces chers débris ; il les déposera dans son propre tombeau ; et l'on pourra dire de ces deux époux, qu'unis pendant la vie, la mort elle-même ne les a pas séparés.

Les plus antiques traditions témoignent en faveur du droit de l'époux. Les livres saints nous apprennent qu'Abraham et Sara, Isaac et Rébecca, Jacob et Lia furent ensevelis dans le même sépulcre[1]. Tobie voulut que sa femme fût inhumée avec lui, et pourquoi ? « La tombe, dit-il, ne doit pas séparer les corps de ceux qui n'ont fait qu'un dans le Seigneur : *Ut quorum mens una fuit semper in Domino, eorum quoque corpora sepultura non separaret.* » Saint Augustin s'exprime en ces termes : « Que chaque femme suive son mari, soit en la vie, soit en la mort. » Les païens eux-mêmes tenaient à honneur d'observer ces pieuses coutumes, et nous avons vu que si Socrate prescrivit de placer l'image de sa mère dans le temple de Cérès, c'est dans son tombeau qu'il ordonna de déposer les restes de son épouse.

On ne trouve dans notre ancien droit que de rares documents sur le point que nous examinons, probablement parce qu'il n'y avait pas de divergence

---

[1] Genèse, ch. XXIII, XXV, XXXV et XLIX.

à cet égard. Pour Despeisses la question n'est pas douteuse, et il la résout conformément aux traditions.

Le code civil, nous l'avons dit, n'a pas ici de disposition formelle. Mais le droit du mari nous semble une conséquence naturelle de l'obligation de *fidélité* imposée aux époux par l'article 212, et il nous paraît implicitement écrit dans l'article 214 ainsi conçu : « La femme est obligée d'habiter avec le mari et de le suivre partout où il juge à propos de résider ; le mari est obligé de la recevoir. »

Enfin la jurisprudence, dont la mission est de combler les lacunes qui peuvent exister dans la loi et d'en faire disparaître les obscurités, a nettement proclamé le droit de l'époux. Non-seulement la Cour de Lyon reconnaît que le mari peut disposer du corps de sa femme, mais elle décide qu'il a le devoir de veiller à ses funérailles. L'arrêt de cette Cour est trop important pour que nous ne reproduisions pas ici un de ses motifs : « Attendu que *le devoir imposé au mari de veiller aux funérailles de son épouse prédécédée*, et sa position de chef de famille, entraînent et expliquent le droit de sa part de désigner le lieu de la sépulture, lorsque la volonté de l'épouse est restée muette sur ce point [1]. »

_____

[1] Cet arrêt est du 5 avril 1851. Il est inséré avec l'éloquente

Plaçons-nous maintenant dans l'hypothèse inverse, celle de la survivance de l'épouse. Nous n'hé-
siterons pas à lui reconnaître les mêmes droits que
nous avons admis au profit du mari. En effet, les
notions fondamentales que nous avons rappelées sur
la nature du mariage, et le principe de la réciprocité
dans la tradition corporelle, conduisent à cette solution. Et il en serait ainsi, alors même que la femme
serait encore mineure, car le mariage l'a émancipée
(art. 476 du code civil)[1].

La doctrine que nous avons exposée sur les droits
de l'époux survivant devrait toutefois recevoir ex--
ception dans le cas de séparation de corps. Nous
avons tort de dire exception, car on continue alors
à appliquer la règle qui découle de la définition
même du mariage. La séparation judiciaire a précisément pour résultat de faire cesser la tradition,

---

plaidoirie de M⁰ Humblot dans le *Recueil de la Jurisprudence de
la Cour*, année 1851, p. 224. — V. aussi un jugement du tribunal
civil de Lyon, du 1ᵉʳ décembre 1874.

[1] L'autorité doit exiger la représentation de l'acte de mariage de
celui qui veut faire procéder à l'enterrement civil de son conjoint
(articles 194 et 195 du code civil).

Cette mesure est indispensable. On a eu, en 1874, à Marseille, le
scandale d'un conseiller municipal faisant inhumer civilement sa
concubine, qu'il avait fait passer pour sa femme légitime. Cet acte
odieux a soulevé les protestations d'une partie des membres du
conseil municipal qui avaient assisté aux obsèques, croyant qu'ils
rendaient les derniers devoirs à l'épouse de leur collègue.

21

la possession corporelle. La justice interdit aux
époux de se hanter, de se fréquenter désormais. En
permettant à l'époux séparé de réclamer le corps de
son conjoint prédécédé, on manquerait non-seulement à toute bienséance, mais encore à toute logique. C'est cependant ce qu'on a vu plus d'une fois.
Oui, nous avons eu ce spectacle odieux d'un homme
séparé de sa femme depuis longtemps à cause de son
indigne conduite envers elle, apparaissant tout à
coup le jour de la mort de sa victime, pour s'emparer de ses restes et les faire servir d'instrument à
ses passions antireligieuses. Si nous ajoutons que
la fin de cette malheureuse avait été chrétienne,
quels sentiments d'indignation n'éprouvera-t-on pas
en présence d'un pareil attentat?

Il appartient à la famille, et au besoin à l'autorité
publique, d'empêcher de tels abus. Qu'on le sache
bien : le mari n'est plus alors qu'un étranger sans
qualité, sans droit, sans mission pour élever la voix
dans ces tristes circonstances. Que chacun fasse donc
ici son devoir, et les déplorables excès dont nous
avons été témoins disparaîtront sans retour.

§ 2.

Les Père et Mère vis-à-vis de leurs enfants mineurs.

Quel est le droit du père et de la mère relativement à la sépulture de leurs enfants? Il faut distinguer le cas où les enfants sont mineurs de celui
où ils sont majeurs. Prenons d'abord l'hypothèse de
la minorité.

De même que, pour résoudre la question de la sépulture des époux, nous nous sommes inspirés des
règles de la puissance conjugale, de même ici nous
devons interroger les règles de la puissance paternelle. Quelles sont ces règles? Comment doit-on les
appliquer?

L'autorité paternelle repose sur des bases indestructibles; car c'est Dieu lui-même qui a gravé dans
le cœur de l'homme le sentiment d'amour et de respect qu'il éprouve pour son père et pour sa mère.
Il en est de ce principe comme de tous les principes
fondamentaux. La souveraine sagesse n'a point voulu
l'abandonner aux inspirations quelquefois vacillan-
tes de la conscience. Elle en a fait un précepte positif que les livres saints expriment ainsi : « *Honora
patrem tuum et matrem tuam;* honore ton père et
ta mère [1]. » On l'a justement remarqué : la place que

---

[1] Deutéronome, ch. v, vers. 6.

le précepte de l'obéissance filiale occupe dans le dé-
calogue prouve toute son importance. En effet, le
commandement d'honorer ses père et mère vient immédiatement après celui d'honorer Dieu lui-même.

Ce n'est point ici le lieu d'examiner l'application
qui a été faite de cette loi divine dans les différentes phases de civilisation qu'a parcourues l'humanité. Contentons-nous de jeter un regard rapide
sur la législation romaine, pour vérifier une fois de
plus cet axiome historique qu'ici, comme en toutes
choses, le véritable progrès date de la révélation
chrétienne.

Les Romains ne considéraient pas l'autorité paternelle comme un droit naturel, mais comme un
droit de cité dont le citoyen romain seul était investi[1]. Aussi la puissance que le père exerçait sur
ses enfants était-elle analogue à celle qu'il possé-
dait sur ses esclaves. Ils étaient en réalité sa chose.
Tout ce qu'ils acquéraient tombait dans son patrimoine. Le père pouvait les vendre ; il avait sur eux
droit de vie et de mort. On sait que les Romains
avaient pour la patrie un culte qui ne le cédait pas à
celui des dieux. A Rome, l'exil était considéré
comme une peine capitale. Eh bien, le respect de
la magistrature paternelle y était encore plus pro-

---

[1] V. Ortolan, *Institutes de Justinien*, introduction.

fond que celui de la patrie elle-même. Salluste raconte quelque part qu'Aulus Fulvius avait déserté
Rome pour suivre Catilina. C'est en vain que ses
concitoyens le rappellent. Mais à peine le citoyen
rebelle a-t-il entendu la voix de son père lui inti-
mant l'ordre de revenir, qu'il accourt respectueux
et soumis, pour subir l'arrêt de mort que son père
doit prononcer contre lui. Au rapport de Plutarque,
c'est aussi comme père et non comme consul que
Brutus prononça la condamnation à mort de ses fils.
Telles étaient les mœurs barbares de l'ancienne
Rome ; tel était son droit sanguinaire, qui ne dispa-
rut qu'au souffle du Christianisme[1].

En France, dans notre ancien droit, sous l'influence des idées chrétiennes, il est évident que la
puissance paternelle ne devait avoir rien de commun avec le pouvoir du père de famille, tel que les
Romains l'avaient entendu. Dans quelques pays de
coutumes, on était même allé jusqu'à mettre son
existence en question ; ce qui ne peut s'expliquer que
par une réaction exagérée contre les excès de la législation romaine. « Mais, dit Pothier, on ne peut
nier qu'il y en ait une. » Et il la définit : « Le droit
qu'ont les père et mère de gouverner avec autorité
la personne et les biens de leurs enfants, jusqu'à ce

---

[1] V. M. Troplong, ch. ix : *De l'Influence du Christianisme
sur le droit romain.*

qu'ils soient en âge de se gouverner eux-mêmes et leurs biens[1]. »

Le droit des père et mère de gouverner avec autorité la personne de leurs enfants, dont parle Pothier, ne se retrouvait pas dans le projet du code civil. Ce projet ne voyait dans la puissance paternelle qu' « un droit fondé sur la nature et confirmé par la loi, qui donne au père et à la mère, pendant un temps limité et sous certaines conditions, *la surveillance de la personne*, l'administration et la jouissance des biens de leurs enfants. » Telle était la définition donnée par le conseiller d'État Réal dans l'exposé des motifs au Corps législatif[2].

Mais lors de la rédaction définitive, se dégageant des idées révolutionnaires qui avaient ébranlé l'autorité paternelle comme toutes les autres autorités, le législateur revint à la définition de Pothier, et proclama nettement les droits du père de famille.

Le code civil consacre un titre spécial, le titre 9, à la puissance paternelle. Cependant toutes les règles qui la concernent n'y sont pas réunies. On n'y voit pas, par exemple, celles qui sont relatives au mariage. Elles se trouvent dans le titre 5.

Les articles 371, 372, 373, posant les principes

[1] *Traité des personnes*, part. 1, tit. vi, sect. 2.
[2] Fenet, t. X, p. 518.

qui doivent servir de base à notre discussion, il convient de les citer :

« Art. 371. L'enfant, à tout âge, doit honneur et
respect à ses père et mère.

« Art. 372. Il reste sous leur autorité jusqu'à sa
majorité ou son émancipation.

« Art. 373. Le père seul exerce cette autorité
pendant le mariage. »

Ainsi l'enfant mineur ou non émancipé est placé
sous l'autorité de ses père et mère ; et cette autorité,
c'est le père qui l'exerce tant que dure le mariage. La
loi a craint de l'affaiblir en la divisant, et elle l'a donnée au mari déjà chef de la société conjugale. Il est
donc revêtu d'une seconde dignité, celle de chef de
la famille. A ce titre, disait M. Réal, « il est investi
de la plus sacrée de toutes les magistratures. »

Le législateur ne s'est pas contenté d'édicter la
règle générale de l'article 373 ; il a, dans certains
cas, marqué en traits précis la prééminence du père.
Ainsi, par exemple, lorsqu'il s'agit du mariage des
enfants, l'article 148 du code civil dit : « Le fils qui
n'a pas atteint l'âge de vingt-cinq ans accomplis, la
fille qui n'a pas atteint l'âge de vingt et un ans accomplis, ne peuvent contracter mariage sans le consentement de leurs père et mère ; *en cas de dissentiment, le consentement du père suffit.* »

Ainsi encore le droit de correction, que peut né-

cessiter l'inconduite grave de l'enfant, c'est au père
que la loi le donne (art. 375); et lorsque le père est
mort ou qu'il est dans l'impossibilité d'agir, l'exercice de ce même droit entre les mains de la mère est
soumis à des conditions, à des garanties dont le père
est affranchi. Elle ne peut jamais agir comme lui
par voie d'autorité; elle ne peut que s'adresser à la
justice, et encore lui faut-il le concours des deux
plus proches parents paternels. (Comp. les art. 376
et suiv. du code civil.)

Même différence entre le père et la mère au point
de vue de la jouissance des biens personnels de leurs
enfants. Elle ressort nettement de l'article 384 ainsi
conçu : « Le père durant le mariage, et, après la dissolution du mariage, le survivant des père et mère,
auront la jouissance des biens de leurs enfants jusqu'à l'âge de dix-huit ans accomplis, ou jusqu'à
l'émancipation qui pourrait avoir lieu avant l'âge
de dix-huit ans. »

Les règles de la puissance paternelle, que nous
avons analysées, doivent recevoir leur application à
notre sujet. Le père et la mère ont donc seuls le droit
de prononcer sur la sépulture de leurs enfants mineurs; et, dans le cas de conflit, c'est la volonté du
père qui doit prévaloir. Ces conflits malheureusement ne sont pas rares. On ne voit que trop souvent les passions du sectaire étouffer la voix de la

nature. Le cœur se serre à la vue de ce père indigne, venant, sans pitié pour les larmes d'une pauvre mère, arracher de ses bras le petit enfant qu'elle veut porter à l'église avant de lui dire un dernier adieu.

De telles violences peuvent-elles s'exercer impunément? Je ne le pense pas. Et d'abord, si lors du mariage il a été expressément convenu que les enfants seraient élevés dans la religion catholique, la mère a évidemment le droit d'exiger la sépulture religieuse qui fait partie du culte catholique. On est ici en présence d'un contrat, d'un engagement formel, auquel le père ne peut pas plus se soustraire qu'à tout autre engagement.

Mais ne faut-il pas aller plus loin? Et ne doit-on pas considérer, comme renfermant un engagement tacite, le mariage religieux lui-même que le mari a accepté, sachant bien les obligations qui en découlent, surtout le baptême de l'enfant qui lui a conféré la qualité de chrétien et les droits qui y sont attachés, enfin la réception des autres sacrements de l'Église? Il a été jugé que ces faits créent au profit de l'enfant un droit à la sépulture religieuse que le père ne peut pas méconnaître[1].

En tout cas, il n'est pas douteux que le refus du père constitue pour la mère une injure grave qui,

[1] Ordonnance de référé de M. le Président du tribunal civil de Douai du 6 avril 1875.

aux termes de l'article 231, suffit à la femme pour
demander et obtenir la séparation de corps. La Cour
d'appel de Lyon, confirmant un jugement du tribunal
de cette ville, a jugé que le refus de baptême d'un
enfant opposé par le mari à sa femme était, dans
certaines circonstances, un grief suffisant pour faire
prononcer la séparation de corps. Je cite un des
motifs de ce remarquable arrêt : « Considérant, dit
la Cour, que c'est avec raison que les premiers juges
ont vu dans le refus exprimé dans de telles circonstances non pas seulement un déplorable abus de
l'autorité paternelle, mais une violence morale envers la mère, et l'oubli d'une promesse tacite mais
virtuelle, qui ont dû blesser la conscience d'une
femme chrétienne dans ses sentiments les plus intimes et les plus respectables[1]. » Eh bien, une
mère chrétienne ne me paraît pas moins outragée
par le refus de la sépulture religieuse de son enfant.
Qu'elle fasse donc connaître sa résolution d'en appeler à la justice, et peut-être verra-t-on le mari
s'arrêter devant la menace d'une séparation et des
conséquences pécuniaires qui en résultent.

Que déciderons-nous dans le cas où les époux seraient séparés de corps? Là volonté du père conti-
nuera-t-elle à avoir la prééminence? Je ne puis l'ad-

[1] Arrêt rendu le 27 mars 1873 sous la présidence de M. le premier président Millevoye.

mettre. Sans doute la séparation ne fait pas disparaître la puissance paternelle : la doctrine et la jurisprudence sont bien fixées sur ce point[1]. Mais elle la modifie. Ainsi l'une des prérogatives, l'un des effets de cette puissance, c'est la jouissance des biens de l'enfant jusqu'à l'âge de dix-huit ans, ou jusqu'à son émancipation (art. 384). Or l'époux contre lequel la séparation est prononcée perd cette jouissance (art. 386). Ainsi encore tous les auteurs enseignent que les tribunaux ont dans ce cas le pouvoir d'apporter telles restrictions qu'ils jugent convenables aux droits du père relatifs à la garde et à l'éducation de son enfant[2]. Il y a plus : la prééminence du père ne tient pas seulement, comme nous l'avons vu, à la puissance paternelle ; elle découle aussi de la puissance conjugale. Car la loi place l'enfant sous l'autorité du père et de la mère (art. 372); et si elle confie au père l'exercice de cette autorité, c'est seulement *pendant le mariage* (art. 373). Or la puissance conjugale est profondément modifiée par la séparation de corps. A peine en reste-t-il quelques traces, lorsque la femme veut aliéner ses immeubles ou agir en justice. Mais elle recouvre la liberté de sa personne ; elle reprend l'administra-

---

[1] V. Dalloz, *Dictionnaire général*, v°. Puissance paternelle, n°s 57 et suivants.

[2] Dalloz, *ibid.*

tion de ses biens, et il n'y a plus de domicile conjugal [1]. L'article 373 ne sera donc plus applicable.

Il y aura lieu de suivre dans ce cas les attributions faites par la justice en vertu de l'article 302. L'enfant a-t-il été confié à la mère par le jugement? C'est elle qui est chargé de son éducation ; ce sera elle aussi qui, par une conséquence naturelle, décidera de sa sépulture. Est-ce au père que l'enfant a été remis? C'est lui qui résoudra la question des funérailles. Puisqu'il doit l'élever, le faire instruire, le diriger dans la vie, c'est aussi lui qui doit le conduire jusqu'au seuil de l'éternité. Ainsi le veut l'autorité de la décision judiciaire.

A défaut du père, c'est-à-dire s'il est mort, ou, ce qui revient au même, s'il est dans l'impossibilité physique ou légale de manifester sa volonté[2], la mère prononce seule sur la question des obsèques de son enfant. La loi l'a associée à la magistrature du foyer

---

[1] La Cour de Lyon avait d'abord jugé que la séparation de corps ne fait pas disparaître le domicile conjugal.— Arrêt du 15 juin 1837, (Dalloz, *Recueil périodique,* 1838, 2, 164). Mais, sur le pourvoi, la Cour suprême s'est prononcée en sens contraire par arrêt du 27 avril 1838, (Dalloz, 1838 1, 69). Depuis, j'ai eu à discuter moi-même cette question devant la Cour de Lyon, qui l'a résolue conformément à la jurisprudence de la Cour de cassation (Arrêt du 6 janvier 1873).

[2] V. M. Demolombe, t. VI, n° 296.

domestique, et a expressément consacré son autorité.
Nous avons vu, en effet, que sans son consentement
l'enfant ne peut pas se marier (art. 148). J'ajoute
que ce même consentement est nécessaire à la fille
mineure de vingt et un ans pour contracter des vœux
dans une congrégation religieuse (décret du 18 février 1809, art. 7), et au fils âgé de moins de vingt-
cinq ans pour être admis dans les Ordres (décret du
28 février 1810, art. 4). Le père n'étant plus là, la
mère devient donc chef de la famille ; elle en a les
devoirs et elle en exerce les droits.

Il nous reste à nous expliquer sur le droit des
père et mère à l'égard de leurs enfants naturels légalement reconnus. Je suppose toujours l'état de
minorité. La parenté naturelle n'est pas vue avec faveur par la loi, puisqu'elle ne confère pas le droit
d'héritier légitime, mais seulement celui de successeur irrégulier (code civil, titre des successions,
chap. IV). On s'est donc demandé si les père et mère
ont la puissance paternelle sur leurs enfants naturels. Quelques auteurs, et parmi eux Merlin, ont en-
seigné la négative, en se fondant sur les termes de
l'article 373 qui paraît ne faire découler la puissance
paternelle que du mariage. Mais, en lisant l'exposé
des motifs du titre du mariage, on voit que Portalis,
sans assimiler le droit des père et mère naturels à celui
des père et mère légitimes, reconnaît expressément

l'autorité des premiers[1]. Il déclare que l'obligation spécifiée dans l'article 203 de nourrir, entretenir et élever leurs enfants, pèse sur eux comme sur les père et mère légitimes ; et que, pour contracter mariage, leurs enfants ont besoin de leur consentement, par application des articles 148 et suivants du code civil.

M. Réal a été plus explicite encore. « Le législateur, dit-il, qui a reconnu que la puissance paternelle, uniquement fondée sur la nature, ne recevait de la loi civile qu'une confirmation, a dû, pour être conséquent, accorder au père et à la mère qui reconnaissent légalement leur enfant naturel, et sur cet enfant, une puissance et des droits semblables à ceux auxquels donne naissance une union légitime[2]. »

De là l'article 383, qui confère aux père et mère naturels sur la personne de leurs enfants les mêmes moyens de correction qu'aux père et mère légitimes.

Concluons donc que les père et mère ont le droit de statuer sur la sépulture de leurs enfants naturels légalement reconnus.

S'il y a dissentiment entre eux, donnerons-nous la prééminence à la volonté du père ? Oui, si l'on suit le raisonnement de M. Demolombe[3]. Il est certain

---

[1] Fenet, t. IX, p. 146.
[2] Fenet, t. X, p. 521.
[3] *Cours de code civil*, t. VI, n° 629.

qu'en raisonnant par analogie, il faut se prononcer
pour l'affirmative. Je ne puis me ranger à cet avis.
Il me paraît impossible d'assimiler la situation des
père et mère naturels à celle des père et mère légitimes ; et c'est précisément ici que se place la différence
dont parle Portalis [1]. Rappelons-nous que, si nous
avons fait pencher la balance en faveur du père légitime, c'est pour rester fidèles à l'article 373, aux
termes duquel « le père exerce seul l'autorité durant
le mariage. » Or, dans le cas qui nous occupe, il n'y
a pas de mariage, par conséquent pas de puissance
conjugale. Nous sommes donc en présence de droits
égaux bien plus encore que nous ne l'étions dans
l'hypothèse de la séparation de corps, et nous devons décider que le droit commun reprend alors son
empire.

§ 3
*Les Père et Mère vis-à-vis de leurs enfants
majeurs.*

Toutes les hypothèses que nous avons examinées
au paragraphe précédent se réfèrent à l'état de minorité. Voyons maintenant quel est le droit des père
et mère touchant la sépulture de leurs enfants majeurs ou émancipés. Devrons-nous maintenir les

[1] Fenet, t. IX, p. 146.

règles qui viennent d'être tracées? N'aurons-nous pas au contraire à demander à d'autres principes la réponse aux questions qui se posent devant nous ?

En présentant le titre de *la puissance paternelle* au Corps législatif, le conseiller d'État Réal a dit : « Après la majorité, la puissance paternelle est toute de conseil et d'assistance ; elle se borne dans ses effets à obtenir du fils de famille des témoignages de respect et de reconnaissance[1]. »

Si on excepte, en effet, les prescriptions relatives au mariage et à l'entrée dans les Ordres, les paroles de l'orateur du gouvernement sont rigoureusement exactes. Et voilà pourquoi l'article 372 dispose que « l'enfant ne reste sous l'autorité des père et mère que jusqu'à sa majorité ou son émancipation. »

Ainsi la majorité ou l'émancipation opèrent une modification profonde, radicale, dans les rapports juridiques des père et mère et de l'enfant. Il nous paraît impossible de ne pas tenir compte de ce changement d'état au point de vue qui nous occupe. Nous croyons donc que le père et la mère, ou le survivant des deux, ne pourront pas trancher seuls la question des obsèques de leur enfant majeur. Dans le cas où celui-ci ne l'aurait pas résolue lui-même, ils devront appeler à délibérer avec eux les autres hé-

---

[1] Fenet, t. X, p. 517.

ritiers légitimes du défunt. Ici apparaît le principe
dont nous avons parlé au chapitre v : le droit de famille, le droit successoral.

Il est mis en relief dans le décret du 23 prairial
an XII (12 juin 1804), dont l'article 10 est ainsi
conçu : « Lorsque l'étendue des lieux consacrés aux
inhumations le permettra, il pourra y être fait des
concessions de terrain aux personnes qui désireront
y posséder une place distincte et séparée, pour y
fonder leur sépulture *et celle de leurs parents ou
successeurs*, et y construire des caveaux, monuments
et tombeaux. »

Lorsqu'on ne peut plus invoquer les règles de
l'autorité maritale ou de la puissance paternelle,
c'est donc la loi de succession qui doit servir de
guide. La règle à suivre alors se formulera ainsi :
C'est à ceux qui héritent du défunt qu'il appartient
de résoudre la question de ses funérailles [1]. Pour-

---

[1] Le Tribunal civil de Lyon a consacré cette règle dans un jugement du 19 juillet 1874 : « Attendu, dit-il, qu'en règle générale il
appartient aux héritiers naturels ou testamentaires, qui continuent la
personne du défunt, de régler ce qui touche à sa sépulture. »

Le membre de la famille qui a qualité pour trancher la question
des funérailles n'a pas le droit, s'il se prononce pour un enterrement
civil, d'insérer dans *la lettre de faire part* les noms des autres
membres de la famille qui protestent contre la sépulture purement
civile. C'est cependant ce qui est arrivé plus d'une fois. (V. les faits
cités par *la Décentralisation* du 3 juillet 1873 et par *le Télégraphe*
du 16 octobre 1873.) Nous croyons qu'une action en dommages-
intérêts serait fondée dans ce cas.

22

quoi en est-il ainsi? Quelle est la raison de ce pouvoir considérable que nous reconnaissons aux héritiers? Il importe d'être bien fixé à cet égard.

On a dit quelquefois, pour justifier ce droit de la
famille, qu'elle hérite du corps du défunt comme
de ses autres biens. Je ne saurais m'élever avec
trop d'énergie contre une telle assimilation. Non-
seulement, en droit, elle est complétement inexacte,
puisqu'on ne doit entendre par *bien* que ce qu'on
peut utiliser (art. 516 et 546 du code civil); mais
qui ne voit combien cette étrange manière de succéder heurte la raison et froisse nos plus intimes sentiments sur le culte des morts? Un tout autre esprit
que ce grossier matérialisme inspirait le droit coutumier, quand, dans son pittoresque langage, il défi-
nissait ainsi l'hérédité légitime : *le mort saisit le vif;*
ajoutant que « Dieu seul et non l'homme peut faire
un héritier[1]. » Telle est aussi la pensée du code civil,
dont l'article 724 a traduit en ces termes la célèbre
maxime coutumière : « Les héritiers légitimes sont
saisis de plein droit des biens, droits et actions du
défunt. » Ce n'est donc pas parce qu'ils héritent du
corps du défunt, c'est parce qu'ils lui succèdent à
lui-même, parce qu'ils le représentent, parce qu'ils
continuent sa personne, que les héritiers légitimes
ont le droit de régler ses funérailles.

---

[1] *Solus Deus heredem facere potest, non homo.*

Il va de soi que, si les père et mère de l'enfant décédé majeur ne sont en concurrence avec aucun autre héritier du défunt, ils pourront agir comme bon leur semblera. Ce ne sera plus en vertu de la puissance paternelle, mais ce sera en leur qualité d'héritier. Ils héritent en effet de leur enfant (art. 746 du code civil), et ils ont même droit à une réserve (art. 915 et 916).

Il en sera tout autrement, s'ils sont, par exemple, en présence des frères et sœurs du défunt, c'est-à-dire de ces héritiers que la loi a placés si haut dans l'échelle successorale, qu'elle les appelle à recueillir la moitié des biens, lorsque le défunt a laissé ses père et mère, et les trois quarts, lorsqu'il n'a laissé que l'un d'eux (art. 751). Nous en dirons autant des descendants de frères et sœurs; car ils les représentent (art. 742-750). Tous, pourvu qu'ils soient majeurs ou mineurs émancipés, seront admis à délibérer sur la sépulture du *de cujus*.

Mais, pour écarter la religion des obsèques, il faut que les héritiers soient unanimes. Le sont-ils? ils décident au lieu et place du défunt, comme celui-ci l'aurait fait lui-même. Ils sont présumés avoir connu les derniers actes de sa vie et ses volontés suprêmes. C'est le défunt qui parle en quelque sorte par leur bouche. Voilà ce qui fait leur force, ce qui constitue leur droit. Ce privilége s'évanouirait à

l'instant, s'ils cessaient d'être unanimes. Alors on ne
pourrait plus dire de tous les héritiers qu'ils représentent le défunt, qu'ils continuent sa personne. Il
suffirait dans ce cas que l'un d'eux se prononçât pour
la sépulture religieuse. Sa volonté devrait prévaloir,
car il a un droit égal à celui de ses cohéritiers ; et si
nous faisons pencher la balance en sa faveur, c'est
qu'il a pour lui cette grande chose, devant laquelle
tout le monde doit s'incliner, le droit commun.

§ 4

Les Enfants au décès du survivant des Père et Mère.
Les Gendres et les Belles-Filles

Dans les deux paragraphes précédents, nous avons
traité du droit des père et mère relativement à la
sépulture de leurs enfants.

Prenons maintenant l'hypothèse inverse. Le père
ou la mère sont décédés. Le survivant meurt à son
tour. Il laisse des enfants ou des petits-enfants majeurs. Comment se résoudra la question des funérailles ? Il est évident que, s'ils sont d'accord, aucune
difficulté ne pourra se présenter. Leur volonté devra s'imposer à tous. La nature a établi entre les
enfants et les auteurs de leurs jours des liens si
étroits, qu'aucune législation n'a pu les méconnaître.
Ce sont eux que le droit romain appelait *sui here-*
des, *héritiers siens*. Ce sont eux surtout que notre

ancien droit avait en vue, quand il disait : *le mort saisit le vif*. Le code civil à son tour considère l'enfant comme la continuation, et, si je puis dire, le prolongement de la personne du père et de la mère (art. 724, 731, 745). Il le place au premier rang des parents habiles à succéder, et lui donne sur tous une préférence exclusive. Les descendants de l'enfant, en d'autres termes, les petits-enfants, sont placés sur la même ligne que l'enfant lui-même, parce qu'en vertu du droit de représentation ils sont au même degré de l'échelle successorale (art. 745).

Mais que déciderons-nous dans le cas de dissentiment entre les enfants? L'un demande l'intervention de l'Église dans la solennité des obsèques, l'autre ne veut qu'une cérémonie purement civile. Nous nous sommes déjà trouvés en présence d'une situation identique. Notre réponse sera donc celle que nous avons donnée plus haut. Il suffit qu'un seul des enfants exige la sépulture religieuse pour qu'elle ait lieu. Dans la loi française en effet les droits des enfants sont égaux. En matière de succession, grâce à Dieu, nous n'avons plus aujourd'hui à distinguer ni le sexe, ni la primogéniture. L'article 745 établit une égalité absolue entre tous les enfants, même issus de différents mariages. Pénétrons-nous aussi de cette idée que l'enfant qui réclame les honneurs religieux pour son père ou pour sa mère n'use pas seulement d'un droit, mais remplit le plus sacré des devoirs. Il ne cède point à une fantaisie, à un caprice. C'est la piété filiale qui inspire sa conduite, qui dicte sa résolution. Il peut du reste s'armer du texte de la loi, car l'article 371 dispose « qu'à tout âge l'enfant doit honneur et respect à ses père et mère. » Et quand il soutiendra que ce devoir d'honneur et de respect, loin de disparaître avec la vie de ceux qui lui ont donné le jour, n'a fait que grandir devant leurs dépouilles, qu'il s'étend jusqu'à la tombe pour la garder à jamais, qui donc, je le demande, osera le contredire et lui barrer le chemin ?

Vainement ses frères et sœurs invoqueraient-ils à leur tour leurs propres droits. L'exercice de ces droits, comme le dit l'article 8 de la Constitution de 1848, a pour limite les droits et la liberté d'autrui. Ne pouvant évidemment se prévaloir de l'article 371 du code civil, comment pourraient-ils empêcher leur frère ou leur sœur de remplir les pieuses obligations qui en découlent ? Au surplus, l'enfant chrétien mettra fin à ce pénible conflit en invoquant le droit commun, c'est-à-dire nos usages, nos mœurs, nos traditions, qui font de la sépulture religieuse une règle générale, ainsi que nous l'avons démontré[1].

---

[1] Les libres penseurs s'insurgent contre ces principes, et il ne fau rien moins que l'action énergique de l'autorité pour les contraindre

Ces principes s'appliquent au mineur émancipé.
L'émancipation sans doute ne donne pas pleine liberté
d'action au mineur pour la gestion de sa fortune.
Elle lui permet toutefois les actes de pure administration (art. 481); et surtout elle lui confère l'en -

---

à les respecter. En voici un exemple bien saillant, puisque dans
l'espèce le conflit s'est élevé entre le propre fils de la défunte et son
gendre. Je suppose, ce qui n'est pas démontré, que la fille de la
défunte était d'accord avec son mari. On lit dans *le Petit Lyonnais*
du 13 octobre 1873 :

« Nous avions annoncé samedi l'enterrement civil de Mme veuve C.,
qui devait avoir lieu hier matin, à 7 heures. Cette femme était depuis
longtemps à la charge d'un de ses gendres qui avait, d'après les
volontés librement exprimées de la défunte, fait les déclarations pour
l'enterrer civilement hier dimanche. Mais on avait compté sans le
sieur Claude C., tisseur, qui, *se prévalant de la qualité de fils de
Mme veuve C.*, alla à la mairie et déclara vouloir faire enterrer sa
mère religieusement. Il ne se contenta pas de cela, et il obtint que
l'enterrement aurait lieu samedi, à 5 heures.

« Malgré le bulletin délivré à la mairie de Villeurbanne au gendre
de la défunte, les employés de la mairie se sont permis de changer
le jour et l'heure de l'enterrement, sans en prévenir celui à qui ils
avaient donné la première autorisation.

« Donc, samedi à 5 heures du soir, M. le commissaire de police
de Villeurbanne, escorté de gendarmes et de gardes urbains, enlevait
le corps pendant que le gendre *et ses amis* étaient occupés à porter
les lettres de faire part pour l'enterrement du lendemain.

« Cela se passe de commentaires. »

Nous ne sommes pas de cet avis, et le commentaire à tirer d'un
pareil fait, le voici : Le droit du fils est au moins égal à celui du
gendre, en supposant que celui-ci agisse de concert avec sa femme.
Or, dans le cas de dissentiment, la sépulture religieuse doit être
observée, parce qu'elle est de droit commun. Loin d'avoir manqué à
son devoir, l'autorité l'a ici scrupuleusement rempli.

tière liberté de sa personne, en l'affranchissant,
comme s'il était majeur, de l'autorité paternelle
(art. 372).

Si l'enfant est encore mineur, et s'il n'est pas
émancipé, lui reconnaîtrons-nous le droit d'exprimer sa volonté? Il nous paraît impossible d'aller jus-
que-là. Assurément, il sera quelquefois dur d'écarter des enfants qui touchent à leur majorité; mais
nous ne saurions admettre ici des distinctions que la
loi n'a pas faites. Il est vrai que le mineur âgé de
plus de seize ans peut tester (art. 904), et c'est
pourquoi nous avons décidé qu'on doit respecter
sa volonté, lorsqu'il s'agit de ses propres funérailles. Mais pour tout autre acte il est *incapable*
(art. 1124). Il doit être pourvu *d'un tuteur*, qui
prend soin de sa personne, qui le représente dans
tous les actes civils (art. 450). C'est donc au tuteur désigné par le dernier mourant des père et
mère, ou choisi par le conseil de famille, qu'il ap-
partiendra de représenter le mineur, et de délibérer
avec les autres ayants droit sur la question qui nous
occupe.

Nous avons dit que les enfants sont, sans distinction de sexe, sur un pied d'égalité parfaite. Toutefois, si c'est une fille mariée qui veut manifester sa
volonté, je crois que son mari aurait le droit d'intervenir. En règle générale, la femme ne peut agir

sans le consentement de son mari. Ce n'est qu'exceptionnellement, par exemple pour tester, que cette autorisation n'est pas nécessaire (art. 226). Ajoutons que le principe de l'autorité conjugale, si énergiquement formulé dans l'article 213 par ces mots : « La femme doit obéissance à son mari », nous paraît entraîner cette solution. Elle se justifie enfin, quand on considère que la loi a établi, entre les gendres et belles-filles et les beaux-pères et belles-mères, une obligation assez étroite, l'obligation alimentaire (art. 206) ; qu'elle y a joint l'irrecevabilité du témoignage en justice (art. 322 du code d'instruction criminelle), et surtout la prohibition de mariage (art. 161 du code civil).

Toutefois, si le mari refusait son autorisation, nous ne saurions admettre qu'il puisse empêcher sa femme d'user des droits que le sang lui donne, et de remplir les devoirs que lui impose la piété filiale. Alors s'appliqueraient *a fortiori* les articles 218 et 219, qui permettent à la femme de recourir à la justice pour obtenir l'autorisation de plaider ou de passer un acte que le mari lui refuse injustement.

La réciprocité d'obligations que la loi a établie entre les beaux-pères et belles-mères et les gendres et belles-filles (art. 207 du code civil), nous conduit à admettre la même réciprocité de droits tou-

chant la sépulture. Mais ces droits cesseraient, dans
le cas où celui des époux qui produisait l'affinité et
les enfants issus de son union avec l'autre époux
seraient décédés (art. 206).

Les solutions précédentes doivent-elles être modifiées, si, au lieu d'enfants légitimes, nous avons devant nous des enfants naturels légalement reconnus?
Je crois qu'il faut faire une distinction. Les enfants
naturels sont-ils en concours avec des enfants légitimes? c'est la volonté de ces derniers qui doit prévaloir; car la loi ne les a pas mis les uns et les autres
sur le même rang (art. 338). « Il serait contraire
aux bonnes mœurs, disait M. Portalis, que les enfants nés d'une union illicite eussent les mêmes
prérogatives que les enfants nés d'un mariage légitime [1]. » A la vérité, l'enfant naturel succède à son
père et à sa mère (art. 756); sans doute encore il a
à remplir envers eux les devoirs de respect et d'assistance que la loi impose à l'enfant légitime (art.
205 et 371). Mais quelle différence entre eux! L'enfant naturel n'est point *héritier*, dit avec une concision sévère l'article 756. La loi ne le considère
que comme un successeur irrégulier: elle règle ses
droits suivant le rang des héritiers légitimes que son
père et sa mère ont laissés, et elle le force à subir,

[1] Exposé des motifs du titre *du mariage*.

dans la succession paternelle ou maternelle, le concours d'un héritier légitime au douzième degré (art.
757 et 758). Ces dispositions nous autorisent à donner ici la priorité de décision aux enfants légitimes.

Si nous supposons, an contraire, que la question
de la sépulture ne s'élève qu'entre des enfants naturels légalement reconnus, nous nous retrouve-
rons alors en pleine égalité, et nous devrons suivre
les règles qui ont été exposées plus haut.

<h2 style="text-align:center">§ 5</h2>

Les Ascendants et les Collatéraux autres que les
Frères et Sœurs.

En continuant à suivre les divers échelons de la
parenté, et après avoir examiné successivement les
droits de l'époux survivant, des enfants, des père
et mère, des frères et sœurs, nous arrivons à ceux
des ascendants autres que le père et la mère. En
vertu des principes que nous avons établis, ils n'ont
autorité en matière de sépulture qu'après les personnes dont nous venons de parler. Les frères et
sœurs eux-mêmes passent avant eux, car les articles 746 et 750 du code civil appellent à la succession les frères et sœurs à l'exclusion des aïeuls:
disposition qu'on a du reste vivement critiquée, en se
fondant sur ce que les aïeuls ont une réserve, et que
les frères et sœurs n'en ont pas.

Mais si les aïeuls ne trouvent devant eux aucune personne des catégories précédentes, il leur appartient de faire connaître leur volonté.

Aux termes de l'article 746, la succession se partageant par moitié entre les ascendants de la ligne paternelle et les ascendants de la ligne maternelle, et, d'après le même article, l'ascendant le plus proche recueillant la moitié affectée à sa ligne, nous reconnaîtrons un droit égal à l'ascendant le plus proche de chaque ligne, et nous suivrons encore le droit commun, c'est-à-dire les traditions religieuses du pays, s'il y a dissentiment entre eux.

Quoiqu'il n'y ait d'ascendants que dans une ligne, la loi persiste dans le partage de la succession en deux parts : elle défère l'une à l'ascendant qui représente sa ligne, et, pour recueillir l'autre part, elle appelle le collatéral ou les collatéraux les plus rapprochés de l'autre ligne (art. 753). Ceux-ci auront donc, à l'égard des obsèques du *de cujus*, les mêmes droits que l'ascendant.

A défaut d'ascendants dans l'une ou l'autre ligne, la succession continue à se partager en deux branches, moitié pour la ligne paternelle, moitié pour la ligne maternelle ; et c'est le parent le plus proche qui recueille la part affectée à sa ligne (art. 753). Le droit de succéder se prolonge ainsi jusqu'au douzième degré, au delà duquel on ne succède plus (art. 755). Si nous suivons le principe que nous avons posé, nous n'éprouverons aucun embarras en présence des divers collatéraux. La loi de succession décidera quel est le parent qui doit se prononcer sur la sépulture à donner au défunt. C'est le moyen le plus simple, le plus naturel, le plus logique, de trancher les difficultés qui pourront se présenter. Dans ce cas, au surplus, comme dans le précédent, on ne doit pas oublier que le moindre dissentiment entre les cohéritiers a pour conséquence, ainsi que nous l'avons déjà dit, l'application du droit commun, c'est-à-dire la sépulture religieuse.

Enfin, s'il s'agit des funérailles d'un enfant naturel, même légalement reconnu, on doit écarter l'intervention de tous ascendants autres que les père et mère, et de tous collatéraux autres que les frères et sœurs ; car ils ne sont que des étrangers. La loi a renfermé dans un cercle très-étroit la famille de l'enfant naturel (art. 756) ; et il n'appartient à personne de franchir les limites qu'elle a tracées.

§ 6

Les Légataires.

Il y a trois sortes de légataires : le légataire universel, le légataire à titre universel, le légataire particulier. Quel est leur droit relativement aux fu-

nérailles du testateur? Les principes qui régissent
les successions nous l'indiquent. Occupons-nous d'a-
bord du légataire universel. Voilà un homme auquel
un testateur a légué la totalité de ses biens. Il semble au premier abord que lui seul doit être appelé à
décider de la sépulture de son bienfaiteur. Cependant il faut faire une distinction. Au moment du
décès, le légataire universel n'est pas toujours saisi
des biens de la succession. L'article 1004 du code
civil dit que « lorsqu'il y a des héritiers auxquels
une quotité des biens est réservée par la loi, ces héritiers sont saisis de plein droit par la mort du testateur de tous les biens de la succession, et que le
légataire universel est tenu de leur demander la délivrance des biens compris dans le testament. » Ainsi,
dans le cas où il y a des héritiers réservataires,
c'est-à-dire des descendants (art. 913 et 914), ou des
ascendants (art. 915), le légataire universel n'a pas
la saisine, il ne représente pas le défunt, il ne continue pas sa personne. Ce n'est donc pas lui qui peut
se prononcer sur le sort des dépouilles mortelles du
défunt, à moins que celui-ci ne lui en ait donné le
droit, puisque, nous l'avons dit, il est impossible de
les considérer comme un bien faisant partie de la
succession. Il en serait tout autrement, s'il n'y avait
pas d'héritiers réservataires ; car alors, aux termes
de l'article 1006, « le légataire universel est saisi de

plein droit par la mort du testateur, sans être tenu de demander la délivrance. »

Si, contrairement à la volonté expresse et même à la volonté présumée du défunt, son légataire universel se permettait de lui faire subir la sépulture purement civile, il ne faudrait pas hésiter à voir dans ce fait une injure grave à la mémoire du testateur, qui autoriserait à demander contre lui la révocation des libéralités testamentaires, conformément aux articles 1046 et 1047.

Quant au légataire à titre universel, il n'a jamais la saisine. L'article 1011 dit en effet « qu'il est tenu de demander la délivrance aux héritiers auxquels une quotité des biens est réservée par la loi ; à leur défaut, aux légataires universels; et à défaut de ceux-ci, aux héritiers appelés dans l'ordre établi au titre des successions. » Le légataire à titre universel est donc sans droit, sans qualité, pour résoudre la question.

A plus forte raison en est-il ainsi du légataire particulier. Pour lui, pas de saisine ; pour lui, dit l'article 1014, obligation de « demander la délivrance suivant l'ordre établi par l'article 1011. » C'est donc un véritable étranger qui, au point de vue que nous traitons, n'a pas plus de droit que s'il ne recueillait rien dans la succession du défunt.

En terminant ce long exposé des règles à suivre

par les familles pour la sépulture de ceux qu'elles
ont perdus, rappelons qu'il est une règle fondamentale, dominant toute la matière et s'imposant aux
parents les plus proches comme aux plus éloignés :
c'est le respect de la volonté du défunt, telle surtout qu'elle s'est manifestée par les derniers actes
de sa vie [1]. Oui, nous ne saurions trop le répéter,
c'est là le point capital. Laissons à chacun sa liberté.
Que chacun soit libre de sortir de la vie comme il y
est entré, de vivre et de mourir dans la religion de
son berceau. Le jour où cette liberté sera définitive-
ment conquise, la question que nous venons de traiter
aura fait un grand pas, ou plutôt elle sera résolue.
Mais, en attendant, les obstacles subsistent, les violences continuent. Nous avons fait connaître où est
le droit ; il ne nous reste plus qu'à indiquer les
moyens de le faire triompher.

---

[1] Le Tribunal civil de Lyon, dans son jugement du 29 juillet 1874
que nous avons déjà cité, pose nettement ce principe :

« Attendu, dit-il, qu'en règle générale il appartient aux héritiers
naturels ou testamentaires, qui continuent la personne du défunt, de
régler ce qui touche à sa sépulture, mais que cette règle reçoit plusieurs exceptions : d'abord, lorsque le *de cujus* a exprimé sa volonté,
c'est elle qui doit avant tout être accomplie... »

CHAPITRE XIII

LES MOYENS D'ACTION. — L'AUTORITÉ
ADMINISTRATIVE

Il ne suffit pas d'avoir établi le droit en matière de sépulture; il faut encore indiquer les moyens d'en assurer l'exercice, et en faire connaître la sanction.

Cette dernière partie de notre étude n'est pas la moins importante. A une époque troublée comme la nôtre, la notion du juste et de l'injuste ne s'est que trop altérée dans les intelligences, et il ne faut pas espérer que la majesté du droit s'imposera d'elle-même à la foule. Plus que jamais il est nécessaire de compter sur l'autorité des lois et sur la fermeté de ceux qui sont chargés de les faire exécuter. Il est bon que l'on sache qu'il y a un pouvoir, protecteur de la liberté religieuse comme de toutes les autres li-bertés, énergiquement décidé à faire respecter la

volonté des mourants et des familles. Il faut enfin
que les ennemis de toute croyance apprennent quelles
peuvent être les conséquences de leurs actes.

Les moyens de protection de la sépulture religieuse diffèrent suivant les circonstances. Tantôt il
s'agit d'un intérêt public, général, et c'est l'autorité
administrative qui a qualité pour intervenir; tantôt
il s'agit d'un intérêt privé, d'un intérêt de famille, et
c'est l'action du pouvoir judiciaire qui doit être mise
en mouvement. Des mesures sont-elles à prendre
pour prévenir, pour empêcher de graves désordres?
il appartient aux préfets et aux maires d'y recourir ; y a-t-il lieu de prononcer entre des intérêts
contraires, qui prétendent avoir droit sur le règlement de la sépulture, ou de poursuivre et de punir
l'auteur d'un véritable délit? la compétence des
magistrats de l'ordre judiciaire est incontestable.

Pour la clarté de la discussion, nous suivrons cette
division naturelle des deux pouvoirs, et nous com-
mencerons par étudier l'action de l'autorité administrative.

L'une des premières mesures qu'on ait sollicitées,
depuis que les enterrements civils ont blessé la population dans ses croyances, consiste à exclure du
cimetière chrétien ceux qui ont repoussé à leurs
derniers moments toute assistance religieuse et
n'ont voulu d'autre sépulture que la sépulture ci-

vile. Cette demande est-elle légitime? Doit-elle être accueillie?

En droit, la réponse à cette question n'est pas douteuse. Il est bien certain que les croyants, les catholiques, par exemple, sont fondés à protester contre une promiscuité permettant aux athées et aux matérialistes de reposer à côté de ceux qui sont morts en communauté de foi et d'espérance avec l'Église, puisque cette promiscuité est condamnée par l'Église elle-même.

Il semble d'abord que les libres penseurs ne peuvent se plaindre de cet ostracisme. N'ayant rien voulu avoir de commun avec les fidèles pendant la vie, comment pourraient-ils désirer être réunis à eux après la mort? De telles contradictions froissent le cœur autant que la raison.

Au surplus le droit s'oppose à cette inconséquence, et nous n'aurons pas de peine à le démontrer.

Nos adversaires nous opposent que les cimetières sont aujourd'hui sécularisés, qu'ils n'appartiennent plus comme autrefois aux fabriques, qu'ils constituent une propriété communale, et que par conséquent tous les habitants de la commune y ont le même droit. Cette objection tombe devant le décret du 23 prairial an XII (12 juin 1804), qu'on doit considérer, nous l'avons dit, comme la loi organique

de la sépulture. Le législateur de 1804 connaissait
les prescriptions du droit canonique en cette matière délicate, et il s'est incliné devant elles. Or,
aux yeux du droit canonique, le cimetière, *cemetœ-*
rium, dortoir, lieu du sommeil en commun, c'est
le lieu où viennent reposer les fidèles, ceux qui
sont unis non-seulement par la croyance à l'immortalité de l'âme, mais encore par la foi en la
résurrection des corps. Il est bénit et consacré comme
l'église, dont souvent dans nos campagnes il n'est
point séparé. Tout usage non religieux y est interdit, et les mêmes causes de profanation existent
pour l'un et pour l'autre. Les fidèles ont le devoir
de se faire inhumer dans cette terre sainte, dans ce
champ sacré de la mort; et, par conséquent, c'est
un droit pour eux d'en exclure ceux qui ne font pas
partie de leur communion[1]. Ces pieuses traditions
remontent aux premiers temps du christianisme, et
elles se sont perpétuées avec l'imposant caractère
d'immutabilité que revêtent les institutions catholiques. Le législateur de 1804, répétons-le, était au
courant de ces traditions. Il savait que l'inhumation
en terre sainte est refusée aux hérétiques; que l'infidèle ou le païen ne peuvent être inhumés dans un

V. les textes cités par M. Hornstein dans son livre sur *les*
Sépultures, p. 244, 281, 288, 297.

lieu saint sans qu'il y ait profanation. Il n'ignorait pas que les juifs, les protestants, avaient toujours eu un cimetière séparé de celui des catholiques. Voilà pourquoi il a décidé que « dans les communes où l'on professe plusieurs cultes, chaque culte doit avoir un lieu d'inhumation particulier ; et, dans le cas où il n'y a qu'un seul cimetière, il doit être partagé par des murs, haies ou fossés en autant de parties qu'il y a de cultes différents, avec une entrée particulière pour chacun, et en proportionnant cet espace au nombre d'habitants de chaque culte[1]. »

Soit, dira-t-on ; mais il n'est pas question dans le décret de 1804 de ceux qui ne professent aucun culte, et il ne saurait leur être appliqué. L'athéisme, j'en conviens, n'a point eu l'honneur d'être expressément mentionné dans la loi ; mais qui peut douter qu'il ne tombe sous son application ? Quoi ! le législateur reconnaît aux catholiques le droit d'être séparés, dans leur sépulture, des protestants et des juifs, qui croient comme eux à l'existence de Dieu, à l'immortalité de l'âme, à la résurrection des corps, et il leur infligerait dans le temple de la mort, avec les athées et les matérialistes, une promiscuité blessante, odieuse, que leur conscience repousse ! Non, cela ne se peut. Le décret de 1804 n'est que l'appli-

[1] Art. 15.

cation du Concordat. Il est un hommage rendu à la
liberté des cultes, qui avait été si indignement violée
pendant la Révolution. On porterait atteinte à cette
liberté sacrée, si on permettait aux libres penseurs
de se soustraire à son application.

Cela est évident pour les catholiques ; et nous sommes portés à croire qu'à cet égard les autres cultes
ne sont pas moins susceptibles [1].

Il ne faut point, suivant nous, s'arrêter à cette
considération, que la sépulture doit avoir lieu dans

---

[1] Un avis du Conseil d'État, du 29 avril 1831, décide que l'autorité
civile ne doit pas s'opposer à ce que, dans l'enceinte réservée à
chaque culte, on observe les règles qui peuvent exiger quelques
distinctions pour les sépultures.

En 1864, une pétition fut adressée au Sénat, demandant la promiscuité des sépultures. Le 24 janvier 1864, sur le rapport de
M. de Royer, le Sénat passa à l'ordre du jour.

La proposition de créer un cimetière spécial pour les libres
penseurs a été faite au Conseil municipal de Marseille, à la séance
du 8 juillet 1873. M. le préfet de Vaucluse a prescrit cette mesure
dans sa circulaire du 24 mai 1873 aux maires de son département.

Le journal l'Ordre et la Liberté dit que M. le maire de Valence
(Drôme) a mis cette mesure à exécution le 12 mars 1875, mais qu'il
a été obligé de requérir la force publique.

Enfin l'amiral, maire de Toulon, l'a également prescrite dans son
arrêté du 30 décembre 1874, dont nous croyons devoir reproduire
les considérants :

« Vu les lois en vigueur et notamment le décret du 22 prairial
an XII ;

« Considérant qu'en édifiant ces prescriptions, le législateur a eu
pour but d'assurer à chaque culte la liberté et le respect des inhumations, qu'à plus forte raison il y a lieu d'appliquer ces prescriptions

la partie du cimetière, dont le défunt, ou celui qui le
fait inhumer, est propriétaire. Le principe de la liberté des cultes est d'ordre public. Il domine la matière, et il est impossible qu'il reçoive aucune atteinte. N'oublions pas du reste que la propriété des
terrains concédés dans les cimetières est une propriété *sui generis*, régie par des lois spéciales, soumise à des conditions particulières, expresses ou
tacites, et notamment à la condition de respecter
tout ce qui est d'ordre public. Ainsi l'a jugé la Cour
de Lyon et après elle la Cour de cassation [1].

à l'égard des personnes qui, ne professant aucune religion ou affectant de professer un culte négatif, désirent être inhumées sans les
cérémonies adoptées par les diverses religions;

« Considérant que, le 2 novembre, jour où les familles catholiques se font un devoir d'honorer la mémoire des membres qu'elles
ont perdus, en se rendant au cimetière pour y prier et déposer sur
les tombes des fleurs et des ornements funéraires, il s'est présenté,
dans le cimetière des catholiques, le convoi d'une jeune enfant dont
la famille avait provoqué un de ces enterrements dits civils, c'est-à-
dire sans cérémonie religieuse;

« Que cette circonstance toute fortuite a cependant froissé les
sentiments les plus intimes et les plus respectables d'une nombreuse
population professant la religion catholique ;

« Qu'il importe de prendre des mesures pour prévenir des troubles
que la confusion des cultes dans la même enceinte pourrait occa-
sionner;

« Qu'il y a lieu, suivant l'intention du législateur, d'assurer à
chacun la plus entière liberté dans ses croyances... »

(Suit le dispositif de l'arrêté.)

[1] « Considérant, dit la Cour de Lyon, que les tombeaux constituent des fondations pieuses qui échappent à l'empire des règles

Si une inhumation avait lieu contrairement à la règle que nous venons d'exposer, nous n'hésitons pas à penser que l'exhumation devrait être ordonnée. Telle est la conséquence nécessaire du principe formulé dans le décret de 1804 [1].

Mais la mesure dont nous venons de parler ne devrait pas s'appliquer à ceux qui, loin de demander l'enterrement civil, le subissent. On ne pourrait, par exemple, sans injustice, refuser d'admettre dans la

ordinaires du droit de propriété, et pour lesquelles la législation de tous les temps a consacré un droit exceptionnel. »

La Cour ajoute que le tombeau ne constitue pas un bien qui ait une valeur appréciable et fasse partie du patrimoine, qu'il ne se trouve point dans la masse de l'hérédité. (Arrêt du 19 février 1856. *Recueil*, 1856, p. 1.)

La Cour de cassation a rejeté le pourvoi dirigé contre cet arrêt par les motifs suivants :

« Attendu que les tombeaux consacrés chez tous les peuples et à toutes les époques par la religion et la piété des familles ont toujours été placés, ainsi que le sol sur lequel ils sont élevés, en dehors des règles ordinaires du droit sur la propriété et la libre disposition des biens ; que ces fondations pieuses, n'étant pas et ne pouvant pas être l'objet de contrats de vente, d'échange ou de tout autre nature d'aliénation, n'ont pas de valeur appréciable en argent et ne peuvent être compris dans la masse partageable de l'hérédité. » (7 avril 1857, ch. des requêtes. Dalloz, 1857, 1, 311.)

V. aussi dans le même sens un arrêt fortement motivé de la Cour de Lyon, du 4 février 1875, rendu sous la présidence de M. Onofrio.

[1] C'est ce qui vient d'avoir lieu à Cap-Breton, petite commune de l'arrondissement de Dax. Le 22 novembre 1874, un Parisien qui s'y était fixé depuis une quinzaine d'années y mourait. Il avait manifesté l'intention d'être enterré civilement, ce qui fut fait, Le maire et

communauté des fidèles cet enfant baptisé par les soins d'une mère chrétienne, qui, dans sa sépulture, est victime des sentiments irréligieux de son père. La culpabilité ne réside que dans la volonté ; c'est elle qu'il faut atteindre et punir ; et ici, comme partout, les règles de l'Église sont d'accord avec la raison et l'équité.

Voyons maintenant quels sont les moyens dont l'autorité administrative dispose, non pas pour s'opposer aux enterrements civils, puisque, nous ne saurions trop le répéter, chacun a le droit de se faire inhumer comme il l'entend, mais pour empêcher qu'ils dégénèrent en provocations et en désordres. C'est dans la loi, et dans la loi seulement, que nous devons les chercher. Les renferme-t-elle ? Aucun doute à cet égard n'est possible. Le 5 janvier 1875, l'Assemblée nationale était saisie de la pétition suivante : « Le docteur B..., à Romans (Drôme), demande que des mesures sévères soient prises pour que les enterrements civils ne puissent plus donner lieu à des scandales publics. »

l'adjoint, avec leurs insignes, le président de la société de secours mutuels et quelques individus, parcoururent les rues du village ébahi, et se rendirent au cimetière.

Le lendemain, une femme étant morte, le curé refusa de l'enterrer dans un cimetière *profané*. M. de P..., sous-préfet de Dax, consulté, ordonna d'exhumer le cadavre du Parisien et de l'inhumer dans un endroit spécialement désigné.

Et, sur le rapport de sa commission, l'Assemblée, considérant que « la loi arme l'administration de pouvoirs suffisants; qu'il ne semble pas nécessaire de recourir à de nouvelles dispositions législatives, passe à l'ordre du jour [1]. »

Rien, au surplus, n'est plus facile que d'indiquer ces mesures administratives, car elles ont déjà reçu leur application. Plus d'une fois les préfets et les maires ont dû prendre des arrêtés, dans le but d'assurer le bon ordre des convois funèbres et de protéger la liberté religieuse des citoyens [2]. Il est vrai qu'on en a contesté la légalité. On a même soutenu qu'ils portaient atteinte à la liberté de conscience, et on les a dénoncés au pays du haut de la tribune de l'Assemblée nationale [3].

Mais pour celui qui n'est dominé par aucune idée préconçue, qui ne subit l'entraînement d'aucune passion politique ou religieuse, ces arrêtés sont inattaquables. Il suffit de les lire pour reconnaître qu'ils

[1] *Journal officiel* du 6 janvier 1875.

[2] V. notamment les arrêtés du préfet du Rhône des 25 avril 1853 et 18 juin 1873, la circulaire du préfet de Vaucluse du 12 juillet 1873, les arrêtés du maire d'Angers du 12 avril 1874, du maire de Narbonne de mai 1874, de l'amiral, maire de Toulon, du 30 décembre 1874. Il n'est pas une de ces mesures qui ne s'appuie sur la nécessité de faire respecter l'ordre public et la liberté religieuse.

[3] V. l'interpellation au sujet de l'arrêté du préfet du Rhône du 18 juin 1873 et la discussion qui l'a suivie. (*Officiel* du 25 juin 1873.)

étaient motivés par les circonstances et justifiés par la nécessité de maintenir la paix dans les familles et même la tranquillité dans les rues.

Si, au lieu d'appeler les parents et les amis du défunt à lui rendre les derniers devoirs, on convoque le public à une manifestation antireligieuse pour jeter un défi aux croyances du plus grand nombre [1], si le linceul n'est plus qu'un drapeau, si l'enterrement n'est plus qu'une revue de sectaires et une démonstration politique [2], s'il est une source de provocations et d'injures [3], l'autorité ne fait-elle pas bien

---

[1] Les annonces d'enterrements civils dans le journal le Petit Lyonnais, celles notamment des 15 et 17 avril 1873, se terminent ainsi : « Les citoyennes sont priées d'y assister, ainsi que tous les amis de la libre pensée. »

[2] On lit dans le Petit Lyonnais du 20 juin 1873 : « Enterrement civil. — Les amis et connaissances de la famille M... sont priés d'assister aux funérailles du citoyen M..., victime du 2 décembre, qui auront lieu, » etc.

A Pouilly (Nièvre), à l'enterrement civil du citoyen P..., le citoyen B... dit à la foule : « Votre affluence et votre empressement autour de cette tombe prouvent que vous savez honorer les vaillants soldats qui ont toujours combattu dans les rangs de la démocratie sans autre souci que la satisfaction de leur conscience. Persécuté par les coupe-jarrets du 2 décembre, P... a toujours gardé ses convictions et su se maintenir à la tête de la démocratie de Pouilly. » (Journal le Conservateur de la Nièvre, cité par l'Univers du 14 août 1873.)

[3] Extrait du Courrier de Lyon du 24 juillet 1873 : « La Cour vient de confirmer le jugement du Tribunal correctionnel qui a condamné un nommé C... à trois mois de prison pour outrages envers un ecclésiastique. Cet individu avait eu le triste courage de pour-

de prendre les mesures nécessaires pour empêcher de tels désordres, de fixer, par exemple, les heures et l'itinéraire des convois[1] ? Si le nombre des personnes qui composent le cortége ne se justifie ni par les circonstances, ni par la situation sociale du défunt ; s'il est en contradiction manifeste avec les traditions et les coutumes des populations[2] ; si ces rassemblements sont de nature à troubler la tran-

suivre des plus grossières insultes un respectable prêtre qui revenait d'un enterrement accompagné d'un clergeon et revêtu des insignes sacerdotaux. »

[1] Arrêté du préfet du Rhône du 18 juin 1873. — Circulaire du préfet de Vaucluse du 12 juillet 1873.

Y a-t-il lieu de fixer l'itinéraire des convois civils? Qu'on en juge par le fait suivant. On écrit de Cuers (Var) à *la Sentinelle du Midi :* « L'enterrement civil du nommé A..., ancien gendarme, décoré de la médaille militaire, vient d'avoir lieu dans cette localité. On sait que ce brave homme, dont deux filles sont élevées comme orphelines au couvent de Sainte-Marthe, avait voulu pourvoir lui-même, avant de mourir, aux frais de son enterrement religieux. On a remarqué que le cortége, au lieu de se diriger directement de la maison mortuaire au cimetière, dont elle est rapprochée, avait pris une direction diamétralement opposée, et ne s'y était rendu qu'après avoir parcouru la rue Saint-Bernard, la rue de la Comédie et la rue de la République. Il était conduit par M. B..., adjoint à la mairie, que suivaient une grande partie du Conseil municipal, deux employés de la mairie, » etc. *(Décentralisation* du 8 décembre 1873.)

[2] On lit dans *le Petit Lyonnais* du 1er octobre 1873 : « Hier matin ont eu lieu les funérailles du citoyen S.... A six heures précises du matin, une foule qu'on peut évaluer à environ *quatre mille* personnes était réunie autour du domicile mortuaire. »

Le journal *la République française,* annonçant l'enterrement

quillité publique, le préfet, qui en est le vigilant
gardien, n'a-t-il pas le droit de déterminer d'une
manière raisonnable et conforme aux usages du pays
l'étendue des convois funèbres [1] ? Si enfin le cimetière, au lieu d'être un lieu de recueillement et de
prières, devient, un théâtre où, au moyen d'une quête [2],
on cherche à déchaîner les passions politiques ; si la

---

civil de M. L. G., rédacteur en chef d'un journal du Midi, ajoute :
« Près de *quinze mille* personnes composaient le cortége qui
accompagnait le corps à la gare du chemin de fer. *Cette manifestation a été splendide.* » (Août 1873.)

Les journaux ont dit qu'à l'enterrement civil de M. Ed. Q., qui a
eu lieu à Paris, au cimetière Montparnasse, le 29 mars 1875, il y
avait *cent cinquante mille* personnes. Quelle que soit l'exagération
évidente de ce chiffre, une telle affluence donne à cette démonstration un caractère antireligieux bien significatif, que le député G. a
du reste très-nettement indiqué dans son discours.

[1] Arrêté du préfet du Rhône du 25 avril 1853, qui décide que
les convois ne pourront dépasser le nombre de trois cents personnes,
à moins d'une autorisation spéciale.

[2] Le journal *le Petit Lyonnais*, 1872-1873, nous apprend que
tout enterrement civil est invariablement suivi d'une quête au profit
des familles des détenus politiques et des écoles laïques. Je prends
cette annonce au milieu de cent autres du même genre : « Une
collecte, faite par les jeunes citoyennes B. et S., à l'enterrement
civil de la citoyenne D., a produit la somme de 6 fr. 35, qui a été
répartie comme suit : 3 fr. 35 aux familles des détenus politiques
et 3 francs pour l'école libre et laïque de Vaise. » (Numéro du 18 avril
1873.)

Dans le numéro suivant, l'annonce d'une collecte faite à un enterrement civil est précédée de celle-ci, qui n'a pas besoin de commentaires : « Une collecte faite le *vendredi saint* par un groupe de libres

tombe qui vient à peine de se refermer n'est qu'une tribune pour l'enseignement des plus détestables doctrines[1], est-ce que le magistrat chargé de faire

penseurs a produit la somme de 14 francs, moitié pour les familles des détenus politiques et moitié pour les écoles libres et laïques. »

[1] Extrait du *Petit Lyonnais* du 17 juin 1873 : « Vendredi 13 juin a eu lieu à Villefranche l'enterrement civil de la citoyenne P. S., âgée de trente-huit ans. Plus de mille personnes assistaient au convoi. Le citoyen C. a prononcé quelques mots sur la tombe. Il a affirmé la foi démocratique qui traverse en ce moment de nouvelles épreuves. Une collecte faite par les citoyens C. et G. a produit la somme de 24 francs à partager entre les familles des détenus politiques et les écoles laïques de filles de Villefranche. »

Le 20 juin 1873 avaient lieu à Versailles les funérailles du député B. En présence d'une cérémonie purement civile, le bureau de l'Assemblée, la députation et les troupes crurent devoir se retirer. Au cimetière, le député C. L. prononça les paroles suivantes : « Nous venons rendre à notre ami B. les honneurs qui lui étaient dus et que lui a ridiculement refusés un pouvoir dans lequel la France reconnaît et flétrit les passions du passé… Notre présence ici est une protestation contre l'insignifiance des rites convenus et désertés par la foi démocratique… » (Extrait des journaux du 20 juin 1873.)

En juillet 1873, l'enterrement civil d'un enfant de quinze ans a lieu à Oyonnax (Ain). Au cimetière, devant une grande foule, le citoyen V. prononce un discours dans lequel il parle de « la mode *carnavalesque d'ensevelir les morts, pratiquée par les gros curés.* » Traduit à raison de ces injures devant la cour d'assises de l'Ain, V. a été condamné à quinze jours de prison.

A la même époque a lieu à Limoges l'enterrement civil d'un petit enfant, L. D., mort âgé de trente et un mois. Au cimetière de Louyat, le citoyen M. prononce le discours suivant : « Citoyens, citoyennes, je viens ici vous exprimer les regrets que fait éprouver à la famille D. la perte de son enfant au début de sa carrière. Mais le père, qui

respecter la loi ne doit pas interdire ces coupables manifestations [1] ?

Nos lois ne permettent aucun doute à cet égard.

La loi des 16, 24 août 1790, titre xi, article 3, confie à la vigilance et à l'autorité des maires « le maintien du bon ordre dans les endroits où il se fait de grands rassemblements d'hommes, tels que foires,

---

est républicain, a compris le despotisme. Il a fait enterrer son enfant en libre penseur. Merci pour lui, merci pour tous. Citoyennes, c'est à vous que j'adresse plus particulièrement ces paroles; car, malgré tous les arrêtés, rien n'a pu entraver le cours de la libre pensée. » (Journal la *Décentralisation* du 18 juillet 1873.)

Autre fait semblable encore, à Limoges, en février 1874 (*Décentralisation* du 25 février 1874).

On lit dans *le Figaro* du 15 octobre 1873 : « Hier on conduisait au cimetière un pauvre enfant de dix-sept mois que le citoyen D., demeurant à la Villette, venait de perdre. Sur la tombe encore entr'ouverte, le père a prononcé l'allocution suivante que nous reproduisons textuellement : « Citoyens, il y a un mois que je conduisais ici le corps de ma pauvre petite fille. Vous m'accompagniez tous. Aujourd'hui c'est le tour de mon fils, et aucun de vous n'a manqué à l'appel d'un vrai citoyen. Vous avez voulu, une fois de plus encore, affirmer le grand principe de la solidarité humaine et propager les enterrements civils. Vous n'avez fait que votre devoir; mais néanmoins je voulais, je devais vous en remercier. Adieu ! »

[1] Arrêté du 25 avril 1853 de M. Vaïsse, préfet du Rhône, contresigné par M. Hénon, maire de Lyon, interdisant de prononcer des discours sur la tombe de qui que ce soit sans une autorisation expresse; arrêté rappelé par un avis du préfet de ce département du 27 juin 1873.

marchés, églises et autres lieux publics. » Les convois funèbres amenant souvent de grands rassemblements d'hommes sur la voie publique, dans les
églises et dans les cimetières, il est évident qu'ils
tombent sous l'application de la loi générale de police que nous venons de citer.

Mais le décret du 23 prairial an XII, notre loi
spéciale sur la sépulture, est plus précis encore.
Citons les articles 16 et 17.

ART. 16. — « Les lieux de sépulture, soit qu'ils
appartiennent aux communes, soit qu'ils appartiennent aux particuliers, seront soumis à l'autorité,
police et surveillance des administrations munici-
pales. »

ART. 17. — « Les autorités locales sont spécialement chargées... d'empêcher qu'il ne se commette
dans les lieux de sépulture aucun désordre, ou qu'on
ne s'y permette aucun acte contraire au respect dû
à la mémoire des morts. »

Enfin l'article 21 charge les maires de régler le
mode le plus convenable pour le transport des corps
suivant les localités.

Il résulte de ces textes que les maires, sous la surveillance des préfets et sous le contrôle de l'administration supérieure, ont le droit de prendre relativement aux convois funèbres toutes les mesures
de police qui leur paraissent nécessaires, et, par

exemple, d'en déterminer l'étendue et l'itinéraire, d'interdire également les quêtes et les discours qui pourraient troubler la paix publique. Cela est tellement évident, qu'on n'a pas essayé de le contester [1].

Mais on a prétendu qu'ils n'avaient pas le droit de fixer des heures spéciales pour les enterrements civils, et d'exiger une déclaration faisant connaître à l'avance si l'inhumation se fera avec ou sans l'assistance des ministres du culte [2].

Cette thèse nous paraît inadmissible. Elle ne s'appuie sur aucun texte, et elle est en opposition formelle avec les lois que nous venons de faire connaître. Ces lois donnent au maire les pouvoirs les plus généraux, les plus étendus, pour assurer le bon ordre en matière de sépulture. Et si ce magistrat pense qu'il convient de fixer des heures différentes à des convois si différents, afin d'éviter des rencontres funestes à la paix publique, s'il exige une déclaration préalable afin de prévenir le désordre pour éviter de le réprimer, il fait preuve de sagesse, et, loin de violer la loi, il s'inspire de son esprit et se renferme dans ses dispositions.

[1] V. la discussion à l'Assemblée nationale. (*Journal officiel* du 25 juin 1873.)

[2] *Ibid.* Telle est aussi l'opinion de M. le professeur Bertaud. (V. la *Revue du parlement* du 5 juillet 1873.)

On insiste et on soutient que des mesures de ce genre établissent en réalité deux catégories de citoyens, les croyants et les incrédules, et que, par conséquent, elles portent atteinte à deux principes fondamentaux : la liberté de conscience et l'égalité de tous devant la loi.

L'égalité ! comment peut-on soutenir qu'elle est violée par une mesure qui n'est pas prise pour telle ou telle personne déterminée, qui s'applique à tous les citoyens sans distinction ? Est-ce que la généralité n'implique pas nécessairement l'égalité ?

La liberté de conscience ! on n'entend pas évidemment par là cette liberté de croire ou de ne pas croire qui s'exerce dans le for intérieur de chacun ; car elle échappe à toute action humaine, quelle qu'elle soit, et c'est son inestimable privilége de ne reconnaître que Dieu pour souverain et pour juge. On veut sans doute parler de la liberté des cultes. L'objection, on l'avouera, est mal placée dans la bouche de ceux précisément qui ne reconnaissent et ne pratiquent aucun culte. Au fond, elle n'est pas sérieuse. Je la comprendrais, s'il s'agissait d'imposer un rite religieux quelconque à un citoyen. Mais la mesure dont nous parlons laisse chacun absolument libre de se faire inhumer comme il le veut. Quel est donc en réalité son but ? Il est évident qu'elle n'a pas d'autre objet que d'aider le magistrat à remplir les fonctions de police qui lui sont confiées par la loi. Puisqu'il a le devoir et le droit d'assurer le bon ordre dans les convois funèbres, il est incontestable que, pour conjurer toute espèce de trouble, il peut exiger une déclaration préalable sur le caractère religieux ou non religieux de l'inhumation. Il n'y a là, comme on le voit, qu'une mesure de précaution, une disposition d'ordre public qui ne porte atteinte à la liberté de personne.

La Cour de cassation s'est prononcée en ce sens par un arrêt du 23 janvier 1874, dont voici les principaux motifs :

« Attendu que la répartition des heures fixées par l'article 2 de l'arrêté du 18 juin 1873, d'après lequel les inhumations faites sans la participation d'aucun des cultes reconnus ont lieu à six ou sept heures du matin suivant les saisons, et les autres heures du jour sont réservées aux autres inhumations, est faite dans un intérêt général, puisqu'elle a pour but de maintenir sur la voie publique, dans les églises et dans les cimetières, l'ordre et la décence qui doivent présider aux inhumations, d'éviter des rencontres entre les convois des cultes différents et le froissement même de toute susceptibilité légitime ;

« Que, d'autre part, la déclaration exigée par l'article 1ᵉʳ auquel se rattache l'article 2, est imposée à tous les citoyens sans distinction ;

« Qu'il résulte de là que ce procédé ne blesse en rien le principe de l'égalité, puisque la généralité de ses dispositions implique l'égalité ;

« Qu'il ne blesse pas davantage le principe de la liberté de conscience, puisque ce qui intéresse cette liberté, c'est l'assistance ou la non-assistance de la religion ; que cet acte est parfaitement libre ; mais que, devant se produire publiquement à l'occasion d'un convoi soumis à la surveillance de l'autorité, il n'y a dans l'exigence de la déclaration aucune atteinte à la liberté de conscience[1]. »

La loi, nous l'avons vu, place les cimetières sous la surveillance de l'autorité municipale. Aux conséquences que nous avons déjà tirées de ce principe il faut ajouter celle-ci : l'administration doit s'opposer à ce qu'on place sur les tombes des signes et des inscriptions qui s'écarteraient du respect qu'on doit aux morts, et qui seraient un outrage à la morale publique et religieuse. L'ordonnance du 6 dé-

---

[1] Arrêt de la Chambre criminelle rendu dans l'affaire C., sous la présidence de M. Faustin-Hélie, conformément aux conclusions de M. l'avocat général Bédarrides.

cembre 1843 dispose qu' « aucune inscription ne pourra être placée sur les pierres tumulaires ou monuments funèbres, sans avoir été préalablement soumise à l'approbation du maire. » (Art. 6.) Cette règle si sage a été quelquefois méconnue. Sa violation constitue une contravention prévue et punie par l'article 471, numéro 15, du code pénal [1].

Il résulte de ce qui précède que les maires ont en matière de sépulture un pouvoir considérable. Pénétrés de leurs devoirs, ils peuvent faire beaucoup de bien et contribuer pour une notable part à la disparition de cette triste pratique des enterrements civils. Malheureusement on a été souvent témoin de leur indifférence à ce sujet, et quelquefois même on a eu le spectacle de leur complicité; que dis-je? de

[1] Le journal *l'Univers*, du 14 août 1873, dit qu'on peut lire dans le cimetière de Pouilly (Nièvre), sur la tombe de Mme B., l'inscription suivante :

« Ci-gît la matière qui composa X., femme B., privée de son principe vital. »

A Arles, dit *la Décentralisation* du 2 septembre 1873, le citoyen M. ne s'était pas contenté de faire enfouir civilement son épouse; il avait poussé l'audace jusqu'à faire placer cette inscription sur sa tombe :

« Mme M., morte en libre penseuse. »

Traduit à raison de ce fait devant le tribunal de police d'Arles, ce citoyen a été condamné à effacer cette cynique inscription. »

leur coupable initiative dans ces démonstrations d'athéisme [1].

Il appartient à l'autorité supérieure de couper court à de pareils abus, de ne pas permettre le retour de tels scandales. Elle doit ici faire connaître nettement sa volonté. Je l'ai dit ailleurs, l'État est laïque ; mais il ne doit pas être et il n'est pas athée. La loi, dont il est l'organe, qu'il a pour mission de faire exécuter, est la première à s'incliner devant la majesté divine. Lorsqu'elle appelle les jurés à prononcer sur le sort d'un accusé, elle exige d'eux

---

[1] Parmi tous les faits que je pourrais citer à cet égard, je me borne à appeler l'attention sur les suivants :

Dans une lettre du 14 juillet 1873, où il décrit un enterrement civil qui a eu lieu à Oyonnax (Ain), le sieur O. dit : « J'aperçus d'abord en tête du convoi funèbre le maire de la ville en grande tenue, avec l'écharpe tricolore... » (Décentralisation du 18 juillet 1873.)

Un enterrement civil, auquel assistaient le maire et la fanfare de la ville, a eu lieu avant-hier à Souillac (Lot). (Journal des Débats du 14 septembre 1873.)

On écrit de Saulce (Drôme) au journal l'Ordre et la Liberté, à propos d'un enterrement civil auquel assistaient douze cents personnes : « Ce qui a mis le comble au scandale et a soulevé les plaintes unanimes des honnêtes gens, ç'a été la conduite de l'adjoint au maire de Saulce. C'est lui qui a organisé cette manifestation, lui qui a envoyé des délégués dans les communes voisines pour y faire des invitations, lui qui s'est mis à la tête du convoi, lui enfin qui a prononcé sur la tombe un discours antireligieux, véritable outrage à la morale publique. » (Décentralisation du 21 janvier 1874.)

Enfin voici un fait qui dépasse toute mesure : « Dernièrement le maire de la commune de Vineuil, qui est en même temps conseiller

ce serment solennel : « Vous jurez et promettez *devant Dieu* et devant les hommes d'examiner avec l'attention la plus scrupuleuse..., » etc. (Art. 312 du code d'instruction criminelle.)

Si donc, comme nous le pensons, l'enterrement civil n'est le plus souvent qu'une manifestation athée et matérialiste, c'est un devoir pour les hauts fonctionnaires d'interdire à ceux qui les représentent d'y assister [1]. C'est leur devoir de sévir avec plus ou moins de rigueur, suivant la gravité des cas, contre ceux qui, au mépris des instructions de leurs chefs, ne craignent pas d'avilir l'autorité dont ils sont revêtus [2]. On ne cesse de répéter que la société est malade, et qu'il faut chercher les moyens de la guérir. Le premier de tous assurément, c'est d'empêcher que ceux qui sont appelés à diriger les autres ne leur donnent de mauvais exemples. Lorsque le mal vient d'en haut, il descend rapidement dans les masses. C'est l'effet d'une loi naturelle analogue à

---

général de son canton, a pris un arrêté pour établir *trois classes d'enterrements civils*, selon la qualité des personnes. Les enterrements de première classe seront conduits par le maire, ceux de seconde classe par l'adjoint, ceux de troisième classe par le garde champêtre seulement. » (Extrait du *Courrier de Lyon* du 1er décembre 1873, qui reproduit un journal de la localité.)

[1] C'est ce qu'a fait notamment M. le préfet de Vaucluse dans sa circulaire du 12 juillet 1873 aux maires de son département.

[2] Plusieurs maires ont été suspendus et même révoqués pour leur participation à des enterrements civils.

celle qui régit le monde physique. Que penserions-
nous, je le demande, de celui qui s'efforcerait de
rendre au ruisseau ses eaux vives et limpides, et
qui en laisserait la source impure et troublée ? Nous
gémirions de sa folie. On veut que le peuple devienne meilleur. Que ceux qui le gouvernent commencent donc par lui donner le bon exemple. Le salut de la société est à ce prix.

CHAPITRE XIV

LES MOYENS D'ACTION. — L'AUTORITÉ JUDICIAIRE

Pour assurer le respect de la loi en matière de sépulture, le pouvoir judiciaire n'a pas un rôle moins important que celui de l'autorité administrative. Mais son action diffère suivant les cas, et elle repose avant tout sur une distinction fondamentale. S'agit-il d'un droit évident, indéniable, écrit dans la loi, de telle sorte que sa violation constitue manifestement un crime, un délit ou une contravention, on doit s'adresser aux magistrats investis des fonctions de la police judiciaire, dont la mission est de « rechercher les crimes, les délits et les contraventions, d'en rassembler les preuves et d'en livrer les auteurs aux tribunaux chargés de les punir. » (Art. 8 du code d'instruction criminelle.) Les articles 9 et 10 du même code désignent ces magistrats.

Si, au contraire, le droit invoqué n'a pas ce caractère d'évidence, de certitude, qui le met hors de
toute contestation ; si le conflit s'élève entre deux
prétentions sérieuses, discutables, c'est le cas, avant
d'appliquer le droit, de le faire déclarer, de le faire
proclamer par l'autorité compétente, c'est-à-dire
par la juridiction civile, dont la mission est de juger
les différents débats qui peuvent surgir entre les
citoyens.

Plaçons-nous successivement dans ces deux hypothèses. Examinons d'abord le cas où la sépulture
religieuse donne lieu à une contestation entre personnes qui revendiquent également l'application
même du droit. Quelle sera alors la marche à suivre ? Quel sera le juge compétent pour trancher le
débat ?

Sera-ce le juge de paix ? Non ; car le législateur
a renfermé sa compétence dans un cercle d'intérêts
très-limité. Il suffit, sauf en matière de location,
que le litige porte sur une somme supérieure à 200
francs, pour que ce magistrat ne puisse en connaître ; et dès qu'il s'agit d'une question de propriété,
même relative aux objets mobiliers les plus minimes,
il n'est pas appelé à la résoudre. (Lois du 25 mai
1838 et du 2 mai 1855.)

Sera-ce le tribunal civil de première instance ?
Pas davantage. La forme dans laquelle ce tribunal

doit être saisi indique assez qu'on ne peut s'adresser à lui pour obtenir la solution d'un différend relatif à la sépulture. La loi a organisé une longue et minutieuse procédure devant les tribunaux de première instance. Or ici le temps presse; l'hygiène publique ne permet pas d'attendre ; la décision doit être prompte et rapide.

Mais nous avons une juridiction qui a été précisément établie pour statuer dans les cas d'urgence, dans les cas qui requièrent célérité. C'est la juridiction des référés. La justice y est rendue par le président du tribunal civil. Cette importante fonction lui est attribuée par les articles 806 et suivants du code de procédure. Le débat auquel la sépulture donne lieu devra donc être porté devant lui.

On peut objecter qu'aux termes de l'article 809 les ordonnances de référé ne doivent faire *aucun préjudice au principal*, et que donner au président des référés la solution d'un tel litige, c'est lui donner nécessairement la solution du principal.

Mais les ordonnances de référé, bien qu'exécutoires par provision nonobstant appel, sont néanmoins susceptibles d'appel. Et dans le cas qui nous occupe, comme dans tout autre, le juge supérieur en réformant peut ordonner la réparation; ou, si elle n'est plus possible, prononcer des condamnations de frais et de dommages-intérêts.

S'arrêter devant cette objection , ce serait méconnaître le vœu de la loi. La loi a voulu que de graves intérêts ne restent pas en souffrance, et que le droit ne soit pas impuissant et désarmé, par cela seul qu'il ne lui est pas permis d'attendre. Avant tout, il faut que le droit triomphe, et qu'on ne puisse pas profiter de la brièveté du temps pour causer à autrui un préjudice irréparable. Voilà le principe essentiel qui domine la matière des référés. Les expressions mêmes dont le législateur s'est servi ne laissent aucun doute sur sa pensée : *Dans tous les cas d'urgence*, dit l'article 806. Il s'agit donc d'une règle générale, absolue, qui n'a pas été faite pour tel ou tel cas, mais pour *tous* les cas d'urgence. L'orateur du gouvernement s'est exprimé à cet égard en termes formels. « Quelques personnes, a-t-il dit, ont paru craindre qu'il ne fût facile d'abuser des cas d'urgence dont parle notre article, et de faire porter, sous cette dénomination, devant le président des contestations qui devraient être portées à l'audience du tribunal. Nous croyons que cette inquiétude n'est pas fondée, et que, sans rappeler la longue nomenclature des cas prévus par l'édit de 1685, la loi s'explique assez clairement, en n'attribuant à l'audience des référés que les cas d'urgence. Le discernement et la probité du président feront le reste. Renvoyant à l'audience les contestations qui ne seraient portées devant lui que par une indiscrète et avide précipitation, *il n'hésitera pas à prononcer sur celles auxquelles le moindre retard, ne fût-il que de quelques heures, peut porter un irréparable préjudice.* »

La juridiction des référés satisfait tous les intérêts et sauvegarde tous les droits. D'une part, la justice y est rendue par un magistrat d'un rang élevé, dont l'indépendance et les lumières offrent aux familles les plus sûres garanties. Il se fera remettre le testament du défunt et les autres pièces dont on excipe; il entendra les divers membres de la famille ; il consultera les personnes dignes de foi qui pourront lui donner de précieux renseignements sur la vie du défunt, sur ses dernières volontés ; et tout conflit cessera devant sa haute et impartiale décision. Si la question lui paraît délicate, si, pour s'éclairer, il a besoin du concours de ses collègues, et si le temps le permet, il pourra renvoyer le litige devant le tribunal, qui statuera alors, comme lui-même, en état de référé (art. 60 du décret du 30 mars 1808)[1]. D'autre part, le référé est le seul moyen de trancher rapidement un débat pénible que l'ordre public défend de prolonger. Le président peut, en effet, autoriser à assigner devant lui, soit à l'audience, soit à

---

[1] Carré et Chauveau, *Lois de la procédure civile*, t. VI, p. 289.

son hôtel, à heure fixé, même les jours de fête
(art. 808); et il a le droit d'ordonner l'exécution de
son ordonnance sur minute (art. 811) [1].

Terminons en disant que le président des référés
devant lequel le différend doit être porté est celui
du tribunal dans l'arrondissement duquel a eu lieu
le décès. Nul, en général, n'est mieux placé que lui
pour connaître les faits, les circonstances, sur lesquels il importe d'être bien fixé pour rendre bonne
justice. Cette compétence s'induit de l'article 534
du code de procédure civile [2], et elle ne résulte pas
moins clairement de l'article 59 du même code.

Occupons-nous maintenant des faits qui constituent des infractions à la loi pénale.

La religion, et le culte extérieur qui en fait nécessairement partie, répondant à un des besoins les plus
impérieux de l'humanité, ont été chez tous les peuples l'objet de la protection des lois. Moins que tout

---

[1] M. Bressolles, professeur à la faculté de droit de Toulouse, se
prononce aussi pour la compétence du tribunal des référés. (V. la
consultation publiée dans le journal *le Monde* du 20 septembre 1872,
reproduite dans le numéro de février 1873 de *la Revue catholique
des Institutions et du Droit.)*

On a vu, au chapitre VIII, que M. le président du tribunal civil
de Lille a été saisi de la question le 11 novembre 1874, et que la
compétence de ce magistrat jugeant en état de référé n'a pas été
contestée.

[2] Carré et Chauveau, p. 287.

autre, le législateur français pouvait leur refuser son concours et son appui. Portalis, qui a pris une si grande part à la rédaction de nos lois en matière religieuse, exprime en termes remarquables ce devoir de protection qui incombe à l'État. « Protéger une religion, dit-il, c'est la placer sous l'égide des lois ; c'est empêcher qu'elle ne soit troublée ; c'est garantir à ceux qui la professent la jouissance des biens spirituels qu'elle leur promet, comme on leur garantit la sûreté de leurs personnes et de leurs propriétés [1]. — En autorisant un culte, dit-il encore, l'État s'engage à en protéger la doctrine, la discipline et les ministres ; et, par une nécessité de conséquence, il s'engage à faire jouir ceux qui professent ce culte des biens spirituels qui y sont attachés [2]. »

Aussi le code pénal a-t-il traité, dans un paragraphe spécial, *des entraves au libre exercice des cultes ;* et c'est là que nous allons trouver les règles principales que nous devons appliquer.

Le culte, nous l'avons dit, comprend les cérémonies funèbres. Ce point est acquis en doctrine et en jurisprudence. Les propagateurs des enterrements civils, qui, dans l'entraînement de leurs passions

---

[1] *Rapport sur le Concordat.*
[2] *Ibid.*

irréligieuses, ne reculent pas devant la menace et la
violence, commettent donc le délit d'entrave au libre
exercice des cultes, prévu et puni par les articles 260
et suivants du code pénal.

Emploient-ils des voies de fait ou seulement des
menaces contre une personne qui a perdu l'un des
siens, et qui appelle la religion à ses funérailles, ils
l'empêchent de remplir un devoir sacré, et l'article
260 les atteint. Cet article est également applicable
lorsque les violences ou les menaces s'adressent à
une personne quelconque faisant partie du convoi
funèbre [1].

Mais cette disposition n'a trait qu'aux délits commis par les simples particuliers. Si l'entrave vient
d'un fonctionnaire, d'un officier public, elle constitue un délit plus grave, et le coupable doit subir le
maximum de la peine (art. 186 et 198).

Au délit d'entrave à la liberté des cultes s'en
joindrait un autre, si le sectaire poussait l'audace
jusqu'à s'introduire dans le domicile mortuaire contre le gré de ceux qui l'habitent. Nous savons que

---

[1] Art. 260 du code pénal : « Tout particulier qui, par des voies
de fait ou des menaces, aura contraint ou empêché une ou plusieurs
personnes d'exercer l'un des cultes autorisés, d'assister à l'exercice
de ce culte... sera puni pour ce seul fait d'une amende de seize francs
à deux cents francs et d'un emprisonnement de six jours à deux
mois. »

l'étranger n'a aucun droit en matière de sépulture, et que, suivant l'expression de l'article 76 de la Constitution du 22 frimaire an VIII, la maison de chaque citoyen est un asile inviolable. Le code pénal punit la violation de domicile des peines portées dans l'article 184, en faisant toujours la distinction entre le cas du simple particulier et le cas beaucoup plus grave du fonctionnaire public[1]. Celui-ci, au surplus, n'est plus protégé contre la poursuite directe des simples particuliers par l'article 75 de la Constitution de l'an VIII, qu'un décret du 19 septembre 1870 a abrogé.

Les violences ne s'adressent pas toujours à telle ou telle personne déterminée. Elles ont quelquefois un caractère général. C'est à la cérémonie religieuse qu'on s'en prend; c'est la religion elle-même qu'on attaque. Le temple vient de s'ouvrir pour recevoir la dépouille mortelle du défunt, le prêtre est à l'autel, les parents et les amis sont dans le recueillement et le silence. Assurément l'heure est grave et solennelle. Mais il est des gens qui ne respectent ni la majesté de Dieu, ni la douleur et la piété des familles. Leur sera-t-il permis de jeter impunément

---

[1] La peine est de seize francs à deux cents francs d'amende et de six jours à trois mois de prison pour le simple particulier. Elle est de seize francs à cinq cents francs d'amende et de six jours à un an de prison pour le fonctionnaire public (art. 184).

le trouble et le désordre dans le lieu saint, d'empêcher, de retarder ou d'interrompre le service divin ? Non. La loi prononce contre ces perturbateurs une peine qui peut s'élever jusqu'à trois cents francs d'amende et trois mois d'emprisonnement (art. 261 du code pénal). Il n'est pas nécessaire, au surplus, qu'il y ait interruption complète de l'office religieux ; le simple trouble volontairement causé motive l'application de cet article[1].

Peu importe aussi que la cause du trouble se produise à l'extérieur de l'édifice sacré. Comme elle a les mêmes effets, elle entraîne les mêmes conséquences. « Il suffit, dit la Cour de Lyon, que le trouble ou désordre causé par le tapage extérieur se soit manifesté dans l'intérieur de l'église ; et il importe peu que les prévenus, auteurs de ce tapage, se soient tenus et aient agi hors de cette église[2]. »

Enfin l'article 261 frappe ceux qui troublent la pompe religieuse des obsèques, alors que, sortie de l'église, elle se déroule sur la voie publique ou qu'elle arrive au cimetière. C'est bien là le culte extérieur, celui que les ennemis de toute croyance voudraient surtout proscrire. Mais Portalis n'est pas de leur avis. « Les cérémonies extérieures, dit le cé-

[1] Arrêt de la Cour de Toulouse du 19 novembre 1868.
[2] Arrêt du 3 décembre 1865. *Recueil*, 1866, p. 337. V. dans le même sens un arrêt de la Cour de Metz du 21 décembre 1853.

lèbre rédacteur du Concordat, c'est-à-dire les cérémonies qui se font hors des temples, sont également sous la protection de la loi. On ne peut donc y apporter du trouble sans offenser la loi même qui les protége. La loi est faite en faveur de tous les cultes autorisés. Personne ne peut donc s'en plaindre, et tous ont intérêt à la maintenir. Le maintien décent qu'on exige de tout homme qui, pour quelque cause que ce soit, se trouve présent à une cérémonie religieuse, n'est point exigé comme un acte de croyance, mais comme un devoir de sociabilité. C'est une précaution de police à laquelle nous ne sommes pas soumis comme fidèles, mais comme citoyens. »

Ces sages pensées ont dicté l'article 261, qui punit les entraves apportées aux exercices du culte par des troubles ou désordres causés dans le temple *ou autre lieu destiné ou servant actuellement à ces exercices.* Lors de la discussion de l'article 261, l'orateur du gouvernement s'est très-clairement expliqué. « Là, a-t-il dit, où les processions sont permises, les lieux où elles passent deviennent momentanément des lieux où le culte s'exerce [1]. » Que ces paroles s'appliquent aux convois funèbres, cela ne peut faire aucun doute.

En suivant l'échelle des délits relatifs à la sépul-

---

[1] Locré, t. XXX, p. 103.

ture religieuse, nous rencontrons maintenant *les outrages* adressés aux ministres du culte dans l'exercice de leurs fonctions, ou à raison de leurs fonctions ou de leur qualité. *La fonction, la qualité* étant un des éléments constitutifs du délit, il y a lieu de se demander tout d'abord si elles apparaissent dans la solennité des funérailles. Mais ceci ne peut faire question, puisque nous avons établi que les cérémonies funèbres font partie du culte. Aussi la Cour de Grenoble a-t-elle dit que, « parmi les devoirs imposés aux ministres du culte catholique, celui d'accompagner le défunt à sa dernière demeure et de prier pour lui est un des plus sacrés [1]. » Ici nous allons nous trouver en présence de pénalités plus élevées. C'est que le délit est plus grave. L'outrage, en effet, est une attaque brutale, violente, d'autant plus sensible qu'elle est ordinairement le signe du mépris, d'autant plus inexcusable que le plus souvent la préméditation l'accompagne. Toutefois il faut faire des distinctions.

Est-ce *dans l'exercice même de ses fonctions* que le prêtre est outragé ? la répression intéresse direc-

---

[1] Arrêt du 1er août 1874.

Par un jugement du 14 août 1874, le tribunal de Valence a condamné à trois mois de prison un sieur J. pour outrage par paroles, gestes ou menaces, à un ministre du culte *dans l'exercice de ses fonctions auprès d'un mourant.*

tement l'ordre public ; le Parquet agit d'office, et la peine encourue est celle qui est spécifiée dans l'article 6, paragraphe 3, de la loi du 25 mars 1822, qui a aggravé la pénalité édictée par l'article 262 du code pénal[1].

Est-ce seulement *à raison de ses fonctions* ou *de sa qualité* que le ministre du culte a été outragé? le délit n'a pas la même gravité. La Cour de cassation décide qu'il ne peut être poursuivi sans une plainte préalable de la partie lésée[2]; et la peine encourue est celle qui est fixée par le paragraphe 1er de l'article 6 de la loi du 25 mars 1822 et l'article 5 du décret du 11 août 1848[3].

Une seconde distinction est à faire entre l'outrage

---

[1] Art. 6, § 3, de la loi du 25 mars 1822 : « L'outrage fait à un des ministres de la religion de l'État ou de l'une des religions légalement reconnues en France, *dans l'exercice même de ses fonctions*, sera puni des peines portées par l'article 1er de la présente loi. » Ces peines, d'après l'article 1er, sont de trois cents francs à six mille francs d'amende et de trois mois à cinq ans de prison.

[2] Arrêt du 4 avril 1874. (Sirey 1874 1, 404).

[3] Loi du 25 mars 1822, art. 6, § 1er : « L'outrage fait publiquement, d'une manière quelconque, *à raison de leurs fonctions ou de leur qualité*, soit à..., soit enfin à un ministre de la religion de l'État ou de l'une des religions dont l'établissement est légalement reconnu en France, sera puni d'un emprisonnement de quinze jours à deux ans et d'une amende de cent à quatre mille francs. »

Décret du 11 août 1848, art. 5 : « L'outrage fait publiquement, d'une manière quelconque, *à raison de ses fonctions ou de sa qualité*, à un ministre d'un culte qui reçoit un salaire de l'État, sera

public et celui qui n'est pas accompagné de la circons-
tançe aggravante de *publicité*. Les pénalités de l'article 6 de la loi du 25 mars 1822 et de l'article 5 du décret du 11 août 1848 ne s'appliquent qu'à l'outrage
public. Le texte est formel. Si donc la circonstance
de publicité ne se. rencontre pas, on ne peut qu'appliquer la disposition de l'article 262 du code pénal[1].

Lorsque l'outrage fait publiquement au ministre du
culte est accompagné d'excès ou de violences, c'est-
à-dire lorsque celui-ci est frappé, même sans armes
et sans qu'il en résulte de blessures, la peine s'élève
de trois mois à cinq ans de prison et de 300 francs à
6,000 francs d'amende. Le coupable peut, en outre,
être condamné à s'éloigner pendant cinq à dix ans,
à dater du jour de l'expiration de sa peine, dans un
rayon de deux myriamètres du lieu où réside le ministre du culte (art. 6 de la loi du 25 mars 1822
combiné avec les art. 228 et 229 du code pénal).

---

puni d'un emprisonnement de quinze jours à deux ans et d'une
amende de cent francs à quatre mille francs. »

Comme on le voit, le décret du 11 août 1848 a maintenu la loi
du 25 mars 1822, en se bornant à remplacer les mots : *ministre de
la religion de l'État* par ceux-ci : *ministre d'un culte qui reçoit
un salaire de l'État.*

[1] Art. 262 du Code pénal : « Toute personne qui aura, par paroles
ou gestes, outragé les objets d'un culte dans les lieux destinés ou
servant actuellement à son exercice, ou les ministres de ce culte dans
leurs fonctions, sera punie d'une amende de seize francs à cinq cents
francs et d'un emprisonnement de quinze jours à six mois. »

Enfin si les violences ont eu de plus graves conséquences pour celui qui en a été victime, la loi du
25 mars 1822 vise les articles 231, 232 et 233 du
code pénal, et en ordonne l'application. Mais ici encore, répétons-le, la loi de 1822 exige la publicité.
Si cette condition n'existe pas, on appliquera l'article
263 du code pénal, qui prononce la peine de la dégradation civique, et au besoin, suivant la gravité
dés cas, toutes les dispositions du droit commun,
conformément à l'article 264.

On a vu que l'article 262 punit l'outrage aux objets du culte, à la croix, par exemple, comme l'outrage aux ministres du culte. La pénalité est là même
dans les deux cas, et la loi dit expressément qu'il
n'y a pas lieu de distinguer entre les lieux destinés
au culte et ceux qui servent actuellement à son
exercice.

Il est à propos de rappeler ici l'article 9 des lois
organiques du Concordat. Cet article dispose que « le
culte catholique est exercé sous la direction des archevêques et des évêques dans leurs diocèses, et sous
celle des curés dans leurs paroisses. » Aussi la jurisprudence constante du Conseil d'État est-elle que la
police intérieure des églises appartient à l'autorité
ecclésiastique, c'est-à-dire aux curés et aux desser-
vants dans leurs paroisses. Il peuvent donc faire ex-
pulser de l'église toute personne qui en trouble la

tranquillité[1]. Ils ont le droit de faire enlever les
emblèmes qui, déposés sur un cercueil, leur paraî-
traient irréligieux[2]. Aucun de ces actes ne saurait
donner lieu à l'appel comme d'abus.

Nous n'avons traité jusqu'à présent que des violences matérielles auxquelles sont exposées nos cérémonies funèbres. Mais il est une autre catégorie
de faits non moins dangereux, non moins délictueux,
non moins nettement prévus et punis par la loi. Je
veux parler des attaques, des outrages contenus
dans les discours ou les écrits, formulés par la voie
du livre ou de la presse périodique.

Le législateur a laissé le champ libre à la con-
troverse, à la négation même, bien qu'il fût convaincu « qu'en détachant les hommes des dogmes
qui fondent leur confiance et leur foi, on ne réussit
qu'à les éloigner de la morale[3]. » Toutefois, il lui
était impossible de rester spectateur indifférent des
excès auxquels l'orateur ou l'écrivain peuvent se
laisser entraîner. La discussion philosophique, sérieuse, décente, modérée, est parfaitement libre ;
mais l'outrage, la dérision, l'attaque violente et
passionnée sont interdits. Voilà tout le système de
la loi. En vérité, de quoi les matérialistes et les

[1] Arrêté du 25 décembre 1840.
[2] Arrêté du 15 septembre 1843.
[3] Paroles de Portalis.

athées peuvent-ils se plaindre ? La tolérance ici n'atteint-elle pas ses extrêmes limites, et ne serait-on pas en droit de soutenir qu'aucune société ne pouvant vivre sans la croyance en Dieu , toute profession d'athéisme, quelle qu'elle fût, devrait être interdite ? Eh bien non. La loi permet aux athées de déclarer et d'écrire sans délit qu'ils doutent de tout, excepté d'eux-mêmes, et qu'ils ne croient qu'au néant. Mais au moins qu'ils n'outragent pas les croyances d'autrui ! Or l'expérience prouve qu'ils ne les respectent guère ; et la loi a dû sévir contre les violences de la parole ou de la plume, comme elle a réprimé les violences matérielles elles-mêmes. Tel est l'objet des lois de 1819 et de 1822 qui n'ont pas vieilli, bien qu'elles datent de plus d'un demi-siècle. Elles sont si bien l'expression du juste et du vrai, qu'elles sont restées debout dans notre pays, impuissant, malgré tant d'efforts, à les remplacer par une législation meilleure.

Le libre penseur prend-il occasion de nos funérailles religieuses pour attaquer publiquement, dans un discours ou dans un écrit, les vérités de l'ordre naturel, les croyances fondamentales, telles que l'existence de Dieu, la distinction du bien et du mal, la liberté et la responsabilité humaines, l'immortalité de l'âme ? il commet le délit d'outrage à la morale publique et religieuse prévu et puni par les articles 1 et 8 de la loi du 17 mai 1819[1]. Mais, nous le répétons, ce que la loi frappe, ce n'est pas la négation pure et simple de ces vérités éternelles ; c'est la dérision, c'est l'outrage qu'elle entend réprimer[2].

Le libre penseur n'échappe pas davantage à la vindicte sociale, quand il adresse publiquement ses diatribes, ses sarcasmes, aux dogmes et au culte de la religion catholique ou de toute autre religion légalement reconnue. Il encourt alors les peines édictées dans l'article 1 de la loi du 25 mars 1822 et dans l'article 3 du décret du 11 août 1848[3].

Mais ne ce sont pas seulement nos églises et nos prêtres, nos dogmes et notre culte, que le législateur a couverts de sa protection, c'est encore la terre sainte où nos morts reposent et les signes religieux

---

[1] Loi du 17 mai 1819, art. 1er : « Quiconque, soit par des discours, des cris ou menaces proférés dans des lieux ou réunions publics, soit par des écrits, des imprimés, des dessins, des gravures, des peintures ou emblèmes vendus ou distribués, mis en vente ou expédiés dans des lieux ou réunions publics, soit par des placards et affiches exposés aux regards du public... »

Art. 8 de la même loi : « Tout outrage à la morale publique et religieuse et aux bonnes mœurs par l'un des moyens énoncés en l'article 1er sera puni d'un emprisonnement d'un mois à un an et d'une amende de seize francs à cinq cents francs. »

[2] Le commissaire du gouvernement, M. Royer-Collard, l'a formellement déclaré lors de la discussion de la loi de 1819. (V. Dalloz, Répert., vº Presse, nº 622.)

[3] Loi du 25 mars 1822, art. 1er : « Quiconque, par l'un des moyens énoncés en l'art. 1er de la loi du 17 mai 1819, aura outragé

placés sur leurs tombes. Là aussi l'impiété qui voudrait insulter à nos croyances trouverait une barrière dans la loi. Nous avons vu au chapitre précédent que la police des cimetières appartient aux maires sous la surveillance des préfets. (Loi des 16-24 août 1790, tit. xi, art. 3.) Nous avons dit qu'aucune inscription ne peut être tracée sur les pierres tumulaires ou monuments funèbres, sans être préalablement soumise à leur autorisation. (Ordonnance royale du 6 décembre 1843, art. 6.) Ils ont le devoir et le droit de faire disparaître celles qui blessent les croyances religieuses et la morale publique. Toute contravention à cet égard est punie par l'article 471, § 15, du code pénal.

ou tourné en dérision la religion de l'État, sera puni d'un emprisonnement de trois mois à cinq ans et d'une amende de trois cents à six mille francs.

« Les mêmes peines seront prononcées contre quiconque aura outragé ou tourné en dérision toute autre religion dont l'établissement est légalement reconnu en France. »

Décret du 11 août 1848, art. 3 : « L'attaque par l'un des moyens énoncés en l'article 1er de la loi du 17 mai 1819 contre la liberté des cultes, le principe de la propriété et les droits de la famille, sera punie d'un emprisonnement d'un mois à trois ans et d'une amende de cent francs à quatre mille francs. »

Comme nous l'avons déjà fait remarquer, le législateur de 1848 n'a pas maintenu les mots : *religion de l'État*, qui se trouvaient dans la loi de 1822. Il les a remplacés par cette expression générale : *liberté des cultes*. Mais les conséquences juridiques et l'application pénale sont restées les mêmes.

Si le fanatisme poussait le libre penseur jusqu'à porter la main sur les objets qui témoignent de nos pieux souvenirs, à plus forte raison sur ceux qui attestent notre foi, il ne commettrait plus une simple contravention ; il se rendrait coupable du délit d'outrage aux objets du culte qui, aux termes de l'article 262, peut entraîner la peine de cinq cents francs d'amende et de six mois de prison. Enfin la peine pourrait s'élever jusqu'à un an de prison, si le fait avait le caractère d'une violation de sépulture (art. 360).

Ainsi, comme on le voit, nos lois ont entouré la sépulture religieuse des plus solides garanties. Les droits des citoyens en cette matière sont nettement formulés, et leur sanction est écrite dans le code pénal. Il dépend des magistrats de ne pas laisser cette protection inefficace. Nous avons dans notre organisation judiciaire une institution que Montesquieu appelle admirable[1], et que plusieurs nations nous ont déjà empruntée, c'est le Ministère public. Si variées, si multiples que soient ses fonctions, elles se résument dans une seule, dont la noblesse et la grandeur apparaissent à tous les yeux. Il représente la société. Il a pour mission de la défendre contre toutes les attaques que la fraude et la violence peu-

---

[1] *Esprit des lois*, liv. VI, ch. VIII.

vent susciter. C'est sous sa sauvegarde qu'est placé
l'ordre public, auquel la loi ne permet pas de porter
atteinte ; et, puisque la liberté religieuse en est un
des éléments essentiels, elle doit trouver dans les
magistrats du Parquet un sûr et inébranlable appui.
Ils la feront respecter surtout dans les funérailles,
à ce moment solennel où nous rendons les derniers
devoirs à ceux que nous avons perdus ; et, leur action concourant avec celle de l'autorité administrative, ils assureront aide et protection à des intérêts
sacrés. Quiconque s'insurge contre le droit commun,
la volonté des mourants, la hiérarchie de la famille,
les fonctions du sacerdoce, viole la loi et donne lieu
à l'intervention de la justice (art. 22 du code d'inst.
crim.). S'il y a urgence, si on est éloigné du chef-
lieu judiciaire, on pourra saisir les officiers auxi-
liaires du Parquet, le Juge de paix, par exemple
(art. 48 et suivants du code d'inst. crim.). En agissant avec prudence et fermeté, ce magistrat peut
rendre de grands services à la cause de l'ordre et de
la vraie liberté.

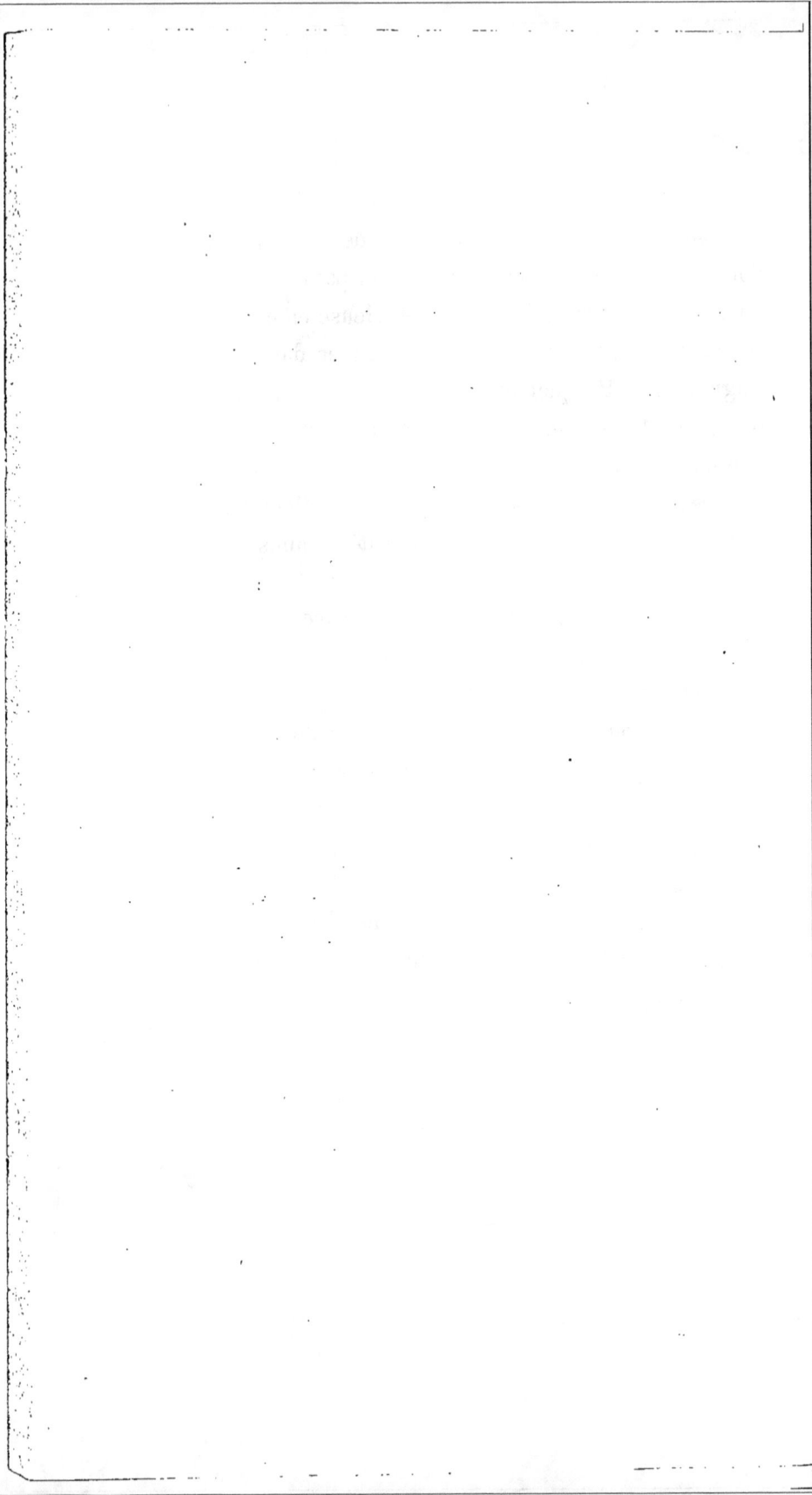

CONCLUSION

Nous avons dû rappeler aux adversaires de nos croyances les sages prescriptions de la loi civile et les justes sanctions de la loi pénale qui protègent la sépulture religieuse. Et cependant faire appel aux rigueurs du droit, tel ne saurait être notre dernier mot. Il nous semble qu'avant de déposer la plume nous avons encore un devoir à remplir. Nous devons tendre la main aux égarés, dans lesquels il nous est impossible de voir d'irréconciliables ennemis. Trop longtemps ils ont suivi avec une aveugle obéissance ceux qui les dirigent. Qu'ils sachent quel est le plan de leurs chefs, quelle est l'œuvre de haine dont ils sont involontairement les complices. Puissent-ils reconnaître enfin qu'ils servent d'instrument à une secrète tyrannie ! Ils s'en affranchi-

ront, si nous arrachons le masque dont se couvre
l'athéisme, si nous faisons luire à leurs yeux la
vérité.

Parmi ceux qui se disent les amis du peuple, il
en est dont la pensée est désintéressée et l'âme gé-
néreuse ; mais il en est aussi qui ont résolu de s'élever en se faisant comme un marchepied de la souffrance et de la misère. Ils veulent, disent-ils, faire
disparaître la pauvreté, et le pauvre ne les a jamais
vus dans sa mansarde ; ils veulent supprimer les
inégalités sociales, et leurs actes prouvent qu'ils
ont horreur de l'égalité ; ils veulent donner à leur
pays le plus précieux des biens, la liberté, et le
pays n'a jamais senti de plus lourdes chaînes que
lorsqu'ils l'ont gouverné. Leur règne aurait disparu
sans retour, si la raison avait un empire durable
sur la multitude, et si les leçons de l'histoire n'étaient
pas souvent perdues pour elle. Ces prétendus libé-
rateurs le savent bien ; et c'est ce qui encourage
leur audace. Ils marchent donc ; ils avancent ; on
croit déjà les entendre dire : Quiconque souffre est
à nous.

Mais ils n'ont pas encore vaincu. Sur leur chemin se dresse un obstacle immense, invincible : la
religion du Christ. Avant eux, quelqu'un a su se
faire aimer du pauvre, un autre libérateur a su se
faire bénir de l'humanité. Il est venu, il y a dix-

huit siècles ; et voyez quelle lumière il a jetée sur
ces deux lois mystérieuses de la vie, le travail et la
souffrance ! Le travail, avili par le paganisme, il
l'a réhabilité ; il l'a honoré en travaillant de ses
propres mains dans l'atelier de Nazareth. La souffrance ! Lui seul l'a consolée par cette promesse,
dont le charme est indéfinissable, et qui n'a pas
cessé d'avoir sur les âmes un irrésistible attrait :
« Venez à moi, vous tous qui souffrez, et je vous
soulagerai [1]. » Loin de dire anathème à la souffrance, il l'a glorifiée dans toutes ses paroles, dans
tous ses actes ; il l'a divinisée en sa personne ;
car il est né dans une étable et il est mort sur
une croix. Et ce qui est remarquable et vraiment divin, c'est que cette doctrine du christianisme, qui devait être odieuse à l'humanité, l'a
ravie et transportée d'enthousiasme. On l'a vue sous
le toit le plus humble, comme sur les marches du
trône, admirée jusqu'à l'extase, pratiquée jusqu'au
martyre.

La souffrance, non-seulement acceptée sans mur-
mure, mais aimée d'un ineffable amour, quel prodige ! Mais aussi quelle contradiction au programme
des flatteurs de la multitude, quel renversement de

---

[1] *Venite ad me, omnes qui laboratis et onerati estis ; et ego
reficiam vos.* (Matth., xi, 28.)

leur plan de domination! Ils l'ont bien compris, et
alors ils se sont dit : Si la Croix opère de tels mira-
cles, si le Christ exerce un tel empire sur les âmes,
c'en est fait de nos projets et de nos espérances.
Chassons donc le Christ de la pensée du peuple ; arrachons la Croix de ses mains. Et ils se sont mis à
l'œuvre sans relâche : ils ont multiplié leurs efforts ;
ils ont assailli tous les foyers, toutes les conditions,
tous les âges. Et partout où ils ont passé, il s'est fait
une nuit sombre, il s'est creusé un effroyable abîme
où l'on n'entend plus que les imprécations du désespoir. Restait au moins à leurs victimes cette heure
suprême où, au souffle de la religion, la foi peut encore jaillir des cœurs les plus endurcis, comme la
dernière étincelle d'un foyer qui s'éteint. Mais non ;
ils veulent que le malheureux qu'ils ont enchaîné
meure comme il a vécu, sans consolation, sans espérance, et ils ne lui laissent même pas la liberté de la
sépulture et du tombeau.

Par une froide journée d'hiver, j'ai porté mes pas
vers le cimetière ; j'ai visité le champ des morts,
notre dernier asile à tous. De lourds nuages voilaient
le soleil ; une neige épaisse couvrait le sol, enve-
loppant de son linceul les fleurs hier encore épa-
nouies. On n'apercevait que les croix debout sur les
tombes. De rares oiseaux étaient muets sur les
arbres dépouillés. Rien ne troublait le morne si-

lence de cette solitude, si ce n'est la voix aiguë du
vent sifflant à travers les saules et les cyprès. Il
me semblait que la nature en deuil s'associait à la
tristesse profonde dont mon âme était pénétrée.
J'évoquais devant moi les humbles morts, ceux qui
avaient passé sans bruit sur cette terre, et aussi les
morts fameux qui avaient rempli le monde de l'éclat
de leur renommée, tous couchés maintenant dans
leurs cercueils, et soumis, grands et petits, à l'inexorable égalité du tombeau. J'ai voulu savoir d'eux
ce qu'est la vie, ce qu'est la mort, ces deux redoutables inconnues dont se compose ici-bas la destinée
de l'homme. Et tous m'ont répondu : La vie n'est
que misère, *Misera vita est* [1]. — Heureux ceux qui
meurent dans le Seigneur, *Beati mortui qui in
Domino moriuntur* [2].

Pendant que j'écoutais ces voix funèbres, j'en-
tendis la cloche du cimetière, annonçant que la région des morts allait compter un habitant de plus.
Et j'aperçus bientôt un long cortége qui se dirigeait
lentement vers une fosse ouverte. C'était le convoi
d'une jeune fille de seize ans, que la mort venait de
moissonner. Une couronne de roses blanches, sa
dernière parure, était placée sur son cercueil

[1] S. Augustin, *Conf.*, X, 36.
[2] *Apoc.*, xiv, 13.

Hélas ! elle s'avançait sans que la croix la précédât
sur le chemin de la tombe, sans que le ministre du
Dieu vivant fût là, priant pour elle. La Religion
n'éclairait pas de ses doux rayons la cérémonie lugubre. Lorsque le corps fut déposé dans la fosse, lorsque la terre l'eut recouvert, aucune main ne s'éleva
pour le bénir : un signe maçonnique remplaça le
signe sacré de la Rédemption. Le fossoyeur avait
fait son œuvre ; tout était fini ; la foule se dis-
persa.

Et je vis alors une femme en deuil s'approcher
de cette tombe à peine refermée. C'était la mère.
Le chagrin avait blanchi ses cheveux, et tracé sur
son front les rides prématurées de la vieillesse.
Vainement elle avait supplié son mari de ne pas
infliger à sa fille chrétienne l'opprobre de la sépulture athée. Vainement elle lui avait rappelé
l'engagement pris avant la bénédiction nuptiale,
renouvelé sur le berceau de son enfant. Il était
resté sourd à ces supplications. La passion du
sectaire avait fait taire la voix de l'honneur et
étouffé le sentiment paternel. Brisée par la douleur,
épuisée par de longues veilles, la pauvre mère
s'était traînée jusqu'à la tombe de sa fille. Elle
était là, agenouillée sur ce sol mouvant, pâle,
défaillante, le visage baigné de larmes. Au mouvement de ses lèvres, on eût dit qu'elle parlait

à sa bien-aimée, comme si celle-ci eût pu l'entendre. Mais non : elle priait pour son enfant; elle
priait aussi pour son époux.

Le droit proteste contre ces impiétés et ces violences. Je crois l'avoir prouvé dans ce livre. Qui
ne voit aussi avec quelle énergie la conscience et
la raison les condamnent? Oui, la conscience fait
entendre ici sa voix vengeresse. Est-il besoin de
le démontrer? Ne suffit-il pas d'en appeler au
cœur de toutes les mères, que dis-je? au cœur de
tous les honnêtes gens?

Mais la raison ne s'élève pas avec moins de force
contre les négations de l'athéisme. Je voudrais,
avant de finir, vous en convaincre, vous surtout
qui portez le poids du jour, travailleurs de toutes
conditions et de tout âge, qu'on entoure aujourd'hui
de tant de piéges. Vos pères croyaient à ces vérités
éternelles qu'on vous demande de renier. Ils vous
ont transmis leurs croyances comme leur sang, leur
nom, leurs vertus. Pourquoi répudieriez-vous ce
noble héritage? Qu'avez-vous à y gagner? Ne com-
prenez-vous pas qu'en arrachant la foi des âmes,
on tarit la source même du dévouement? N'est-ce
pas la certitude d'un monde meilleur qui soutient
tant d'héroïnes de charité, sans cesse penchées sur
nos misères et nos souffrances? Les verrions-nous
encore dans nos crèches, nos écoles, nos asiles, le

jour où, les regards attachés à la terre, elles n'auraient plus d'élan vers le ciel?

On vous dit que la vie présente doit satisfaire
toutes les aspirations du cœur de l'homme, et qu'au
delà de la tombe il n'y a pour lui que le néant.
Mais en vous et autour de vous tout proteste contre
cette désolante doctrine. Jetez les yeux sur la nature :
partout vous y verrez l'image de la résurrection et
de la vie. Quand le soleil disparaît, le jour décline,
et les ombres de la nuit enveloppent peu à peu la
terre ; mais la nuit n'est pas éternelle, et dès le
lendemain l'astre étincelant reparaît sur l'horizon.
Lorsque l'hiver arrive, les fleurs se décolorent et
se flétrissent, les feuilles tombent desséchées, les
oiseaux prennent leur vol vers les plus doux cli-
mats. Tout semble mourir dans la nature ; en réalité
tout sommeille. Aux premières brises du printemps
tout se ranime. Les fleurs ouvrent de nouveau leurs
brillantes corolles, et exhalent leurs parfums péné-
trants ; les arbres retrouvent leur verte parure, et
les hôtes des bois reviennent faire entendre leurs
chants joyeux.

Mais il est une voix plus puissante encore que
celle de la nature, qui fait dire à l'homme : Non, je
ne mourrai pas, je vivrai ; *Non moriar, sed vivam*[1].

[1] *Ps.* cxvii, 17.

Cette voix infaillible, puisqu'elle vient de Dieu, parle en vous-mêmes. Est-ce qu'elle ne vous dit pas, quand vous voyez si souvent passer la vertu malheureuse et le vice triomphant : Il y a une justice éternelle qui récompensera les bons et punira les méchants? Vous souffrez; vous ressentez pour les vôtres encore plus que pour vous-mêmes les dures angoisses de la pauvreté; et, jetant un regard d'envie autour de vous, vous dites peut-être : Heureux le riche! Lui au moins ne souffre pas. Vous vous trompez; car, si vous pouviez prêter l'oreille à tous les bruits qui s'élèvent de la terre, vous n'entendriez qu'un cri de douleur, et vous seriez convaincus qu'*ici-bas toute créature gémit; Omnis creatura ingemiscit*[1]. Non; la richesse n'affranchit pas de la souffrance. Combien, parmi ceux dont vous enviez le sort, échangeraient contre votre santé robuste leur santé chancelante, leur pesante oisiveté contre votre activité féconde, leurs longues insomnies contre votre paisible sommeil, la tristesse de leur demeure, où la mort a fait impitoyablement le vide, contre la joie de votre foyer, sans cesse animé par le sourire de vos compagnes et les caresses de vos enfants!

Mais fussiez-vous seuls à souffrir et à manquer du nécessaire, considérez que cette vie est courte,

[1] *Rom.*, VIII, 22.

ayez foi dans les compensations infinies de la vie future, et vous sentirez plus léger le fardeau de la souffrance et de la pauvreté. Lorsque, sous les feux d'un ardent soleil, le voyageur chemine haletant, sans rencontrer un abri sur sa route, il ne s'abandonne point au désespoir ; il marche au contraire d'un pas ferme et sûr, parce qu'il aperçoit au loin l'église de son pays natal, et qu'il sait que dans quelques heures il goûtera la fraîcheur et le repos. Prenez donc courage ; gardez votre foi et vos espérances ; car, pour vous aussi, le terme du voyage est proche, et l'épreuve sera bientôt suivie de l'éternelle délivrance.

FIN

TABLE DES MATIÈRES

FIN DE LA TABLE

LYON. — IMPRIMERIE PITRAT AÎNÉ, RUE GENTIL, 4.

ERRATA

Page 37, ligne 20, au lieu de : *scele ratum*, lisez : *sceleratum*.
— 38, — 5, — entraille, lisez : entrailles.
— 71, — 22, — qu'il a avec notre nature, lisez : qu'il ait avec notre nature.
— 169, — 6, — l'importante cérémonie, lisez : l'imposante cérémonie.
— 197, — 25 (note) — les croyance religieuses, lisez : les croyances religieuses.
— 205, — 26 (note) — t., lisez : t. I.
— 104, — 29 (note) — Riche, lisez : Rich.
— 106, — 25 (note) — Riche, lisez : Rich.

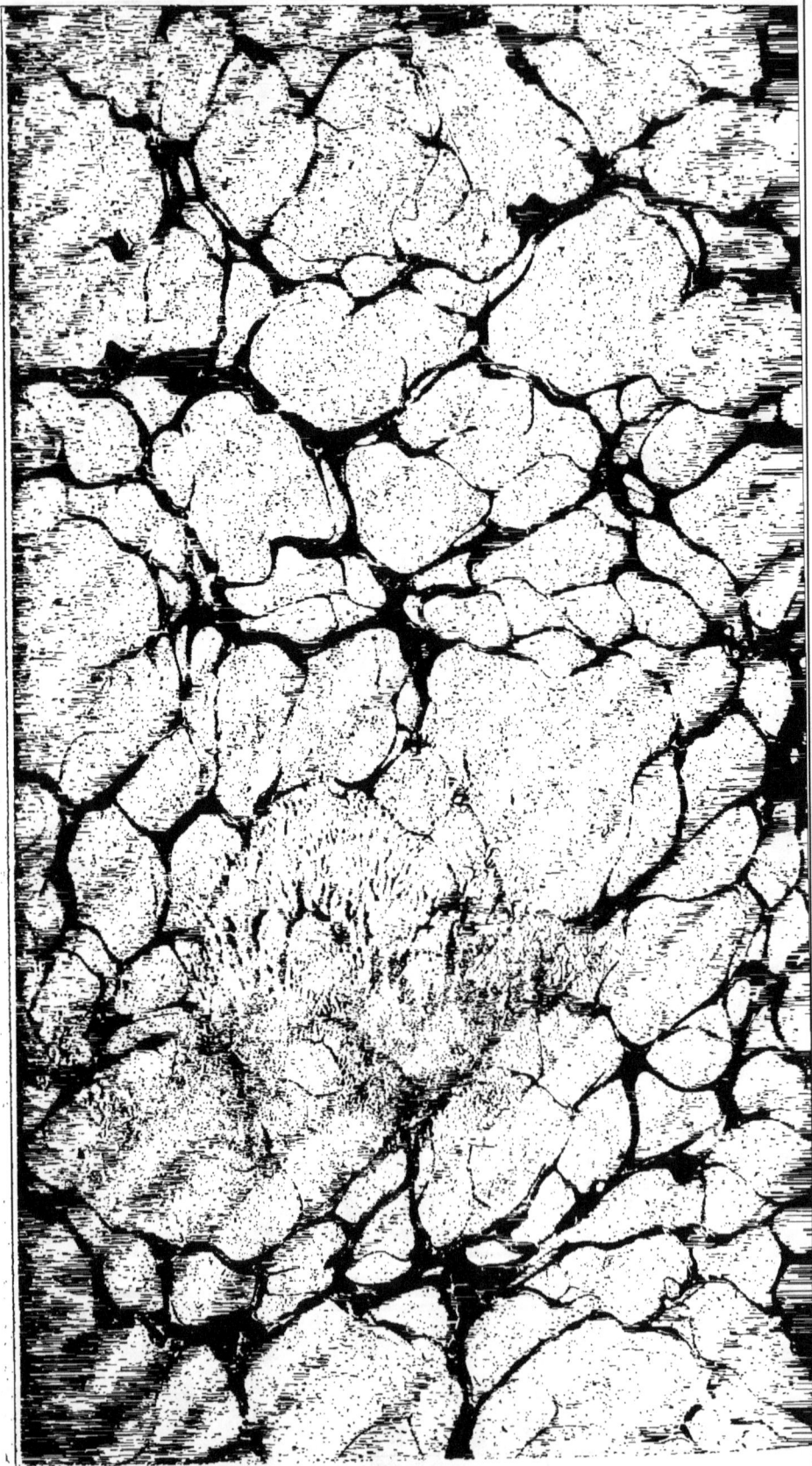